大明
新聞

一四五〇～一六二五年

月落之卷

第一部圖像編年史

黃榮郎　文／圖

序

　　在一個偶然的機會，朋友跟我談起他幾年前參觀大英博物館的經驗，他很幸運的碰到博物館正好在舉辦「明：盛世皇朝 50 年」(Ming: 50 years that changed China) 的特展。讓他驚訝的倒不是珍寶文物，而是他的外國朋友對明代文化及歷史的看法。那些人可能不是有中國史底子的學者，但卻對明代有一個普遍且矛盾的印象；他們認為：明朝在文化藝術方面，是一個黃金時代，尤以青花瓷及書畫最令他們著迷；但另一方面，卻又鄙夷的認為這個中國與歐洲互相發現對方的時期，正是中國陷入衰弱和落後的開端。細問之下，他們也說不出明代到底是哪裡腐敗或是邪惡，甚至連當時的中國人是不是留辮子都搞不清楚。但這卻實實在在就是很多西方人眼中的大明帝國。

　　的確，在藝術成就方面來說，明代比之文藝復興可說是毫不遜色，正值頂峰的青花瓷、造型簡約完美的明式傢俱、趨於成熟的篆刻藝術、淡雅清新的吳門繪畫、精彩絕倫的章回小說，都證明了這是一個非凡的年代。但從政治面來看，廠衛橫行、權宦亂政、濫施廷杖、政黨惡鬥，以及皇帝不可思議的統治方式，都讓這個以光明為名的一等一大國，難逃中國歷史上最黑暗王朝的惡名。大明王朝，這個中國歷史上最後一個由漢人創建的龐大帝國，從曾經橫掃歐亞的蒙古異族手中奪得了天下，經過兩百多年的經營，卻又把大好江山拱手讓給了崛起於東北的滿州異族。在帝國建立的前期，這個王朝有如初升的旭日般，發出了耀眼光芒；但在中後期，卻又把中國拉進了像是連月光也黯淡的無盡黑暗之中。

　　《大明新聞》將這段精彩的歷史，從由盛轉衰的分水嶺，切為「日升」與「月落」上下兩卷，以完整呈現這兩百多年間帝國的光與影。本冊即是接續上卷「土木堡之變」明英宗被俘，北京城守軍逆轉形勢擊退入侵的瓦剌大軍後，由西元一四五〇年開始寫起。並以「奪門換主 萬妃專寵」、「正

德嬉遊 劉瑾擅權」、「大禮議起 嘉靖崇道」、「萬曆怠政 東北龍興」四個部份，重新還原帝國逐漸凋零的過程。本卷的最後時間斷限設定在西元一六二五年，並非是大明王朝的終結，而是因為我們將一六二六年皇太極登上後金汗國的大汗之位，當成《大清時報》三部曲的開端。所以大明帝國在這以後的敘述，都已經併入其中，讀者在看完本冊之後可以接續閱覽，不會有銜接上的問題。

　　本冊清楚地描述這一百多年來重要的歷史事件，帶領讀者感受奪門換主的驚險與後宮爭鬥的毒辣，體驗上百官員罰跪受杖的震憾及錦衣爪牙織罪施刑的恐怖，領略正德嬉遊玩鬧的荒唐和萬曆堆積奏疏的本事，見識嘉靖皇帝威柄在御的統治手段與權璫重臣翻天覆地的政治技倆。除了萬貴妃叱吒後宮、汪直西廠橫行、劉瑾欺主擅權、群官跪諫南巡、君臣爭議大禮、張居正變法、東林黨之爭、明末三大案等經典必讀的重要事件外，也收錄了「豹房」、「廷杖」、「票擬與批紅」、「本草綱目」、「雅賄」等報導來增加閱讀的深度。在相對應的時間點上，也切入如「哥倫布橫越大西洋」、「麥哲倫環航地球」、「佛朗機征服印加黃金王國」、「織田信長命喪本能寺」、「無敵艦隊沉沒」、「女王失落的信件」、「豐臣秀吉統一日本」等重要國際事件，以便和逐漸產生碰撞的西方歷史接軌。另外還從史籍記載中，截錄了「會說話的殞石」、「龍蛋現形」、「黑眚現身」、「多人目睹不明飛行物體」等寰宇奇聞，讓讀者也能輕鬆的介入當時人們的八卦話題。

　　如同「圖像編年史」系列中的其他作品，本冊仍維持以一則則新聞的呈現方式，帶領讀者穿越時空，親臨帝國現場。在幽默生動的短文牽引下，跳脫以往歷史讀物的枯索長文，無痛的建構出歷史的原貌。雖然使用了較為輕鬆的描述手法，還是秉持著系根據史實做考據的精神，以《明通鑑》及《明實錄》做為最主要的參考時間軸，將原始事件還原到它該有的每一個年分。

讓這系列不但可以當成增廣閱讀範圍的歷史入門書籍，也可以做為各級學生的歷史參考書與工具書，不會在朋友面前將小說內容誤當史實的糗事發生。此外，我也親手繪製了數百張的漫畫式插圖，不管是圖表或是動物的偶爾客串，為的都是加深該事件的印象，讓歷史不再只能死背。我相信聰明的讀者，應該不會在此陷入漫畫是否為真實的爭辯迷思中。

內文中年代的記法仍然維持「圖像編年史」系列的慣例，同時標註了容易辨識的西元紀年及傳統的紀元元年號，但若有涉及月、日的部分，為了與古籍相符，都是採用傳統史書中陰曆的標註，以免讀者產生混淆，此點若有造成不便之處，還請讀者見諒。在各代皇帝名字後面的廟號，其實是要等到人死了之後才會給的，只是為了方便讀者在熟悉的傳統印象與本書角色之間切換，才特別以括號註記。書中出現的職官名稱及地名，也都標註了等同現代常見的稱呼，以幫助讀者更容易的了解其意義。為了方便查考及索引，本書的最後也依年代製作了「新聞標題索引」，可以快速且輕鬆的找到想要搜尋的歷史事件。

在寫完《大明新聞》的時候，我不禁回想起以前念研究所時，把「廷杖」這個議題拿來當碩士論文的那段時光。除了差點溺斃於書海中的嚴重暈眩感，以及寫作所獲得的小小成就感之外，最令我信服的，還是指導教授吳振漢老師那種一絲不苟的研究態度與謙虛言行下的學者風範。如果吳老師再次指導及審閱這兩冊書的話，應該還是免不了叮到滿頭包，並要求做一千處以上的修正，但我還是想藉著這個時刻，再次對老師致上最高的敬意及謝意。也感謝遠流的總編輯林馨琴、編輯楊伊琳，以及出版社的前輩們在出版過程中提供的指導與協助。謝謝可愛的家人與朋友們對我的加油與鼓勵，更謝謝長期支持著我的讀者們，還有首次挖到寶的新朋友，願意讓這本書占有您的休閒時間及書架上小小的空間。

目錄

大明皇族世系表

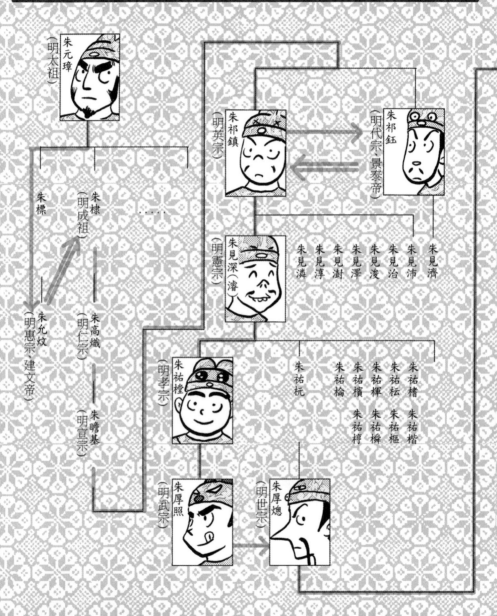

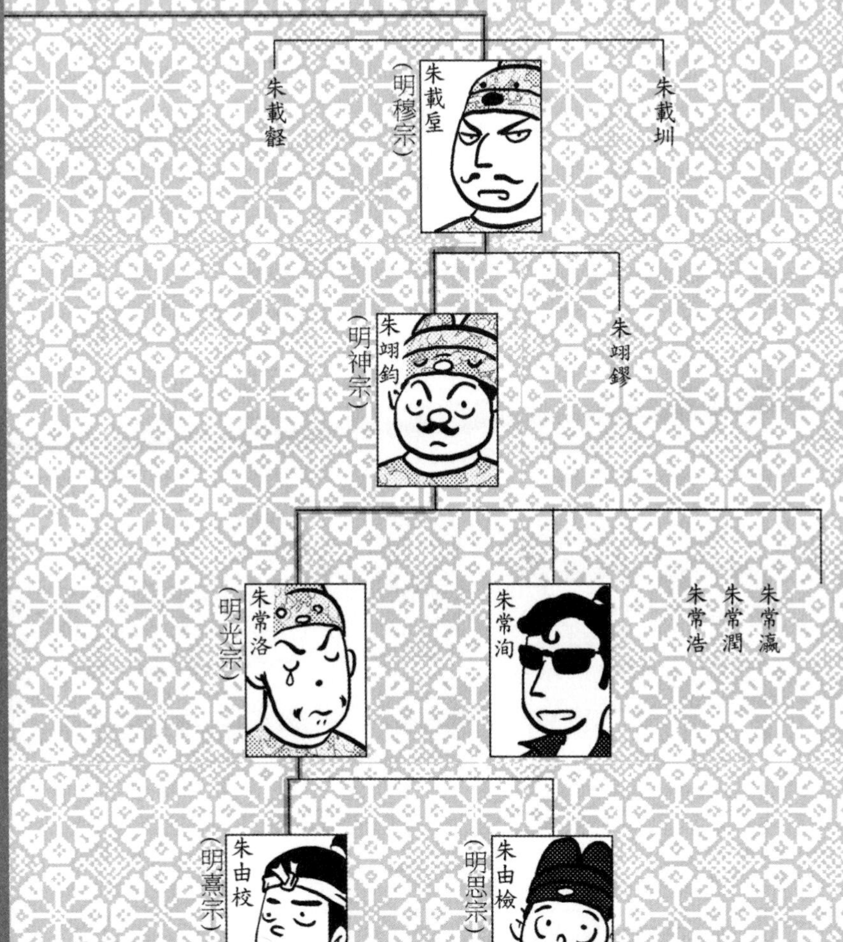
朱載壑
朱載坖
（明穆宗）
朱載圳
朱翊鈞
（明神宗）
朱翊鏐
朱常洛
（明光宗）
朱常洵
朱常瀛
朱常潤
朱常浩
朱由校
（明熹宗）
朱由檢
（明思宗）

大明　重要登場人物

大明　重要登場人物

 楊廷和

嚴嵩

夏言

徐階

張居正

張璁

李東陽

王守仁

汪直

徐有貞

曹吉祥

石亨

朱廷

沈鯉

葉向高

楊漣

左光斗

劉濟

馮恩

沈鍊

楊爵

周天佑

浦鋐

楊繼盛

梁芳

尚銘

李孜省

繼曉

趙文華

胡宗憲

吳中行

趙用賢

艾穆

鄒元標

沈思孝

顧憲成

大明 重要登場人物

桂萼

高拱

馮保

鄭貴妃

海瑞

嚴世藩

魏忠賢

客氏

熊廷弼

孫承宗

王化貞

張鶴鳴

楊鎬

李如松

戚繼光

仇鸞

李選侍

梁永

其他 重要登場人物

也先

小王子

三娘子

努爾哈赤

皇太極

印加國王

織田信長

豐臣秀吉

德川家康

哥倫布

麥哲倫

利瑪竇

奪門換主
萬妃專寵

明代宗景泰元年～明憲宗成化二十三年

1450-1487

英宗御駕親征慘遭韃靼俘虜，弟弟代宗緊急繼位並遙尊他為太上皇，獲釋回國後卻因兄弟猜忌被軟禁。八年後的這一夜，皇宮內鐘鼓齊鳴……

也先率鐵騎進逼大同 郭登撼敵軍主動出擊

■瓦剌首領也先去年在北京城被明軍擊退後又重整旗鼓，再次率領數千騎兵進逼大同（山西境內）。大同總兵（司令官）郭登，一改以往明軍像喪家犬般的表現，面對來襲的強敵仍霸氣的提劍上馬，頭也不回便率直屬部隊往敵營衝鋒，全軍因此受到激勵，一時之間喊殺聲撼動整個山谷。瓦剌部隊沒有料到一向怯懦的明軍會主動出擊，數千名精銳騎兵竟反被為數僅僅八百的明軍擊潰。之後郭登又乘勝追擊了四十里，最終砍下二百餘顆首級，並奪回不少被擄走的人口及牲畜，明軍也因此役而士氣大振。

新聞回顧

去年（1499年），瓦剌大舉入侵，朱祁鎮在太監王振的慫恿下御駕親征，卻在土木堡淪為俘虜。群臣為免被俘的皇帝變成談判籌碼，在孫太后同意下，讓郕王朱祁鈺（朱祁鎮之弟，明代宗，明景帝）登上皇位，遙尊朱祁鎮為「太上皇」。瓦剌首領也先發現大明皇帝已經換人，要脅巨額贖金的美夢宣告破滅，下令全軍傾巢而出，打算一舉攻破大明帝國的首都北京。北京方面雖有不少官員想付出天價賠償金與瓦剌議和，但在兵部尚書（國防部長）于謙強力主導下，決定奮戰到底。一番激戰後，明軍逆轉形勢，擊潰敵軍。也先為免被截斷退路，便挾著朱祁鎮連夜撤軍，暫時解除了北京城的危機。

上皇暗中策畫 太監喜寧伏法
在野狐嶺被擒後 押至北京處以車裂之刑

■多次獻計引導敵軍的叛逃太監喜寧，終於在不久前被設計擒獲，並被押往北京處以車裂之刑。據可靠消息來源指出，這次行動是由被俘的太上皇朱祁鎮暗中策畫。他知道也先想要的是金銀寶物，便假意說可以派喜寧回國索要。也先一聽說又有好康，便毫不考慮的答應的這個提議。但其實在喜寧出發前，朱祁鎮早已寫好一封密信交給親信部將，要他隨同喜寧一同前往時，暗中聯絡宣府（河北境內）守將設計擒拿叛徒。結果當喜寧行至獨石（河北境內）並被誘騙到野狐嶺時，早已等候多時的伏兵便一湧而上，終於將這個害人不淺的閹宦給逮捕，並送回北京正法。

也先有意停戰
上皇可望獲釋

■也先在叛宦喜寧被正法以後，失去了解敵情的人，加上又多次被大同總兵郭登等將領擊敗，便萌生了罷兵停戰的想法，並派出使者議和。據本報得到的最新消息，也先已經明確的表示願將太上皇朱祁鎮（明英宗）送回，接下來就等明廷的回應了。

新聞內幕　太上皇歸國生變 新皇帝消極抵制

原以為歸國有望的太上皇朱祁鎮恐怕要失望了。剛坐上皇位不久的朱祁鈺，深怕被俘的皇兄從敵營回來後，他這個皇帝就再也沒得當了，所以對此事便一直消極拖延，過了很久都沒有採取任何動作。最後是王直及于謙等大臣一再糾纏建議，才勉為其難的派遣右都御史（監察總長）楊善前去與也先商議相關事宜。不過楊善在臨行前發現，在皇帝給也先的敕書中，竟然沒有半個字提到說要迎奉太上皇回來，甚至連太上皇所需要的御用衣物及生活用品也沒準備，到最後還得楊善花自己的錢去買。從種種跡象看來，要不是礙於群臣的壓力，朱祁鈺可能還比較希望老哥永遠都不要出現比較好。就算也先有意要將朱祁鎮放回，但在新皇帝的消極態度之下，一切恐怕都還是充滿變數。

新皇帝對迎回太上皇一事似乎興趣缺缺

太上皇歷劫回宮 兩兄弟相見落淚

■在外界不看好的情況下，楊善完成不可能的任務，成功將太上皇朱祁鎮迎奉回國。新皇帝也於八月十五在東安門迎接並行了拜見禮。兩人還相擁落淚，互相表示要讓出皇位。最後朱祁鈺恭送太上皇到南宮，再率百官行朝見禮，結束這次令人感動的真情接駕儀式。

一切攏係假!! 太上皇南宮遭軟禁

■一份由高層流出的密件顯示，之前兩皇相互謙讓，落淚相迎的迎接儀式，根本只是演出來的假象。原本禮部尚書（教育部長）胡濙擬定的迎接儀式是派官員到龍虎台奉接，錦衣衛（皇帝直屬特務機關）準備好天子車駕到居庸關（皆河北境內）等待，文武百官則分別到土城外及校場門迎接。然後太上皇從安定門入城，進東安門再東上北門面南而坐，由皇帝行謁見禮，完畢之後由百官依次朝見，最後太上皇進入南城的大內宮殿居住。不過皇帝卻裁示只要派一轎二馬到居庸關迎接就好，到了安定門才改換天子車駕。雖然有官員認為這樣太草率，建議應當仿效當初唐肅宗李亨迎奉太上皇的禮儀，由皇帝親自到安定門迎接，但全都被皇帝給打了回票，並且很不高興的要群臣不可再妄加改動。更誇張的是，目前居住在南宮的太上皇已被被錦衣衛嚴密看守，宮門不但上鎖，還灌上了鉛，食物也僅能由小洞遞入，根本有如被軟禁一般。種種跡象顯示，迎奉太上皇這件事目前算是告一段落，但接下來兩兄弟之間，是否會為了這個僅能坐得下一個人的大寶之位而有什麼後續動作，值得各界觀察。

誰來當家！？蒙古爆內鬨 太師逐大汗

■由於瓦剌部落的崛起，也先等於以太師之位掌控蒙古實權，直接架空大汗脫脫不花（岱總汗）。也先的姊姊嫁給脫脫不花，所以也先一直想讓外甥成為大汗的接班人，進一步鞏固自己的權位。但脫脫不花對也先早有顧忌，不管怎樣就是不肯點頭。後來也先懷疑脫脫不花暗中私通大明，可能對他採取不利行動，便先發制人，策反脫脫不花的異母弟阿噶多爾濟為內應，然後派兵對蒙古大汗發起攻擊，脫脫不花敗走後不久也被追殺而死。目前也先打算擁立阿噶多爾濟（烏格克圖汗）為蒙古大汗，成立一個受他支配的傀儡政權，積極擴大自己在蒙古各部族間的影響力。

都是面相惹的禍… 廣通王謀反失敗廢為庶人

■廣通王朱徽煠（朱元璋孫，岷王朱楩四子），聽信家人段友洪所說他面相可為天下真主，便信以為真的自擬敕書，派段友洪等人帶著銀印、金幣前往苗族各部落要他們出兵相助造反。苗族部落雖然文化程度不高，但近年來與邪惡的漢人頻繁接觸，也漸漸明白事情並不單純，所以並未如其所願的派兵攻擊大明官軍。事情傳開之後，岷王朱徽㷬（岷王朱楩次子，朱徽煠之兄）為免受到牽連，便派人逮捕了段友洪。而有帝王之相的朱徽煠隨後也被押解至京，以謀逆之罪廢為庶人。

痘子長在鼻頭上有帝王之相喔…

真的嗎？

廣通王因為聽信人家說他有帝王之相而打算謀反

貪念害人 竊犯誣告害死失主

■兩皇之間的緊張關係，竟使一宗單純竊案滾成生死大案。太上皇朱祁鎮被軟禁之後，大部份官員都能閃則閃，只有御用監（宮廷器物造辦署）少監（副署長）阮浪不離不棄的在旁服侍，太上皇便賜給他一套鍍金繡袋及鍍金刀。阮浪拿到這麼貴重的東西之後，為了討好長官便轉手送給太監（署長）王瑤。而錦衣衛指揮使（錦衣衛指揮官）盧忠無意中發現王瑤身上的這組刀、袋價值非凡，動了歹念，將王瑤給灌醉後把刀、袋偷走了。但盧忠拿了東西之後又不安

心，深怕哪天被王瑤發現，一不做二不休，命部屬提出不實指控，誣告阮浪是受了太上皇之命，用鍍金刀、袋來攏絡王瑤，以圖謀復位。原本就一直提防著的朱祁鈺一聽到這消息果然大怒，馬上將阮浪、王瑤給逮入「詔獄」拷訊，並傳喚盧忠出來做證。盧忠沒想到誣告別人

> 我東西被偷了，怎麼反而被關？

> 也對，那就不關了，改判死刑

的結局是自己也被捲進去，為免東窗事發，便假裝發瘋以求免去罪責。內閣大學士（皇帝高級祕書官）商輅與宦官王誠建議皇帝不要聽信盧忠的瘋言瘋語，傷了兄弟之間的感情。最後盧忠被謫戍廣西，王瑤、阮浪則慘遭誅殺。

名詞解釋
詔獄

即北鎮撫司獄，也稱錦衣衛獄。受詔命以嚴刑拷打來審問罪犯，直接為皇帝服務，其審斷結論甚至高過掌握定刑權的三法司。

提升京軍戰力 團營新制上路
三大營中挑選十萬名精壯軍士 分五個營團操練

■雖然也先目前暫時和大明達成停戰協議，太上皇也已經被放回來，但兵部尚書于謙認為不能存著僥倖之心，以為蒙古鐵騎從此便不再內犯。為了提升京師(北京)軍隊的戰鬥力，革除以往兵士與將領平日互不熟習，戰時彼此不知的弊病，于謙提出「團營法」：從京軍三大營中挑選十萬名精壯

軍士，分為五個營團操練。以五十人為基本組成，每百人為兩隊，由領隊官率領，每千人設一把總（中隊長），五千人則有都指揮（大隊長）。平常時依此體制操練，實際作戰時再依敵軍之多寡而彈性調整。日前皇帝已同意此議，下詔由于謙、石亨、太監劉永誠、曹吉祥提督，正式實施新的團

營制度。如果一切順利且成效良好的話，將在實行一年後再從原本的部隊抽調五萬兵員，與之前設立的五營合併為十個營。未來每個營設都督（司令官）一人，統領三個都指揮共一萬五千人的兵馬。其餘未被抽調至團營者則歸本營訓練，改稱為「老營」，以做為護衛京師之用。

還是親生的好… 皇帝下詔換太子

大明皇帝朱祁鈺日前正式發布詔令，廢去朱見濬太子之位改封為沂王，另冊立年僅五歲的皇子朱見濟為皇太子。土木堡之變（1449年）發生後，皇太后為了穩定民心，便下令朱祁鈺監國，以朱祁鎮之子朱見濬為皇太子。但是朱祁鈺登上寶座後，卻開始把心思放在怎麼把朱見濬從太子之位給拉下來，然後讓自己的兒子朱見濟取而代之。只是這種事過於尷尬，所以他便一直難以啟齒。恰巧因其他案件被關的前潯州（廣西境內）軍官黃𤣱上了一道奏疏，極力建議應當早日更易太子，以杜絕日後可能衍生的禍患。這奏疏打動了朱祁鈺的心，他慶幸萬里之外，竟然還有這樣的忠臣，便命禮部尚書（教育部長）胡濙召集群臣討論。大部份的官員知道皇帝的意向之後，都不敢發表什麼意見，於是太監興安便要群臣署名表示贊同，然後正式下詔更換太子。由於汪皇后在此事件中持反對意見而惹怒皇帝，結果竟然也遭到廢黜，新太子的生母杭氏也順勢被冊封為皇后。

小檔案 殺人魔黃𤣱

原為潯州（廣西境內）守備都指揮（軍區司令）的黃𤣱，先前為謀取潯州知府（府級行政長官）的職位，竟然殺害同父異母弟弟黃堈父子，分屍後還放入甕中埋藏在自家庭院，在被人告發後遭到逮捕。為求脫罪，他派遣心腹帶著重金從廣西到京師行賄。經高人指點，教他上書迎合皇上之意，首倡易儲之說。這招果然有用，不但替皇帝發了聲，也成功的讓自己被赦免。

新聞分析 石亨于謙辭職皆未獲准 嫌隙已生朝廷出現隱憂

■在皇帝發布新人事令，讓兵部尚書于謙全權總督團營事務後，引發重量級大將石亨不滿，上疏請辭表示抗議。于謙明白石亨此舉是衝著他而來，為了避免內部分裂，也請求解除自己總督之職，讓石亨專任團營事務。不過皇帝對兩人都好言慰留，暫時安撫了雙方不穩定的情緒。熟悉內情者表示，其實在一開始，石亨十分清楚自己在京城保衛戰能擊退也先大軍，立功封侯，都是靠著于謙指揮若定的緣故，所以在當時便大力推薦于謙之子赴京任官。但沒想到為人正直的于謙居然上疏辭謝，讓石亨頗覺尷尬，因此種下嫌隙，導致這次他不願屈居于謙之下的情況。除了他對于謙心懷怨恨之外，許多怯懦的大官及那些沒有建樹的皇親國戚，也對于謙直來直往，講求實效的行事風格感到不滿，常用各種方式加以毀謗。朱祁鈺深知于謙是為國忘己才遭詆毀，所以仍處處優遇並委以重任，對他的信任並沒有動搖。但在強敵虎視眈眈之際，重臣之間的不和恐怕將是國家的一大隱憂。

天理何在!?

滅門分屍 黃矕步步高升
心灰意冷 李棠回歸故里

■之前因殺死弟弟全家並分屍而被捕入獄的殺人魔黃矕，上書建議更換太子之後大翻身，從待罪獄中的殺人囚犯，變成了被皇帝欽點免罪，並風光乘坐驛站車馬進京面聖的大忠臣。朱祁鈺召見他後，覺得他機智勇敢又有謀略，竟然欽點他為前軍都督府（前軍司令部）都督同知（副總司令），並賜給他一座位在京師精華地段的豪宅。而當初負責審理此一滅門血案的廣西巡撫（省級總督導官）李棠，則是對於壞人逍遙法外，司法正義不得伸張而感到心生倦念，因而上疏辭職，失落的回歸故里。

> 跟大家介紹，這是新上任的官員...

救災為先!! 王竑開倉賑濟 事後上疏請罪

■得知淮安、徐州一帶（皆江蘇境內）發生饑荒後，僉都御史（主任監察官）王竑緊急前往賑濟。王竑抵達現場後，發現山東、河南等地的饑民也因家鄉糧荒而逃難至此，便把廣運倉的儲糧發給災民，卻遭到管理宦官的強烈反對。兩人為此相持不下，最後王竑態度強硬的掠下狠話：「饑餓的災民很快就會變成強盜，你如果還是堅決反對，等到發生變故時，我第一個就將你斬首，然後我再自己請死。」宦官嚇得魂不附體，當下答應開倉賑濟，王竑也同時上疏自行請罪。法界專家表示，如果這項未經奏請便擅自開倉的罪行成立，王竑要面臨的恐怕就不只是牢獄之災了。

也先再次弒主 自稱田盛可汗

■來自蒙古的消息指出，在也先擁立下而成為傀儡大汗的阿噶多爾濟（烏格克圖汗），八月間突然慘遭殺害，痛下毒手並盡滅其族的兇手，就是當初把他扶上大位的也先。不久，也先自稱「大元田盛（天盛）大可汗」，派遣使節進獻駿馬，尋求大明王朝的認可。朱祁鈺與廷臣商議之後，同意依循蒙古習俗稱也先為「瓦剌可汗」，正式承認其身份。

「生我者父母，活我者巡撫」 災民感念王竑救命之恩

■朱祁鈺收到王竑因擅自開倉賑濟而自行請罪的奏疏之後，不但沒有加以治罪，反而批准他提議有罪之人納糧贖罪，以補儲糧之不足的建議，還派人帶著國庫的銀兩奔赴災區，交由他全權處理。王竑在得到皇帝的大力支持後，親自深入災區巡視。補助款不足的部份，他還要求淮河上下游的商船，根據船的大小，出米做粥供應饑民，又勸富戶捐出糧錢布疋分給受災戶。據統計，他前後救活了約二百一十餘萬人，並給予耕牛、種子，輔導了將近八萬人讓他們恢復原本的職業，安撫了一萬零六百餘家的流民。生病的人提供免費藥物，已死的則發給棺木掩埋，賣兒賣女的由官府出錢幫他們贖回，想返回原籍的則給予路費。種種的措施，使得災民們都高興的忘了自己仍饑餓，還編了個「生我者父母，活我者巡撫」的順口溜，來歌頌這位為了救災不惜自身涉險的好官員。

王竑為了緊急災賑濟災民，冒險在未取得朝廷同意的情況下直接開倉放糧

哥就是火紅!!
倡易儲黃㵾得寵 貪民田皇帝不追究

■雖然新太子朱見濟（朱祁鈺之子）已於去年（1453年）十一月病逝，但最初首倡易儲之說的黃㵾，受到朱祁鈺寵信的程度卻絲毫未減。據了解，黃㵾不久前又上書請求皇帝將霸州、武清（皆河北境內）等處共六、七十里所謂的無主土地賜給他。雖然有官員立即為此上書請求嚴懲，但朱祁鈺也只是派遣官員前往勘查，看看黃㵾所請之地是否真的是無主地。結果一查，發現全都是百姓的合法田產，黃㵾此舉等同是欺君瞞上，騙取皇帝下詔讓他侵奪民田。戶部（財政部）再次請求嚴加懲治，但因為黃㵾目前還是皇帝面前的紅人，此案最後還是不了了之。

建議朱見濟復儲 鍾同與章綸被捕入獄

■新太子朱見濟的去世，讓曾是太子的沂王朱見濬（太上皇朱祁鎮之子，皇帝朱祁鈺之姪），彷彿看見一道重回皇儲的曙光。而許多一開始便不贊成更換太子的官員，此時也再次燃起了希望，御史（監察官）鍾同、禮部（教育部）郎中（司長）章綸等人日前便分別上疏，建議盡早恢復朱見濬的皇太子身份。然而喪子之痛至今仍尚未釋懷的朱祁鈺，一看到這樣的建議，整個悲傷的情緒立即轉化為熊熊怒火，顧不得當時天色已晚，宮門也早已緊閉，硬是派人將聖旨從門縫塞出，下令立即逮捕鍾同、章綸二人，連夜將其他們關押到錦衣衛獄中嚴刑拷打。

糟糕！這根本沒有縫嘛……怎麼塞啊！

這哪一牌氣密窗這麼好

皇帝大怒之下不顧深夜宮門緊閉，便將聖旨從門縫遞出，下令半夜逮人

蒙古又爆內鬥 阿喇槓上也先

■也先自立為可汗不到一年的時間，蒙古再次陷入內鬨奪權的紛亂之中。近來力量逐漸穩固的大臣阿喇，認為自己應當坐上太師之位，於是便向也先請求說：「主人您現在已經穿了新衣，是否可以把以前穿過的舊衣服賜給我呢？」也先一聽便知道阿喇所謂的舊衣指的就是自己曾擔任過的太師之位，但由於他素來對阿喇也多有猜忌，不但沒有答應，還因此動起了殺機。只是也先雖然想趁早討滅阿喇，卻又顧忌他的力量，便命自己的兒子出守西番，並召阿喇的兩個兒子隨從，然後在途中先後將他們毒死。阿喇知道自己的兩個兒子都死於非命後，怒而發兵三萬，向也先宣戰。

新聞快報　蒙古大汗也先被刺身亡

由蒙古傳回的最新消息，正在軍帳中準備商議如何對付阿喇叛軍的大汗也先，突然被三個近侍護衛刺殺身亡。而這三個行兇者已經被證實以前曾經是阿喇的心腹，雖然近年來跟在也先身邊並獲得信任，但仍不忘舊主，以實際行動證明了自己的忠誠。

曾經俘擄過大明皇帝的也先因內鬥被刺殺身亡

新聞分析 官員奉詔建言 多嘴換來丟官
嗯，老闆的話千萬別當真

■每次只要有了什麼天災異變，當皇帝的總是會煞有其事的頒下詔書，要群臣們針對朝政缺失提出建言。這次，御史倪敬等人，也絞盡了腦汁，把近來朝廷的諸多缺失都給列了出來，包括不應無故拿國庫的錢亂賞賜、不要常常出外遊玩、不要沉迷饗宴及各種娛樂、應停止大興土木勞民傷財，還提到章綸、鐘同兩人之前直言進諫被關一年多，也應該加以釋放。皇帝看到這份奏章後，雖然表面上沒有說什麼，但其實心中超級不爽。怎麼知道呢？因為過沒多久，聯名上書的倪敬等十六人，便在考核官員的時候給罷黜了。

說得好啊....把名字給我記下來，有機會再好好獎賞

湖廣苗民武裝起事

■數年前曾經打算發動武裝叛變的廣通王朱徽煠（朱元璋孫），雖然事敗被捕，但他號召苗民的行動卻也在湖廣一帶產生了影響力。當地的部落領袖蒙能，收到啟發及鼓動，也有了反抗的意識。他成功的號召了三萬多個武裝苗民之後，開始向鄰近地區發動攻擊，目前已經攻陷好幾個縣城，並以「蒙王」的稱號持續擴張勢力。由於地方駐軍多次出動都未能成功壓制叛軍，為免情勢日益嚴峻，朝廷已於不久前命南和伯方瑛為平蠻將軍，帶領大軍前往鎮壓。

廖莊面聖勾起皇帝舊怨
牽連鐘同受杖慘死棍下

■南京大理寺（最高法院）少卿（副院長）廖莊，因母喪到京師辦理手續並朝見皇帝，但朱祁鈺一見到他，便想起廖莊去年曾經建議皇帝，應當要時常去南宮向太上皇請安，並把朱見濬當做自己的親生兒子，聘請良師教導。朱祁鈺越想越氣，當場下令將廖莊廷杖八十下，貶到定羌（甘肅境內）當驛丞（驛站站長）。皇帝的近侍又落井下石，提醒此事是鐘同等人首先提出，朱祁鈺更為惱怒，賜下一根巨棒，下令在獄中狠狠杖打鐘同及章綸。鐘同不堪毒打死當場慘死，而章綸則是被打得血肉模糊之後繼續關押在獄。

又見靠爸族 兒子落榜老爸不滿 閣臣挾怨報復考官

■每次考試放榜時總是幾家歡樂幾家愁，今年的順天鄉試，內閣大學士陳循之子陳瑛、王文之子王倫便雙雙落榜。結果這兩位父親，竟然不是安慰自己的兒子或要他們在學業上更加精進，而是仗著自己是閣臣而極度不滿的指控考官劉儼、黃諫閱卷不公，還要求比照洪武三十年（1398年）考試案，將考官處死並重新舉辦考試。皇帝收到指控後便命禮部會同大學士高穀複閱試卷，以釐清當中是否有舞弊。高穀在詳實的調查之後，回報說已經錄取的試卷中，陳瑛、王倫的只能算是中等，全部的試卷除了第六名林挺沒有給評語這項疏失之外，並沒有任何循私舞弊的現象，建議不應加罪於考官。皇帝為求兩全，便裁示直接賜陳瑛、王倫為舉人，讓他們具有參加會試的資格。已經上榜的舉人中，只下詔刷掉林挺一人，其他均不再議。這件事雖然就此落幕，但行事公正的高穀，卻也因此得罪陳循、王文，如此一來，將使得閣臣間更加無法齊心諧調，進而影響政策的推行。

混帳！你不知道這是我寶貝兒子嗎？居然敢把他刷掉....

長官....他長得跟你一點也不像啊...

傳染病肆虐 死亡數飆高

■今年許多地方都爆發了嚴重的傳染病，其中黃梅（湖北境內）總計有三千餘人死於瘟疫，其中還有一家之中就有三十人死亡的，全家都因病滅絕的也有七百餘戶。桂林（廣西境內）的疫情則更加嚴重，到目前為止死亡人數已經超過二萬人。但各級衛生單位到目前為止，仍然沒有任何具體的作為，疫情的失控著實令人擔憂。

方瑛領軍成功鎮壓苗兵

■去年（1455年）率領苗民發動武裝叛亂的蒙能，在不久前對平溪衛（貴州境內）發動攻擊時遭到官軍頑強抵抗，並在戰鬥中被火槍擊斃，讓一度聲勢浩大的苗軍陷入混亂之中。受命南下征剿的方瑛於是乘勝進兵沅州（湖南境內），並連破一百一十餘寨，掃清了叛軍的主力，預計再過不久便可以完全敉平這場動亂。

變天‼ 夜半鐘鼓齊響 太上皇重登寶座

■已經臥病一段時間的朱祁鈺，在元月十六日傳出病情好轉，並將於隔日臨朝聽政的消息。文武百官也在當天深夜穿戴整齊，聚集在宮殿之外準備上朝。但就在眾人於冷風中閒聊的時候，忽然聽見宮內呼喊萬歲之聲四起，原本鬧哄哄的廣場一時間變得鴉雀無聲，因為這並不是皇帝平常上朝會有的固定程式。不久，齊響的鐘鼓聲劃破了夜空的寂靜，各門也同時大開，左副都御史（副監察總長）徐有貞（原名徐珵）從裡面走出來，向所有人大聲宣布說：「太上皇已經復位，所有官員即刻入內朝賀。」於是還摸不著頭緒的官員們就這樣魚貫進入。根據當時在場的官員表示，進去後只見太上皇朱祁鎮早已安坐在皇帝寶位之上，並對所有跪拜著的官員說：「景泰帝（朱祁鈺）有病，迎朕恢復帝位，所有人一切照舊任職辦事。」接著徐有貞領頭跪下行參拜大禮，茫茫然的官員們也糊里糊塗的跟著高呼萬歲，大明帝國的皇帝就這樣又換了人當。

還是這張龍椅坐起來舒服！

奪門之變 現場直擊
朱祁鈺病重未立太子 石亨徐有貞發動換主

■大明帝國一夕變天的「奪門事件」真相終於曝光。朱祁鈺病重之時，召提督京師團營的石亨到榻前，命他代行南郊大祀之禮。石亨見皇帝病重，而皇太子又尚未確立，便與宦官曹吉祥、前軍都督（前軍總司令）張軏、左都御史楊善、太常寺卿（國家祭祀署署長）許彬，及徐有貞等人商議，決定擁立太上皇恢復帝位以鞏固自己的政治地位。當天夜裡，掌管皇門鑰匙的石亨先打開了長安門，把張軏率領的兵卒放入宮中，然後再緊閉宮門以阻止外來兵馬。接著徐有貞與張軏等人前往南宮，並破牆而入，再拜見朱祁鎮表明要擁立他重登皇帝之位。之後朱祁鎮便乘轎往東華門前進，守門的官員一看轎內坐的是太上皇也不敢加以攔阻，於是一行人就這樣順利的進宮到奉天門入座。在徐有貞等人晉見朝賀，連呼萬歲後，便吆喝不明究裡的眾人入內參拜，最後造成太上皇受到百官承認而復位的既成事實。而當時還躺在病床上的朱祁鈺，在聽到鐘鼓聲並弄清楚是怎麼一回事之後，也只能兩眼空洞，無奈的連說了幾聲「好，好…」，被迫接受這個殘酷的事實。

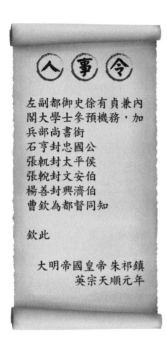

人事令

左副都御史徐有貞兼內
閣大學士參預機務，加
兵部尚書銜
石亨封忠國公
張軏封太平侯
張軝封文安伯
楊善封興濟伯
曹欽為都督同知

欽此

大明帝國皇帝 朱祁鎮
英宗天順元年

讀心術判案!?
于謙被控謀逆 竟以「意欲」定罪

■以奪門之功搶進權力核心的徐有貞及石亨等人，為了鞏固自己的政治地位，在第一時間便教唆監察官員，以「謀立親王之子入宮繼承皇位」的罪名，彈劾兵部尚書于謙及大學士王文。但事實上在事變當天，于謙等人便已經擬好了建請恢復沂王朱見濬為皇太子的奏章，只是奏疏尚未送入，驚天之變就發生了，所以在查證之後當然找不到半點證據。不過徐有貞等人一心想要置于謙於死地，便以「意欲」二字附會成罪。也就是說，于謙雖然沒說也沒做什麼違法之事，但承審法官認為他心裡有這種意圖，所以就構成了謀逆大罪，必須處以極刑。但據說，朱祁鎮認為于謙在當初的京城保衛戰確實立下不世大功，所以也不忍將其處死。

徐有貞找不出可以定于謙罪名的證據，最後竟以「意欲」謀反定罪

世紀大冤案!! 于謙王文被斬首棄市

■原本對于謙「意欲」謀逆一案猶豫不決的朱祁鎮，在徐有貞堅持「如果不殺于謙，奪門就師出無名」的說法下，終於狠下心來大筆一揮，下令將于謙、王文斬首棄市，兩人的兒子也都充軍邊疆。值得一提的是，在查抄于謙家產時，執行官發現他家中根本沒有多餘的錢財，只有正室門戶的鎖做得特別堅固。原本以為金銀財寶全藏在這裡，結果打開一看才發現裡面只有皇上御賜的蟒衣劍器，其他什麼也沒有。據聞，行刑當天，天上烏雲四蔽，天色異常。雖然所有人都知道于謙是被冤枉的，但最後他還是被推上了刑場。當時有位曹吉祥的部下，名叫多喇，因感嘆于謙冤死，顧不得老闆和于謙是死對頭，行刑之後便在原地用酒奠祭死者，並痛哭不已。曹吉祥知道後十分生氣，就用鞭子抽打多喇，但第二天多喇仍照樣又去以酒奠祭于謙。于謙過去舉薦的都督同知陳逵，也不怕受到連累，主動安葬沒有人收拾的屍骸。

大明二帝尷尬並立 壓力過大太子口吃

■奪門之變過後十幾天，朱祁鎮才忽然想起他居然忘記廢掉朱祁鈺的皇帝之位，結果形成了北京城內同時有兩個皇帝的尷尬情況。但如果自己出面廢掉另一個皇帝又怪怪的，為了避免留下奪權爭位的形象，便緊急將母親大人抬了出來，宣稱依皇太后的命令，廢除朱祁鈺的帝位稱號，恢復郕王的舊稱並遷居到西內。同時將朱祁鈺的生母皇太后吳氏貶降為宣廟賢妃，廢皇后汪氏為郕王后，改懷獻太子朱見濟（已於景泰四年，1453夭折）為懷獻世子。但對於把使用了八年的景泰年號全部抹掉的建議，他倒是沒有同意。不久也將沂王朱見濬的名字改為朱見深，並再次冊立他為皇太子。不過今年已經十歲的朱見深，在經歷了重覆廢立太子的巨大壓力之後，已經出現嚴重口吃的狀況。

呵呵...高興到忘記做這件事了....

我還以為要讓我繼續當皇帝呢...

戰鬥力歸零 范廣喪命 京軍團營遭廢除

■于謙被徐有貞等人害死之後，之前他所舉薦的許多官員也都遭到波及，像是行事一向正直，擔任石亨副手的范廣，就因為多次規勸石亨不要違法瀆職而遭懷恨。加上他與張軏之間多有嫌隙，時常相互攻詰，之前因有于謙在，彼此間的矛盾並沒有爆發。但現在石亨、張軏等人倚恃著奪門之功，誣告范廣依附于謙，謀劃迎立外藩世子繼承帝位，因而被捕入獄，羅織罪名，慘遭斬首。于謙和范廣相繼死後，之前于謙所制定的團營之法，也跟著被廢除，好不容易才提升的京軍戰鬥力面臨下滑的危機。

在于謙及范廣死後，京軍的戰鬥力已經大幅下滑

死後算帳?! 遜帝朱祁鈺病逝 被賜「郕戾王」惡諡

■奪門之變發生一個月後，一直臥病在床的郕王朱祁鈺終於病逝。朱祁鎮一想到他當初不但搶了自己的皇位，還把他軟禁在南宮，便滿心怨恨的賜了個「戾」的惡諡給他，封他為「郕戾王」，表示他終身為惡而且死不悔改。還下令拆毀朱祁鈺生前為自己營建的壽陵，改按親王之禮葬在北京西山，同時命廷臣研議將他所有的王妃全都殉葬，其中也包含了前皇后汪氏。不過內閣大學士李賢則認為汪氏早已被廢除皇后之位且幽禁多年，加上她的兩個女兒也還年幼，處境十分可憐，所以建議將她排除在殉葬名單之外。皇太子朱見深也因汪后就是因為勸朱祁鈺不要更換太子，為了挺他才慘遭廢后，所以一同出面向皇帝求情。最後朱祁鎮裁示，將汪氏從殉葬名單中剔除，但妃嬪唐氏等人仍難逃陪葬的命運。

病逝？他殺？ 朱祁鈺之死另有隱情？

■對於朱祁鈺之死，坊間一直有傳言，說其實他的病早已康復，但朱祁鎮怕他也上演同樣的奪位戲碼，所以便派太監蔣安用絲帛將其勒死以絕後患。這個傳言目前為止並沒有有任何實證，但宮廷之中的鬥爭如此險惡，由此可見一斑。

博愛座

抱歉，這裡太擠了

徐有貞用盡各種方法將內閣舊臣擠走，以便獨攬大權

閣臣紛紛落馬 徐有貞獨攬大權

■徐有貞進入內閣後，開始顯露想獨攬大權的野心，便用盡各種辦法把原本的諸位內閣大臣給擠走。先是立場與他不同的商輅、蕭鎡等前朝重臣被罷黜為民，接下來江淵、俞士悅，連同之前一向非常關照他的陳循，也都被徐有貞教唆的言官（御史、給事中等監察官員）參劾朋比為奸之罪，而被發配到遼東充軍。吏部尚書（文官考選任免部長）王直因曾經請求過復立朱見深為皇太子而沒有遭到責罰，禮部尚書胡濙則是因曾經屢次請求朱祁鈺到南宮朝賀太上皇而被認為尚有忠愛之心。因此兩人雖然受到徐有貞的排擠，無法繼續待在政治核心，但都還能以八十幾歲的高齡得到優撫退休。在前輩們相繼被踢走之後，徐有貞已經獨霸內閣，成為當今朝廷最具權勢的政治人物。

奪門新貴內鬨 進士惡鬥草包

■徐有貞、石亨、曹吉祥等所謂的「奪門新貴」才剛掌權不久，內部就開始產生嫌隙。資料顯示，奪門之變後在朱祁鎮面前屢進讒言，罷黜了內閣諸臣，最後盡攬大權的徐有貞，最初是靠著石亨、曹吉祥等人的引薦才得到機會。但在他得志之後，卻似乎忘記這一切，而開始對石亨、曹吉祥表現出鄙視之意。他認為自己是進士出身，與這兩個胸無半點墨的草包完全不同等級，也不屑與他們為伍，便開始在皇帝面前數說二人的不是。但石亨、曹吉祥也不簡單，透過皇帝身邊的小宦官，很快便發現是他在背後搞鬼。於是也開始謀畫要如何去陷害他，使得朝廷又籠罩在詭譎的氣氛當中。

害人者人恆害之 徐有貞從雲端跌落

■原本掌握優勢的徐有貞，手段果然比不上石亨與曹吉祥這兩個老江湖，最後終於在這場政治惡鬥中宣告出局。據了解，太監曹吉祥為了先破壞皇帝對徐有貞的信任，便令小宦官偷聽皇帝與徐有貞單獨談話的內容，之後他再向皇帝洩露。當朱祁鎮驚訝他是如何得到這些消息時，就故意說是徐有貞對他說的，還說許多的祕密外界早就知道了。這一高招，果然使得皇帝開始厭惡並疏遠徐有貞。之後石亨等人又編造一些罪名加以誣陷，將徐有貞、李賢等閣臣關進大牢，還一口氣剷除了三十幾位的言官，造成監察單位為之一空。經過審訊，李賢被留任，而徐有貞則是繼續遭受政治追殺，又被投入錦衣衛獄中痛加拷打，最後慘遭流放。

不能說出去喔...

嗯嗯嗯...

……

曹吉祥派小宦官偷聽皇帝與徐有貞的對話，然後再故意假裝是徐有貞洩漏了祕密

兵部尚書貪贓敗露
陳汝言任職一年家產上億

■因諂媚依附石亨而接任兵部尚書的陳汝言，日前因貪贓敗露被處死。在查抄家產時，還意外發現他竟然累積了上億財富。此事使朱祁鎮聯想到景泰一朝受寵的于謙，在奪門之變被抄家時沒有餘財，然而陳汝言任職還不到一年，卻已經不曉得透過怎樣的管道累積這麼多財富。其實在于謙被處死後不久，事後才知情的皇太后便難過的對朱祁鎮講述當初也先進犯北京城時，于謙是如何挺身而出，於絕險境地挽救危局的事蹟。而經過一段時間，朱祁鎮也終於了解于謙在迎立外藩一事上受到的冤屈，對於自己魯莽處死于謙感到十分後悔。但畢竟自己是九五之尊，為了穩住寶座，不能推翻自己先前的決定幫于謙平反。結果現在因為發現陳汝言貪贓，讓他看清了石亨等人醜惡的面貌而更加感到厭惡。

錦衣衛四出偵緝
掌控大臣情資

■在群臣擁簇下發動奪門政變，重登皇位的朱祁鎮，近來開始擔心大臣們會不會結黨營私，背地策劃把他架空，所以再次重用錦衣衛當爪耙子。錦衣衛的官校們仗著有皇帝當靠山，四出偵事，用盡各種方法窺探官員們的祕密。大大小小的官員以及皇室貴族們，對於這種白色恐怖，除了說話及行事都要更加小心之外，比較「有效率」的方法，就是用美色及金錢來賄賂錦衣衛以求自保。結果反倒演變成沒有行賄的人動輒被補，而且每逮一人就會牽連一大串，尤其是那些富豪巨戶，更常被當成肥羊宰殺。內閣大學士李賢為此上書，請求撤回四處橫行滋事的錦衣衛官校，但覺得特務機關方便又好用的皇帝，怎麼可能甘願自廢武功，所以當然不予批准，使得錦衣衛的氣燄更為囂張。

呷緊弄破碗!!
鼓動下屬聯名保奏 石彪反遭皇帝猜忌

■這幾年對戰瓦剌表現還算亮眼的石彪（石亨之姪），在升任總兵還被晉封定遠侯後，因行事過於高調囂張，也開始遭到皇帝的猜忌，對他們叔姪兩人分掌內外兵權一事深感不安。對此猶無警覺的石彪，七月時又鼓動轄下的五十個軍官聯名上書，奏請朝廷讓他鎮守大同（山西境內）。但這個舉動卻反而令皇帝更相信他們可能會發動軍事叛變，目前錦衣衛已經收到密令疾馳出關準備逮捕石彪。

錦衣夜行火速行動 石亨叔姪權力崩解

■錦衣衛在八月一日，以迅雷不及掩耳的速度將石彪逮入獄中嚴刑拷訊，並在他家裡搜出了繡蟒龍衣等足以判處死罪的證據。石亨深怕自己受到姪子牽連，便立即上書請罪，平時都不吭聲的朝中大臣也紛紛上書揭露石亨的罪行。最後朱祁鎮下令查抄石彪家產並逮捕其同黨七十六人，同時下令石亨在家閒住靜候調查並禁止朝見，權傾一時的石亨叔姪至此樹倒猴散，風光不再。

奪門之說被批評多此一舉
石亨等投機分子盡遭罷黜

對厚...他死了，沒奪門也是又換我當皇帝啊...

■內閣大學士李賢在石亨垮台後順勢提出建議，表示當初朱祁鎮復位只要說是「迎駕」就行了，根本不應該用難以對後世交待的「奪門」二字。這樣的說法，只是徐有貞、石亨等人為了誇大自己的功勞想出來的怪招。而且當時景泰帝朱祁鈺已經病重，唯一的子嗣早就去世，所以等他死後，再怎麼算也只有朱祁鎮有資格重登皇位。到時百官奉迎，耆舊在列，一切都是理所當然，既無功可賞，亦無罪可懲。那些以奪門之說而得到好處的人，只是撿了現成的便宜。朱祁鎮這才恍然大悟，明白自己被擺了一道，立即下詔今後不再使用「奪門」二字，並罷黜四千多名以此冒功得到官職的投機分子。

宛如電影場景
天降隕石還會說話？ 萬人慘遭砸死！

■根據慶陽（陝西境內）傳來的消息，日前該處發生天災異變，無以計數的隕石從天而降，重量從一公斤到三公斤左右都有，無數房屋被砸毀，衝擊產生的高熱也引發火災，目前已有數萬人慘遭砸死。還有傳言說這些從天而降的隕石竟然能說話，可怕的景象，已經引起當地居民的恐慌。

從天堂到地獄 石亨判死抄家

■錦衣衛指揮僉事（司令部高階軍官）逯杲，日前公布了石亨謀反案的調查結果，確定石亨確有怨望，並與從孫（姪孫）石後等編造妖言，還蓄養無賴，圖謀不軌。於是朱祁鎮便下令將其逮入詔獄嚴加拷訊，最後依謀反之罪判處死刑並抄沒家產。平常過慣了驕奢生活的石亨，無法適應獄中的悲慘日子，才進去沒多久便病死獄中。司法單位認為這樣的死法難平眾怒，所以特別建議將石亨來個死後戮屍。不過皇帝倒是聽取內閣大學士李賢的建議，直接將他埋葬，了結此案。至於石彪、石後等人，則於不久之後遭到斬首棄市之刑。

石亨之死讓曹吉祥極為恐懼

皇室驚報亂倫!? 弋陽王母子被處自盡焚屍之刑

■日前皇室爆出令人難堪的亂倫醜聞。錦衣衛指揮同知（錦衣衛副指揮官）逯杲得到線報，指控弋陽王朱奠壏母子之間竟有著亂倫關係。朱祁鎮聞訊後表示震怒，立刻降旨要朱奠壏的哥哥朱奠培具實回報，並派遣駙馬都尉（公主夫婿）薛桓與逯杲前往再次確認指控是否屬實。在朱奠培回奏並無其事之後，朱祁鎮責問逯杲胡亂指控，但在逯杲拿出一堆證詞，堅持一定要守住司法正義後，朱奠壏母子仍舊依亂倫之罪被處自盡焚屍之刑。

曹欽領兵夜襲皇城 長安門外烈燄衝天

■京城目前正爆發嚴重的武裝軍事叛變。由太監曹吉祥姪子曹欽所率領的叛軍於凌晨向皇宮發動突襲。據了解，石亨之死，使得一向與其狼狽為奸的曹吉祥心中萬分驚恐，深怕下一個受到牽連喪命的便是自己。於是加緊準備，積極的攏絡一批歸降的蒙古軍官以及亡命之士，準備隨時以武力奪下政權。這件事無意間被在錦衣衛任職百戶（中階軍官）的族人曹福來發現，曹欽為了怕事跡外洩，便私自將他弄死。結果反而引來錦衣衛指揮同知逯杲介入調查，並向上奏報曹欽濫刑害命，皇帝因而降旨怒斥要求嚴查。曹欽認為自己已被逯杲盯上，武裝謀反的事遲早會被發覺，便決定先下手突襲皇城。但就在行動的當晚，原本同謀的錦衣衛軍官馬亮，因為害怕事敗獲罪，便趁曹欽不注意時溜出去密報此事。當時統領團營禁軍奉詔西征，準備隔天上朝面聖陛辭的總兵官（任務總司令）孫鏜，正與值宿的恭順侯吳瑾在朝房中休息。一聽到密報，馬上寫紙條從門縫投入宮中，並要衛士立即通知皇帝緊急應變。但因為他們兩個都是拙於文字的武官，事態又十分的緊急，所以只寫了「曹欽反！曹欽反！」六個歪歪斜斜的大字。皇帝看到紙條

> 寫好了沒?曹欽快打過來了...
> 別催啦....
> 歪歪斜斜

孫鏜傳紙條入宮示警

後大吃一驚，馬上下令衛士鎖拿太監曹吉祥，同時緊閉所有城門。但這時曹欽已帶領著五百名死士，先前往逯杲家中把他砍死，然後領兵馳入西朝房殺了都御史寇深，接著又提逯杲的頭到東朝房，抓了尚書王翱，並脅迫內閣大學士李賢替他擬寫奏疏釋罪。隨後曹欽率眾縱火急攻東、西長安門，雖然守衛情急之下拆了護城河道的磚石堵在門後，暫時擋住了叛軍的攻勢，但來勢洶洶的叛軍目前仍不斷的發起一波波的強攻，在震天的殺聲及熊熊火光中，皇城隨時有陷落的可能，情況十分危急。

曹欽兵敗投井而死 太監吉祥慘遭凌遲

■在曹欽率領的叛軍急攻長安門時，孫鏜先交待他兩個兒子急馳回到西征部隊搬求援兵。考量到過慣安逸日子的京軍一聽到有武裝叛變，大概會嚇得不敢出來，況且沒有皇帝的詔書，也不見得能調得動部隊。於是他急中生智，交待兒子回去後

有誰要來幫忙抓逃犯的，很輕鬆喔！而且有高額獎金

我要！

我要！

孫鏜以捉逃犯賺獎金當口號，成功在短時間內誘集了足夠兵力

先在營外大喊，謊稱刑部（司法部）關押的囚犯越獄了，只要出來幫忙捉到的就可以得到重賞。結果兵士們一聽到有重賞，又只是抓幾個手無寸鐵的逃犯，很快便備齊衣甲武器趕出來集合，於是孫鏜一下子便聚集了二千名全副武裝的部隊，這時才上馬，大聲對將士們呼喊：「看到長安門的大火了嗎?那就是曹欽率領著一些烏合之眾謀反！我們已經知道他的人馬很少，只要可以活捉他或擊殺叛軍的，都將得到重賞！」眾人見到孫鏜振臂疾呼，也都大聲應命，然後對叛軍發起攻擊。曹欽無法攻破城門，背後又受到孫鏜強攻，一下子就潰散。雖然中途斬殺了只帶領著五、六名衛士前來助戰的吳瑾，但曹欽最後仍是走投無路，只能奔回家中做最後

的困獸之鬥。這時各路禁軍陸續增援，在孫鏜的指揮之下攻破曹家大宅，曹欽畏罪投井身亡，家中無論大小全被亂刀砍死。先前已經被逮下獄的太監曹吉祥，則是事後被千刀磔殺於市街中，所有牽涉在內的人，除了當初告發的馬亮獲得升官重賞之外，其餘一律盡誅。

內幕追追追!!

亂倫案真相曝光

日前引起各界嘩然的弋陽王母子亂倫案，真相終於曝光。一開始逯杲所得到關於朱奠壏亂倫的情報，其實是有人故意誣陷。而逯杲沒有細加查證便信以為真，貪功直接上奏。在皇帝下令再次核實時，重新深入調查的逯杲雖然已經知道朱奠壏被冤枉，但因怕自己被降罪，所以只好堅持查證確有此事，最後也讓朱奠壏背上亂倫的罪名。由於此案過於粗糙，且許多對被告有利的證詞全都沒被採用，所以也引起輿論的強烈譴伐。

韃靼大玩兩手策略 河套一帶永無寧日

■蒙古韃靼部近年來多次入侵邊鎮，去年（1461年）夏天更再度強勢進犯河西，大明守軍無法擋住攻勢，又讓蒙古鐵騎得以長驅劫掠永昌、甘州等地。八月時，韃靼攻入涼州（皆甘肅境內），但這次明軍在守將毛忠的率領下奮勇抵禦，鏖戰一日後雖然矢盡力疲，但仍拔刀與敵人進行殊死肉搏，最後總算撐到友軍來援，韃靼兵見勢無可為才解圍而走。在此之後韃靼領袖孛來決定改變政策，放棄先前硬搶的做法，派人向大明王朝表示願意臣服，朱祁鎮當然也樂得答應。雙方達成協議後，韃靼也獲准改由蘭縣（陝西境內）入關朝貢。

不過，韃靼雖然表面上臣服於大明，享有朝貢貿易所帶來的可觀利潤，實際上卻是在大玩兩手策略，藉著朝貢之便仍舊不時寇掠邊鎮。看來，隨著新進貢路線的開放，河套一帶（黃河中上游兩岸地區，分屬寧夏、內蒙古、陝西境內）從此之後將永無寧日。

門達接掌錦衣衛 大肆逮捕官民
人滿為患 增建囚舍以便安置

■都指揮僉事門達在逯杲被曹欽殺死之後，受命掌理錦衣衛事務。當初在管理詔獄時曾為多起大案平反，並得到朝中大臣們一致稱許的門達，在看到逯杲以特務手法獲取各項情報，並因此得到皇帝的寵信後，也想學他這一套。於是變本加厲的密布錦衣衛旗校，用盡各種手段專門暗中查緝官民私事，導致民眾相互告發檢舉的風氣越來越盛，不論是真有犯行還是挾怨誣

> 哇！這是哪個豪宅新建案啊？

> 是犯人太多我們打算擴建監獄而已啦

告，被逮下獄的人也越來越多。日前，由於暴增的獄囚人數已經多到獄舍所無法容納，門達便上書奏請於城西再增置錦衣衛監獄。

雖然此議已獲得朱祁鎮的批准，但是照錦衣衛這種有人亂告便隨意逮捕刑訊的做法，只怕增建再多的囚舍也不夠用。

貢院奪命大火
九十餘名舉子葬身火海　追賜「進士出身」

■各省通過鄉試的舉人，在二月九日齊集京城參加會試，以求取得殿試的資格。

但就在考生們埋首答卷時，貢院（會試考場）竟然冒出熊熊火燄及陣陣濃煙。由於

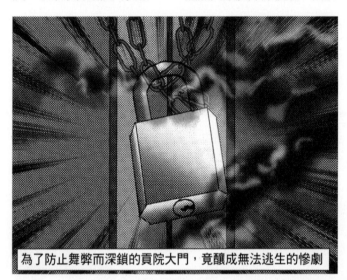

為了防止舞弊而深鎖的貢院大門，竟釀成無法逃生的慘劇

貢院大門已經被御史焦顯鎖起來，導致許多考生在慌亂中找不到脫逃的出口，最後不是被濃煙嗆死就是被吞噬於無情的火舌之中，總計有九十幾人命喪火海。朱祁鎮聞訊後大怒，立刻下令將禮部左侍郎（次長）鄒幹、郎中俞欽、主事（中階官員）張祥，以及御史唐彬、焦顯等逮入獄中追究責任，並嚴查起火原因。然後下詔於今年八月補行會試，並追賜給被燒死的諸位考生「進士出身」（即狀元、榜眼、探花之後的二甲進士）的身份。

伍驥領兵保住上杭 班師染瘴軍民同哀

■上杭（福建境內）不久前遭盜匪侵擾，雖然官軍在都指揮僉事丁泉的指揮下，暫時保住城池，但賊勢卻越來越強大。受命巡按福建的御史伍驥得知後，立刻急趨汀州（福建境內），先調撥援兵從四面包圍盜匪，然後單槍匹馬前往賊寨，從容立於馬上向盜匪們分析禍福之道。眾匪都因伍驥的誠意而感動落淚，一時之間，放下武器歸附的竟有一千七百餘戶。伍驥也賞給他們牛馬種子，讓這些為求生存不得已才落草為寇的農民可以回家耕田。不過盜匪頭子李宗政則依

恃著堡寨堅固而拒不投降，仍試圖與官軍對抗。於是伍驥與丁泉便率兵直搗賊陣，在激烈的戰鬥後攻破堡寨，但丁泉也在此役中力戰而死。伍驥在弔唁亡靈、撫卹傷者後，再度領軍與敵接戰並連破十八寨，俘殺八百餘人，終於完全平定了這場動亂。不幸的是，伍驥在班師回到上杭時，卻因在途中感染瘴氣而病逝。當地的軍士百姓聽到這個消息，有數千人前來弔唁，還爭相出錢要為他建立祠堂，以紀念他為地方所做的貢獻。

特務當權 司法已死
門達得勢 袁彬受誣 楊塤申冤

■門達成為受皇帝寵信的特務頭子後權傾朝野，除了土木堡之變時隨侍在太上皇左右的袁彬之外，其餘官員大多屈服在他的淫威之下，不是為虎作倀就是敢怒而不敢言。雖然袁彬曾陪伴朱祁鎮共同渡過被俘的那段最不堪歲月，在錦衣衛系統中也頗有實力，但門達為了鏟除異己仍然羅織罪名，誣陷他曾接受石亨、曹吉祥的賄賂，不但將其逮入獄中還想置他於死地。朱祁鎮一方面不希望有人逍遙法外，一方面又念及昔日舊情，便告訴門達：「朕不管你怎麼審問他，但一定要把袁彬活著還給我。」袁彬下獄後，有位名為楊塤的軍匠為他抱不平，便寫了訴狀請求皇帝親審此案，其中羅列了門達種種的不法事證，然後擊「登聞鼓」遞狀伸冤，因而也被逮入獄中嚴刑拷訊。由於內閣大學士李賢曾在皇帝面前痛陳門達的惡行惡狀，所以門達對其恨之入骨，想利用這次機會扳倒他，便暗示楊塤作偽證，要他承認是受到李賢主使才擊鼓遞狀。目前門達已拿著楊塤錄下的口供指控李賢，並奏准司法單位進行會審，甚至還準備強押李賢來當面對質來加以折辱。普遍獲得輿論肯定的李賢及袁彬等人，是否能逃過此劫，已成為目前最值得關注的頭條。

你等一下就照這樣講，知道嗎？

……

門達想要教唆偽證陷害人，結果自己反而遭到指控

會審逆轉 證人當庭翻供 門達如同被告

■楊塤會審案出現重大轉折，門達打算強押大學士李賢當場對質的做法，因監審太監裴當堅決表示「大臣不可辱」而取消。審訊時，門達原本以為楊塤會依計畫幫他緊咬李賢，但沒想到楊塤卻一反口供，當場大聲說：「我這樣一個卑微小人，怎麼可能見得到李學士！所有的證詞全都是門錦衣教我要這樣說的。」當場把門達氣到話都說不出來，而袁彬在應訊時也歷數門達種種納賄不法情狀，一時之間門達反而變成像被告一般。只不過承審官員，還是因為畏懼門達的勢焰，而不敢據實向皇帝提出報告。最後做出了判袁彬絞刑但可罰錢贖罪，而楊塤則是死刑論斬的建議。不久，皇帝做出最後裁示，將袁彬調任南京錦衣衛，楊塤則開恩釋放。

感念錢皇后多情多義 朱祁鎮廢止宮妃殉葬

■過完年就病重不起的朱祁鎮，為了能讓自己的兒子順利接班，在內閣大學士李賢建議下，便命皇太子朱見深（皇貴妃周氏所生）於文華殿代理國事，然後預先立下遺言，要太子在他死後盡速擇吉日繼位，並於百日之後成婚。同時也廢除自明太祖朱元璋以來，宮妃在皇帝死後必須殉葬的惡例。另外，由於皇后錢氏在土木堡之變時，每天為了被抓走的朱祁鎮蜷腿伏泣，導致一腿殘疾，並哭瞎一隻眼睛。之後當他以太上皇之名被幽禁南宮時，錢皇后不但時常給予精神上的安慰，還帶著諸位妃子辛勤的織布賣錢，以貼補他日常生活所需。這份革命情感，讓朱祁鎮在臨終之前特別交待，要求太子以太后的名份孝養錢皇后，讓她安養天年，待壽終後再與自己合葬。不久，朱祁鎮病逝，朱見濡（即朱見深，不知為何朱祁鎮在遺詔上將他給改名）依遺詔繼承了皇位，並將明年定為「成化」元年。

太后爭奪戰攻防激烈
周氏強勢排擠 廷臣堅持遺詔 錢氏加封「慈懿」

■新皇帝即位後，依慣例要尊嫡母（先皇的正式皇后）及生母（皇帝的親生母親）為皇太后。但周貴妃（皇帝生母）卻急著想排擠錢皇后（先皇之后）。她讓心腹太監夏時去要求廷臣：「錢皇后是個沒有兒子的殘疾之人，哪裡有被尊稱為太后的資格，早就該循前朝之例廢掉，獨尊周貴妃為皇太后就可以了。」或許朱祁鎮在生前早就料到，所以臨終前已經親口囑託顧命大臣李賢這件事，也明確立下遺言保障錢皇后的地位。所以在李賢及彭時兩個內閣首輔的堅持下，群臣紛紛附和，夏時只好摸摸鼻子回去向周貴妃覆命。彭時也建議，應該為錢皇后另加「慈懿」的徽號做為尊稱，以便做為區別。在皇帝同意後，終於讓錢太后與周太后並尊，暫時結束這場宮廷排擠的戲碼。

在群臣反對下，周太后想擠下錢太后的詭計未能得逞

門達下臺充邊軍 袁彬重掌錦衣衛

■在先帝生前受到重用，令百官聞之色變的錦衣衛指揮使門達，終於在換了新老闆之後失勢，遭到言官交章彈劾，把他貪贓弄權，假託聖旨屢興大獄之事全都告到皇帝的面前。在調查屬實後，門達被查抄家產並議處死刑，最後新皇帝裁示開恩免死，令其戍遣南丹衛（廣西境內）充軍。之前受到門達排擠被調往南京的袁彬，則因為朝野風評一向不錯，被調回重掌錦衣衛事務，先前門達所增建的錦衣衛監獄也一併拆毀。

違反程序任命 朱見濡開啟傳奉官惡例

■依現行制度，凡是官員的任用都必須由內閣或是吏部（文官考核任免部）發出公文才算合法生效。但朱見濡即位不到一個月，便打破這個正常程序，直接下詔令，任命一位工人當「文思院」副使。雖然這只是一個芝麻綠豆的小官，但卻給政壇帶來相當大的震撼。一旦開啟這種不經由正常程序，而由皇帝直接發布任官，這種所謂的「傳奉官」會越來越泛濫。如此一來，官位將不再是依照是否適才適任，而是僅憑皇帝一人的好惡而定，勢必嚴重影響官員的素質。到時一定會有許多佞幸無恥之徒，靠著結交或行賄皇帝身邊的太監或妃嬪來取得職位，然後出現文官不會讀書寫字、武將不會騎馬射箭的弊端。

> 今天起，我就是你的長官...

> 狗不理

> 我上面有經理、副理、協理，什麼時候又多個狗不理？

小辭典

文思院

工部之下專司各種器服所需金銀犀玉等裝飾品之製造和供應的單位。

因應日蝕異變 宮女重獲自由

■日前因為太陽黯淡無光，朝廷上下一陣恐慌，內閣大學士李賢藉此機會偕同諸位大臣上書，建議皇帝修身自省以表達敬天之意。同時指出怪異天象是因為宮中有過多宮女，加上浣衣局中因家人犯罪而被沒入的婦女，聚積許多的愁怨，導致陰氣過盛所致。要避免之後發生嚴重的災禍，只有回應這次的天變異象，把她們全部釋放。皇帝覺得很有道理，便爽快的批准此一建議，讓為數可觀的宮女重新呼吸新鮮空氣，也使得京師內外好多家庭得以沉浸在團聚的愉悅氣氛中。

後宮大戰 新婚吳皇后被廢 萬貞兒倍受寵愛

■朱見深（即朱見濡，又在不知不覺中自己恢復了原名）剛在七月二十一遵照先皇遺囑舉行婚禮，正式冊立吳氏為皇后。但到了八月二十二日，才新婚剛滿一個月的吳皇后便以「舉動輕佻，禮儀粗率，德行與地位不相稱」為由，被廢除后位。據了解，由於深受皇帝寵愛的萬貞兒（萬貴妃）不把皇后放在眼裡，處處表現出踰越本份及囂張的態度。吳皇后忍無可忍，便傳旨杖打了萬貞兒，打算壓壓她的氣燄。但卻錯估形勢，反被一狀告到皇帝那裡，朱見深一怒之下向兩宮太后提出廢后之請。錢太后（朱見深嫡母）為此持反對意見，而周太后（朱見深生母）則故意要與錢太后唱反調，贊同廢后的決定。到了十月，朱見深又另立王氏為皇后。不過大概是看到吳氏悲慘的下場，新皇后只能刻意忽視萬貞兒盛氣凌人的事實，選擇淡然處之，並謹言慎行，盡量以不被抓到什麼過錯而痛失后位為最高原則。萬貞兒看王皇后對自己並沒有什麼威脅性，所以不打算把她逼入絕境。

妳這老女人

我才比皇上大十九歲而已...

皇后因得罪皇上寵愛的萬妃而遭到廢黜

皇帝也缺錢!?
查封土地納為皇莊 天子中飽私囊

■朱見深不久前下了一道命令，把太監曹吉祥被查抄的大片地產，全都歸為皇帝私有的「皇莊」，令各界感到意外。為數可觀的地租收入及附屬價值，則直接成為供應皇帝開銷的私房錢，不受戶部管轄，也不會用在國家整體發展上。雖然給事中（政風監察官）齊莊為此上疏，表示「天子以四海為家，何必與小民爭利」，但朱見深卻完全相應不理。評論家認為，從此以後，不但以各種理由把百姓或失職官員的田產歸為「皇莊」的案例層出不窮，也將使得勳戚貴族有樣學樣，想盡各種方法及藉口佔奪民地，然後再變更成自己的莊田以謀取暴利，只怕土地正義更加蕩然無存。

肉搜! 萬貞兒竟是皇帝幼時貼身宮女!!

■深受朱見深寵愛的萬貞兒，據查發現原來是從小就一直照顧著他的貼身宮女，年齡足足比他大了十九歲。兩人因為朝夕相處，最後竟然發生了親密關係，朱見深也在即位之後冊封萬貞兒為妃。

擺著擺著，就發酵了？
西南動亂擴大 朝廷發兵鎮壓瑤、壯族

■早在十年前，西南邊陲的瑤人候大苟，因不滿當地官府貪橫無道的管理，怒而率領瑤族、壯族的百姓反抗。由於朝廷的輕忽，叛軍人數竟然已發展到數萬人之多，而且接連打下數個郡縣。近年勢力還伸及高州、雷州（皆廣東境內）、廉州，甚至還在前年攻克了梧州城（皆廣西境內）。至此朝廷才驚覺事態嚴重，在兵部尚書王竑推薦下，朱見深詔命右僉都御史韓雍贊理軍務，以趙輔領征夷將軍印，充任總兵官（征夷行動總司令），太監盧永、陳宣監軍，發兵十六萬前往鎮壓。

大力士來襲!! 流浪漢聚居湖廣 劉千斤連破官軍

■隨著地主與貴族不斷用各種方法兼併土地，以及苛重的賦役壓力，基層百姓的生活早已被壓得喘不過氣來。連年饑荒，更催逼窮苦農民離開自己的家園四處流浪，湖廣地區（湖南、湖北境內）因此成了大量流民聚居之處。據初步估計，來此墾荒開礦的流民，人數已經進逼一百五十萬人之多。難以掌控的人口一旦聚積過多，必然演變成朝廷最不樂見的武裝暴動。於是朝廷便多次強令逐散，想以強硬方式解決人民生活無以為繼的問題，結果流民在走投無路之下只好賭命。相傳能舉起千斤石獅的「劉千斤」劉通，與「石和尚」石龍等人，在房縣（湖北境內）的大石廠豎立黃旗，號召流民一同起來反抗。叛軍在很短的時間內就擴增到數十萬，並攻下梅溪（湖南境內）。劉通也自稱「漢王」，任命了將軍、元帥等要職，然後分兵攻打襄陽（湖北境內）、鄧州（河南境內）、漢中（陝西境內）等地。由於叛軍來勢洶洶，接連大獲全勝，已使得朝廷極為震驚。目前朱見深已任命朱永為總兵官，兵部尚書白圭提督軍務，太監唐慎、林貴監軍，會合湖廣總兵（軍長）李震、副都御史王恕領軍前往鎮壓。

相傳能舉起石獅的劉通自稱漢王，起兵連破官軍

皇帝喜獲麟子 萬貞兒受封貴妃

■之前鬥倒吳皇后的萬貞兒，為朱見深生下了皇長子之後，受寵的程度更上層樓。雖然皇長子並非皇后嫡出，但皇帝還是高興的派遣使者到各山川祭祀，還下詔將她冊封為貴妃。據後宮流出的資料顯示，萬貴妃的父親萬貴原本只是一名小小的縣吏，後來因為犯法而被發配霸州（河北境內）充軍，因此她在四歲時，便被安置到宮中當小宮女，並於及

生下皇長子的萬貴妃後宮專寵程度無人能及

笄（女子十五歲所行的成年禮）後被分配到仁壽宮。由於萬貞兒生性聰明、反應敏捷，深得後宮高層的喜愛，因此在朱見深很小的時候，便被叫去當他的貼身褓姆。雖然萬貞兒比朱見深年長十九歲，但由於姿色豔美又會察顏觀色，而且在朱見深被廢去太子之位的那段悲慘歲月，也都一直在旁守護，所以兩人之間不但有著革命情感，也發生了肉體關係。自此以後，情竇初開的朱見深便再也離不開她了。現在再加上皇長子的出生，更讓萬貴妃的影響力，遠遠的把正宮皇后給拋在後面。

白圭兵分四路進逼梅溪 大漢叛軍劉通兵敗被俘

■今年三月，官軍在梅溪（湖南境內）迎擊劉通所率領的叛軍，結果湖廣總兵李震率領的部隊，三十八位各級軍官被陣殺，兵士也傷亡慘重。隨而至的白圭聞訊後，立刻改變戰略，分兵從南漳、遠巡、房縣、穀城（皆湖北境內）四路進逼梅溪，迫使叛軍轉至壽陽（山西境內）與官軍激戰。在經歷兩天的血戰之後，自稱「漢王」的劉通兵敗被俘，叛軍中一萬多名十一歲以上的男子全都遭到屠殺。殘部在石龍的率領下轉進四川，又攻下了巫山、大昌（皆四川境內）等地，殺了二百餘名的地方官吏。這次白圭又改變戰略，派人前去敵營誘降及分化，最後叛軍果然很快就自行瓦解，石龍也被自己人給綁了送交官軍，並與其他數十位叛軍領袖一起斬首。曾經颳起一道旋風的「大漢」軍旗，也隨之頹然倒地。

考生必讀!! 新版會試規則

一、考生在考前兩天早晨，就必須進到試院之中，以免遲到或考前慌亂。

二、考試當天進入考場的時間，從黎明提早到四更（淩晨一點到三點間）。天一亮就分發考題，黃昏時交卷，未答完者會發給三支蠟燭繼續作答，在燒完之前交卷。

三、由於太多人夾帶小抄，入場時將嚴格搜身。至少寫完兩篇文章才可以去上廁所，上完之後要盡速返回，不許出聲討論。若有監考官員受託夾帶小抄者，一經發現將嚴加懲處。

四、負責巡視考場的試務人員，一律由部隊中調撥指派，不許冒名頂替。

五、監考官不許私自進入考生的考間內與其交談、眉來眼去或打PASS。

六、考生入場後，試場圍牆外由全副武裝的特種部隊嚴加防守。

七、為了避免閱卷官員認出考生字跡而串通舞弊，試卷上姓名彌封後還必須另外由專人抄錄一份，逐字對讀無誤後，再將抄本交由閱卷官員評比給分。

八、負責抄錄的官員必須用心逐字對寫，不許失落字樣或潦草不真。

九、以往常有老眼昏花或能力不佳者擔任抄錄、對讀、收卷的工作，導致發生試務烏龍，今後將精選四十歲上下，五品至七品官員中各方面表現良好者來擔任。

十、以往考生抱怨順天府在考試期間所供應的伙食太差，已由禮部增派一位官員專責監督改進。

我...要去廁所....快忍不住了...唔...

不行！依據新的規定，你要先寫完兩篇文章才能去

噗！

萬貴妃痛失愛子　後宮陷愁雲慘霧

> 誰也別想搶在我的前面....

萬貴妃痛失愛子，是否將影響到其他妃嬪的生育，頗值得觀察

■年初宮中才因萬貴妃為朱見深生下皇長子而大肆慶祝，但到了十一月，隨著這個未足歲的嬰兒不幸夭折，整個北京城也陷入一片愁雲慘霧之中，萬貴妃的喜怒也變得更難以捉摸。長期研究宮廷問題的學者表示，雖然皇帝還很年輕，後宮也有一大堆的妃嬪等著懷上龍胎，但依萬貴妃的個性看來，若有人想要搶在她前面產下皇子，可能就得冒著隨時被鬥倒鬥臭，甚至丟掉性命的風險。

【藝文新訊】

鬥彩雞缸杯

　　由於朱見深在度過被廢太子的悲慘童年時，只有年長他十九歲的宮女萬貞兒（萬貴妃）在旁悉心照料，使得他對宋人畫的子母雞圖特別有感，於是便命御用工匠將圖上母雞帶小雞覓食的場景移於杯上，燒製成「鬥彩雞缸杯」送給萬貴妃。「鬥彩」是以釉下淡雅的青花為輪廓，再以紅、綠、黃、紫等色填在釉上，入窯經低溫二次燒成，胎薄釉潤，釉下彩與釉上彩爭妍鬥美，故得此名。這次令藝文界為之瘋狂的「雞缸杯」杯敞口微撇，口下漸斂，平底臥足。杯外燒繪子母雞兩群，間以湖石、月季與幽蘭。足底邊一周無釉，底心青花雙方欄內楷書「大明成化年制」六字。收藏家表示，由於「鬥彩雞缸杯」作工精細而清雅雋秀，又有成化皇帝及萬貴妃加持，所以價值遠非其他藝術品所能比擬，未來勢必引發收藏熱潮及創下拍賣天價。

> 我這杯至少可以拍幾個億吧？

> ....

真品成化鬥彩雞缸杯預估在拍賣市場將價值數億

建州女真再次犯境 明軍靖虜成功壓制

■由於東北地區的建州（吉林境內）女真（即滿族的前身）近年來屢屢犯邊，大明王朝決定發兵教訓，於是命左都御史（監察總長）李秉提督軍務，趙輔為靖虜將軍總兵官（靖虜行動總司令），率兵前往征討。九月，明軍分哨五路，每路各萬騎從撫順關（遼寧境內）出塞，朝鮮（韓國）也派出萬人協同作戰。十月底時，明軍攻至建州，憑著優勢兵力橫掃敵軍，斬殺了數百人，重挫了女真族的銳氣。

曾經迫使宋朝南遷的驃悍金人又再度崛起

小檔案
女真族

女真族的活動地區在東北黑龍江一帶，可分為建州女真、海西女真、野人女真三大部，也就是曾經在西元一一二七年攻下當時宋朝的首都汴梁（開封，河南境內），服俘虜了趙佶（宋徽宗）、趙桓（宋欽宗，趙佶之子），迫使宋室南遷的金人。雖然金國在後來被蒙古所滅，但這支熟於騎射遊獵，曾讓大宋王朝承受「靖康之恥」（即靖康年間太上皇宋徽宗，及皇帝宋欽宗被俘事件）的驃悍民族，如今再度有開始活躍的跡象，是否將成為大明王朝的另一隱憂，將值得繼續關注。

官兵種族歧視 強占民田
叛軍散而復聚 攻占九江

■雖然明軍在東北成功壓制了新崛起的建州女真，但全國各地的武裝動亂卻如野火一般，怎麼樣也無法完全撲滅。這些動亂的起因，多半是因為當地官府長期的貪瀆徇私，加上過重稅役負擔累積了民怨。而種族歧視，以及不合理侵奪民田的現象，更是許多邊陲地區少數民族的最痛。在如此緊繃的時刻，如果又逢天災，百姓連要糊口都有困難的話，便會挺而走險，以自己的性命做為生路的賭注。今年六月，大壩（貴州境內）發生動亂，雖然一開始官兵成功擊退了叛軍，但過沒多久，化整為零的叛軍便又重新集結，在官軍退去之後，再度攻佔了合江等九縣。

不甘淪為花燈慶典寫手 翰林學士諫言慘遭廷杖

■時序已近歲末年冬，為了籌備明年的上元節花燈慶典，朱見深特別命學識最頂尖翰林詞臣撰寫節慶詩詞。但通過重重考試、擊敗全國競爭對手才被選入翰林院（職掌修史編書、文詞翰墨、皇室侍講的核心官員儲備所）的章懋、黃仲昭、莊昶等人，對此卻不以為然的聯名上疏，表示翰林的職責是為皇上講論仁義、陳述善惡得失，而不是寫上元節的助興詩詞，並勸告皇帝要多花些心思在國事上面。原本正在興頭上的朱見深被澆了冷水之後，以上元節是祖宗成例為由，痛斥章懋等人胡言亂語。罵完之後餘怒未消，還在宮中就直接施以廷杖，把這些高級知識分子的屁股當場打到血肉模糊。再傳旨把章懋、黃仲昭貶為知縣（縣長），莊昶貶為通判（低階官員）。

堪稱全國最頂尖人才庫的翰林官員不甘心被指派去撰寫祝賀詩詞，結果慘遭廷杖

連墓地也要爭？！
錢后去世合葬爭議 皇帝群臣互不相讓

■慈懿皇太后錢氏（明英宗朱祁鎮正宮皇后）在六月二十六日去世後，安葬地點成為皇室與大臣間的重大爭議。據了解，原本朱祁鎮在臨終前就已清楚交待，錢后死後應與他合葬一處，但人才剛死，朱見深便派人把內閣輔臣全都召來，說要討論相關的喪葬事宜。彭時等大臣人馬上察覺這一定是周太后（朱見深生母）從中做梗，想把合葬的位置預留給自己。於是未等皇帝開口，輔臣們便先表明了依先帝遺詔辦理的立場。想幫母親達成願望的皇帝碰了一鼻子灰，只好草草結束會議。之後澎時、商輅、劉定又聯名上疏，還舉了漢文帝、宋仁宗等例舉證古制也是如此。以吏部尚書（文官考核任免部長）李秉、禮部尚書（教育部長）姚夔為首的數十位朝中大臣，也一致表明相同的立場。第二天，四百七十位大臣聯名的奏章，直接擺在皇帝的案頭上。不過皇帝和周太后到目前為止，仍然堅持錢太后得另擇葬地，與群臣相持不下。

究竟誰能葬在先帝身邊？

大臣的牛逼脾氣...
文華門群臣長跪哭諫 皇帝無奈妥協 錢后先帝合葬

■合葬爭議事件在錢太后去世後第三天，出現戲劇性轉折。魏元偕等三十九位給事中、康允韶等四十一位御史，才剛下早朝就集體跪在文華門外放聲大哭，哭聲鬧得整個皇宮都不得安寧。就算周太后、皇帝下旨要他們解散，但大臣卻表示除非得到將錢太后與先帝合葬的旨意，否則絕不敢退下。結果就這樣一直跪到下午四、五點，有些人在六月的烈陽下跪到暈了過去也不肯罷休，最後逼得皇帝只好妥協。答應為錢太后上「孝莊獻穆弘惠顯仁恭天欽聖睿皇后」的諡號，並將神位祔入太廟（供奉皇帝先祖的宗廟）與先帝朱祁鎮並列，並宣布將於九月與先帝合葬於裕陵。

你怎麼知道這招有用，真是太帥了

呵呵...因為我小時候都這樣啊

番僧得寵 待遇與親王同級 真人、高士滿天飛

■自從朱見深迷上了番僧舉行帶有神祕色彩的佛教儀式，不但時常將他們召入宮中誦經唸咒，還正式以詔書詰命封答巴堅贊為「萬行莊嚴功德最勝智慧圓明能仁感應顯國光教弘妙大悟法王西天至善金剛普濟大智慧佛」，桀實巴為「清修正覺妙慈普濟護國衍教灌頂弘善西天佛子大國師」，鎖南堅參為「靜修弘善國師」、端竹也夫為「淨慈普濟國師」。這些封號一個比一個長的番僧，所使用的服飾器物等同親王級別，出入乘坐棕色的輿轎，還以兵卒衛隊持儀杖做為前導，連文武官員見到都要退避到路旁等待。這些番僧的徒子徒孫，被賜給「真人」、「高士」稱號，高達好幾千人，可想而知一定又會有許多佞幸之人，經由此管道取得某些特權或官職了。

我張真人

我是王真人

我是李真人

到底還有誰是假人啊？

日前被皇帝御賜真人封號的竟高達數千人

墓隧風雲!! 周太后暗動手腳 先帝后地下飲淚

■雖然在群臣的堅持下，慈懿皇太后錢氏（朱見深嫡母，即朱祁鎮正宮皇后）的身後大事終於底定，讓錢太后得以依照朱祁鎮的遺言與他同葬。但心有不甘的周太后仍然從中暗動手腳，不但要求朱見深下令打破先帝只與正宮皇后同葬的慣例，特別在朱祁鎮的墓穴左右各開挖了一座墓室，替自己在死後的世界預留了一席之地。而且相較於她的墓穴與先帝之間那條寬敞的隧道，錢太后的隧道還被刻意挖得比較偏，與先帝的墓室錯開了足足數丈之遠，中間還被刻意用石塊封死。但恐怕也沒有大臣能再站出來為錢太后說話了。

大如人頭龍蛋現形!? 預言黃河大水肆虐!?

■六月初，暴漲的黃河在開封（河南境內）決口，當地都指揮司（軍區司令部）、布政司（省級行政部門）、按察司（省級司法監察部門）三司長官立即緊張的準備了牲禮向河神獻祭。就在祭典進行的同時，

圍觀的群眾竟開始騷動起來，紛紛往岸邊靠過去。在驚呼聲中，只見一顆大如人頭的蛋在河中飄浮著，然後隨著滾滾黃水順流而下，最後消失了蹤跡。由於群眾中有人說這就是傳說中的龍蛋，是即將要發大水的徵兆，已使得鄰近百姓人心惶惶，深怕全家的生命財產會遭到惡水吞噬。

哥就是任性…
國舅乞地貪得無厭 皇帝放任侵吞民田

■有特權的人吃相總是特別難看，藉著各種手段剝削小老百姓的辛苦血汗，讓自己更富有。周太后的弟弟周彧，曾經成功讓皇帝賜給他武強、武邑等地（皆河北境內）的無主閒田共六百餘頃。雖然後來有言官舉發這些所謂的閒置空地，其實都是百姓們合法持有的田產，周彧根本是藉著向皇上乞求之名，行強取豪奪之實。但皇帝卻只對舉發的官員表示嘉許，而沒有加以追究。嘗到甜頭的周彧，不久前竟然又再次奏請賜與該處未繳稅

而被朝廷沒入的田地。但相關單位清查後又發現，這些都是百姓開墾後依規定交納稅賦的合法田地。於是便依照戶籍步行測量，每畝田地寬一百步，多出的部份才沒收為閒田，大大的減少了周彧原本的預期。對於此次十分不滿的周彧，居然再次上疏乞請。皇帝不想讓舅舅失望，便改派刑部郎中彭韶等人前往複查。但這次彭韶到達現場之後，並沒有實際再用步行測量，而是只在四周看了一下便回京覆命，然後上書自我彈劾。彭韶表示，

這些是朝廷在很久以前就允許百姓開墾耕種的田地，早已成為農民們的固定產業，朝廷也曾免除租稅以鼓勵百姓耕種。如今功臣外戚竟與百姓爭奪尺寸之地，由於不忍心搶奪百姓的衣食來趨附權貴，因此未能達成任務，自請承擔罪責。朱見深在收到奏書之後，雖然下令將田地都還給百姓，但也同時切責彭韶等人，將他們以「沽名釣譽、違背聖命」的罪名投入詔獄。幸而其他言官爭相論救，最後朱見深才下令把釋放他們。

明軍雄風再起 韃靼敗逃大漠

■把大明邊地城鎮當成自家貨倉隨意劫掠，似乎已成了蒙古韃靼部落的家常便飯，對此一向隱忍的大明朝廷，今年終於硬了起來，命撫寧候朱永為平虜將軍（平虜行動總司令），領京兵萬人，加上宣府（河北境內）、大同（山西境內）兵馬各五千人前往征討。七月時，數萬名韃靼兵馬又再度分五路侵入邊境，但朱永大軍早就等在此地，雙方在一陣激戰之後，韃靼軍被擊敗，韃靼首領阿勒楚爾中箭，盡棄輜重狼狽逃回大漠。軍事評論家表示，明軍此役雖然只斬了韃靼一百零六人，搶到了數千匹牛馬，但出征諸將不再像以往那般怯敵避戰，反而都能力戰追敵，這種狀況是數十年來不曾看見過的。

人間煉獄!! 旱潦不斷饑荒連連 賣兒賣女苟延殘喘

■北京一帶今年大旱，在好不容易盼到天降甘霖後，沒想到大雨一發不可收拾，反而讓乾裂的田土成為一望無際的汪洋。如此激烈的旱潦相接，直接影響今年的農作。在沒有新糧收成的狀況下，各地存糧已經消耗怠盡，缺糧的情況變得十分嚴重。八月時，順天、真定、保定（皆河北境內）、河南（河南境內）四府的米價，已經貴得離譜，外圍鄉鎮的缺糧情況更是嚴峻，有錢也買不到東西吃。已經有許多的村戶，連續四、五天不曾生火開飯，原因沒有別的，就是根本沒有任何東西可以下鍋。這些可憐的人們，絕望到只能閉門困臥床上等死，也有人因為啃食樹皮草根而誤食有毒植物，或

> 怎麼現在就回來了，不是還沒放暑假嗎？

> 學校沒東西吃，我們就被趕回來了...

為了減輕糧食供應壓力，國子監也提早放假讓學生回家

是因營養不良抵抗力下降而染病身亡，甚至有人忍痛賣兒賣女以求苟延殘喘。雖然朝廷已在內閣大學士彭時的建議下，大開倉儲提供了數十萬石的備用糧食平穩糧價，也讓國子監生（國立大學學生）直接放假回家以減輕糧食供應的壓力。但整體看來仍是無濟於事，餓死的百姓已經多到必須在城外挖坑掩埋的程度了。

謠傳宮女懷龍種 萬妃嫉妒起殺機

■據傳去年（1469年）皇帝偶然間到內宮藏書處時，與宮女紀氏發生關係，而且還懷了身孕，妒心大起的萬貴妃便派人前往查探。長久以來宮中一直有傳聞，萬貴妃在兒子夭折後，為了怕其他人因子而貴，所以只要知道有誰懷了龍種便加以迫害。但萬貴妃事後認定紀氏並非懷孕，只是腹部脹痛而已，所以只把紀氏調到西內安樂堂，而沒有採取進一步的行動。

真真假假？ 懷孕瞞過萬貴妃 產下皇子急藏匿

■八卦消息指出，之前被懷疑有孕的紀氏，在今年七月生下了一個胖娃兒，並已抱到別處

怎麼好像
有嬰兒哭聲...

噓...

宮女紀氏瞞過萬貴妃將孩子生了下來

暗中撫養。但當初受命前去查探的人，因為同情紀氏母子，所以便向萬貴妃回報說只是腹脹，並沒有懷孕。等偷偷生下小孩之後，紀氏怕萬貴妃不肯放過她，所以便要守門的宦官張敏把孩子抱出去溺死。但張敏憐憫這個小生命，堅持把小孩抱到別的地方，瞞著萬貴妃哺育，才保住了嬰兒的性命。不過，聽說之前被廢除皇后之位的吳氏，因為住在離安樂堂很近的地方，所以已經知道這件事情，吳氏對這個小生命的存續會採取什麼態度？自然也引發各方關注。

難民激增終成禍 李原湖廣舉反旗

■前幾年官兵好不容易才剿滅活躍於湖廣地區的劉通叛軍，沒想到今年因為大旱，生活無以為繼的難民，只能無奈的選擇落草為寇，又成為一股新的反抗力量。這批數量可觀的流民在李原（李鬍子）等劉通舊部屬的領導下，開始在南漳（湖北境內）、渭南（陝西境內）一帶坐大。自稱為「太平王」的李原，目前已經吸納了將近一百萬人，並分派總兵、先鋒等各級官職，還創了「一條龍」、「坐山虎」等響亮的名號，準備積極向外擴張。由於叛軍竄起的速度極快，也使得朝廷緊張起來，趕緊命都御史項忠總督河南、湖廣、荊襄軍務，與湖廣總兵李震帶兵前往鎮壓。

胡蘿蔔與棍子
項忠智取百萬叛軍 成功鎮壓湖廣動亂

■受命鎮壓湖廣動亂的項忠，面對人數已達百萬的叛軍，顯得格外小心謹慎。他先調動鄰近地區的土兵前來支援，以增強自己的力量，再把連同正規部隊共二十五萬的軍力，兵分八路向叛軍大本營逐步進逼。在同一時間，他也派人深入叛軍的勢力範圍，宣布朝廷將協助棄械出山的流民恢復舊業，但對頑抗到底者將會殺無赦。項忠一手棍子一手蘿蔔的策略果然奏效，很短的時間內便有大批流民棄械出山，使得雙方力量出現黃金交叉。此時已擁有優勢軍力的官軍，在項忠的命令之下，開始對叛軍展開激烈猛攻。沒多久，李原等人便兵敗被俘，潰散的流民部隊則是慘遭無情殺戮，死者枕籍山谷。據官軍的統計顯示，此次項忠前後共招撫了九十三萬流民恢復生產，並減免這些人三年賦稅，讓他們可以回到家鄉，重新開始新的生活。不過，在亮麗的數字之下卻也隱藏著殘酷的事實，除了慘遭官軍屠殺的流民外，也有為數眾多的人死在還鄉的途中。

百萬反叛軍在項忠的招撫及恐嚇下迅速崩解

朕...知...知...知道了...
皇帝克服心理障礙 首次召見閣員面談

■已經很久沒有接見朝臣的朱見深，日前因白天反常出現彗星沖犯各大星座，而接受內閣大學士澎時等人的要求，在文華殿接見了諸位內閣大臣。由於皇帝有嚴重的口吃，為了避免自己難堪，所以總是避開與閣臣面對面討論，選擇只用書面批閱的方式來處理政務。這次為了因應天象變異，他可說硬是克服了心理障礙，大膽的跨出這一步。不過，在會見結束之後，皇帝貼身宦官私下透露，由於此次召見讓皇帝感覺不是很好，所以以後極有可能不會再召見閣臣面談國事。

君臣面談竟是一場災難？萬歲閣老淪為政壇笑柄

■由於朱見深對自己口吃有強烈自卑感，所以之前第一次接見大臣時，也顯得格外緊張。據聞，宦官們看出主子心中的不安，便在閣臣進殿前，提醒他們這次先不多說，最好等下次召見再詳細陳述。閣臣們入殿行完跪拜禮後，彭時便開口說：「天變可畏。」皇帝則努力的擠出：「已…已…已知，卿…卿等…宜…宜…宜盡心。」彭時又說：「昨天御史建議刪減京城官員的薪水，我認為文臣沒問題，但武官卻不宜實施。」「知…知…知…知…知…知…知…知…知道了。」彭時還要接著講的時候，萬安便因過度緊張而胡亂叩頭高呼：「萬歲！萬歲！萬萬歲！」彭時、商輅不得已，也只好跟著叩頭退下，草草結束了這次朝野極為關注的召見。事後宦官們將此引為笑談，諷刺的說：「一開始還抱怨皇上不召見，等到真的召見了，閣老們竟然就只會高呼萬歲而已。」事情傳開之後，內閣便被戲稱為「萬歲閣老」，從此淪為大家茶餘飯後的笑柄。

成化帝召對說沒三句，萬安便緊張的高呼萬歲，結果就這樣草草的結束了難得的會談

新任太子 驚傳死訊 萬貴妃涉嫌教唆殺人？

■在萬貴妃所生的皇子夭折後，朱見深好不容易在成化五年（1469年）盼到了第二個兒子出生，並於去年（1471年）十一月開心的將他封為皇太子，成為大明帝國下一代接班人。但今年春節才剛過，原本健康可愛的皇太子卻忽然去世。朱見深也只能悲傷的追封他為悼恭太子，然後繼續期待下一個皇子的誕生。不過，宮中有傳言指出，說皇太子的死，其實是萬貴妃在背後下的毒手。因為萬貴妃不容許任何人取得比她還高的地位，所以暗中命人下毒把皇太子害死。更有人說，宮中早就不知道飄散著多少冤死的嬰靈只是到目前為止，都還沒有任何證據可以佐證。

別想比我快！

十萬大軍出擊韃靼 百姓生活雪上加霜

■兵部尚書白圭年初提出一份國土安全計畫，表示要徹底解決韃靼屢次入侵邊關的問題，就必須改變戰略，化被動為主動，並計畫徵調十萬兵馬出擊邊關，直搗韃靼心腹之地。朱見深收到奏章之後，也認為如此才能長治久安，便命吏部侍郎葉盛前往邊關巡視，並與相關部門商議具體事宜。在實地考察與討論後，葉盛提出報告，表示三邊（延綏、寧夏、甘肅三地）不論兵士或是將領都不足額，各項器械裝備也不夠，應以防守做為上策。不過由於白圭強力堅持，所以皇帝仍決定依原定計畫出兵，並詔令河南、山西等地的府縣籌備軍餉，錢糧不夠的就先行向百姓預收明年的租賦。此詔一出，朝野騷然。因為此時河南、山西等地正在大鬧饑荒，百姓餓死在路旁已經不知道多少人了，哪裡還有辦法額外負擔戰事所需的糧餉。雖然兵科給事中（國防科政風監察官）梁璟等隨即上書請求撤銷這道命令，但皇帝並未採納，仍命武靖候趙輔為平虜將軍、充任總兵官，由王越總督軍務，三邊兵將俱聽調遣，準備主動出擊。

災情特報

今年七月間，東南沿海因河水暴漲加上海水倒灌，蘇州、松江、揚州（皆江蘇境內），以及杭州、紹興、嘉興、湖州、寧波（皆浙江境內）皆發生嚴重水災。官民廬舍及畜產漂沒不計其數，放眼望去，所有田禾盡泡大水之中，農作物損失慘重。據初步估計，溺死人數已經超過二萬八千人，而且還在增加中。朝廷目前已經決定亡羊補牢，將立刻撥款修築高一丈七尺、下寬四丈上寬二丈的海堤，以防海溢並利洪水入海，預計總工程長度將會超過五萬丈。

見面禮太少被打死 指揮官殺人竟無事

■宮中宦官跋扈專橫的行徑，近年來已經嚴重到令人聞之色變。寧波衛（浙江境內）指揮官馬璋在不久前，便因此枉送性命。據了解，馬璋為了討好前來辦事的宦官李義，特別準備了二十兩白銀當做見面禮。但區區二十兩白銀與李義的期待落差實在太大，於是一怒之下就隨便找理由派人用木棍打死馬璋。馬璋的母親看到自己好端端的兒子被人活活打死，悲痛之餘一狀告到朝廷，想要皇帝為她兒子主持公道。但令人意外的是，朱見深並沒有下令司法單位展開調查，而是要求被告李義提出說明。李義也回覆說確實有因公事杖責馬璋，但馬璋是因病而死，並非被木杖打死。令人費解的是，皇上居然也相信這套離譜的說辭，不再追究李義的責任，只留下一個孤苦又絕望的老母親在暗夜中哭泣。

他是因為得到A型流感才變這樣的，跟我無關喔...

皇帝居然聽信宦官打死人卻卸責的鬼話

韃靼三部遠出劫掠 後方反遭明軍掃蕩

■去年（1472年）十一月，原本被任命為北征軍總兵官的趙輔，因為遲遲未能發兵而遭到撤換，改以衛晉伯劉聚取代總兵官之職，並率軍屯駐延綏。今年，明軍大舉進擊，趙撫及王越，以及延綏巡撫余子俊所率領的部隊，都先後打敗了韃靼軍。九月時，王越得到消息，知道韃靼的們都爾、博勒呼、釋嘉策淩三個部落聯兵深入數千里，到秦州、安定（皆甘肅境內）等地搶掠，便立刻率兵從榆林（陝西境內）深入大漠，日夜兼行二百三十餘里，直搗敵人後方只有家眷留守的紅鹽池（內蒙古境內），最後果然大勝而歸。等到韃靼劫掠歸去之後，才發現自己的家人、畜產、廬帳都已被明軍掃蕩一空。軍事評論家表示，韃靼部經此打擊實力已遭重挫，必將向北遷徙避禍，延綏地區近年內應該不會再受騷擾。

三邊總制府設立 邊軍指揮權統一

■刑部主事（中階官員）王鼎於去年（1473）底，上書對邊警之事提出建議。他認為延綏、甘肅、寧夏三邊是蒙古入寇的重警戒區，雖有重兵防守，但由於各有巡撫、總兵統率不同的部隊，所以常發生緊急事件時不能相互支援的情況。建議推舉一名重臣總制三邊，以更閎觀的角度制定戰略及指揮部隊。朱見深思考後認為可行，便下令在固原（寧夏境內）設立制府（三邊指揮總部），以王越為三邊總制（三邊總指揮官），巡撫、總兵以下都聽其節制。軍事評論家認為，三邊總制的設立，在一定程度上可以改善指揮權不統一的問題，更有效的對抗蒙古入侵。

金礦開採效益太差 皇帝發財美夢破碎

■朱見深即位以來皇室奢華成風，鉅額開銷已經讓私人金庫快要見底。為解決這個問題，朱見深聽從建議，想藉著開採金礦來填滿口袋。在聽聞湖廣一帶深山地底可能有豐富的金礦脈後，便命巡撫劉敷動員開採。只不過這個計畫在今年底已經宣布停止，因為據劉敷所回報的資料，在二十一個採金礦場中，一年共徵用了五十五萬民夫，其中有不計其數的人命喪蛇虎之口，或是亡魂於大水之中，但竟然只挖到三十五兩黃金。由於效益實在太差，所以朱見深只好批准劉敷罷除之議。同樣徒勞無功的黑山（內蒙古境內）金礦場，也在遼東巡撫彭誼的奏請之下，同時宣布停止開採。

挖到五十五兩黃金....那成本是多少呢？

一定要說嗎....

四萬工役歷時三月 延綏千里城牆峻工

■去年（1473年）明軍紅鹽池（內蒙古境內）大捷之後，韃靼被迫北遷，暫時解除了邊境的威脅。巡撫延綏的右都御史余子俊於成化八年（1472年）奏准辦理的修築邊牆計畫，也因此可以開始進行。這項重大工程徵調了四萬人，只花不到三個月的時間便全部完工，築起東起清水營（陝西境內），西抵花馬池（寧夏、陝西交界處），共計一千七百七十餘里的長城。這段邊牆共建築了十一座城堡、十五座邊墩、七十八座小墩、以及八百一十九個崖寨，幾乎每兩三里就有一處可供瞭望警戒的高臺。牆內受保護的土地全部由軍隊進行屯墾，預計每年可以多出六萬餘石的糧食產值。

人物專訪　暗藏皇嗣五年 張敏保子有功
紀氏之子終於認祖歸宗

生下皇子的紀氏因為怕萬貴妃報復，要求宦官張敏溺死孩子，但張敏把小孩抱到安全的地方，保住皇子的性命。直到今年終於真相大白……

問：請問皇上怎麼知道還有一個兒子的？您怎麼透露這個訊息的？

張：那天我在為皇上梳頭髮時，皇上對著鏡子嘆氣，說：「我已經老了，卻還沒有兒子…」我聽到後忍不住眼淚，便當場跪了下來，語帶哽咽的告訴皇上說他其實有一個兒子。

問：那你又是怎麼知道的呢？

張：當初紀氏生下孩子時，就是我在旁邊照顧的，紀氏為了怕萬貴妃迫害，還要我把孩子溺死。但我覺得孩子是無辜的，便堅持要保這孩子的性命。

問：那為何在宮中躲藏五年，萬貴妃都沒有發現呢？

張：因為廢后吳氏知道這件事後暗中庇護，孩子才能跟著母親隱藏在西內多年。

問：憑你一句話皇上就相信了嗎？

張：我一個小奴才講的話，他老人家當然是不敢置信啊！但還好當時深受皇上信賴的太監懷恩就在旁邊，開口證實了這件事，不然我小命一定不保。

問：那皇上父子兩是怎麼相認的？

張：皇上知情後，馬上派人去西內迎接小皇子。紀氏還抱著兒子，邊流眼淚邊交待他說：「見到一個身穿黃袍，臉上有鬍鬚的人，那就是你的父親了，娘恐怕是活不了了……」於是小皇子換上紅色袍

詔令

宮女紀氏所生的五歲男孩，經查驗已證實為皇子無誤，即日起收歸皇室教養。紀氏移居永壽宮，並享有應得的待遇。

大明帝國皇帝
朱見深
成化十一年

我終於有兒子了…

爸比！

等等…先驗DNA再說…

子，乘著小轎來到殿前，一見到皇上便撲到他懷裡。皇上把這個乖巧的小孩抱在膝上，盯著他披地未剪的胎髮及又圓又萌的小胖臉看了好久，根本連DNA也不必驗，因為父子倆實在長得太像了。

問：這件事能圓滿落幕實在太好了，謝謝你接受訪問。

張：謝謝，我只希望小皇子能平安長大。

57

淑妃張敏驟逝 貴妃涉有重嫌

■十一月時皇帝終於正式頒詔，冊立朱祐樘為皇太子，同時大赦天下。但令人惋惜的是，太子生母紀氏卻因早在今年六月間忽然暴斃，並追封為淑妃。雖然紀氏的死因成謎，但一般認為應該與萬貴妃脫不了關係。而在太子朱祐樘能夠存活下來到被封為皇儲的過程中，一直扮演著關鍵角色的宦官張敏，則在得知紀氏死訊後，因為怕自己就是下一個遭到殘酷整肅的對象，所以也已經吞金自盡。

反毒教育？！
萬貴妃端出美食 小皇子不為所動

■朱祐樘被立為皇太子後，周太后為免自己唯一的寶貝孫子遭到萬貴妃毒手，便把他帶到仁壽宮內自己撫養。但日前，萬貴妃派人前來邀請皇太子到她宮中用餐。臨行前，周太后千叮萬囑交待小皇孫，去了也千萬不能吃萬貴妃給的東西。之後萬貴妃滿臉笑容拿出好吃的食物，太子就說：「我已經吃飽了。」萬貴妃又命人送上香噴噴的羹湯，他還反問：「這羹裡有毒嗎？」讓萬貴妃當場傻眼。等到太子離開後，萬貴妃氣得大罵：「小小年紀就這個賤樣，長大以後一定會對我不利。」據宮中御醫表示，萬貴妃還因此事氣怒攻心，結果生了一場大病，現在健康狀況已經大不如前。

這很好吃喔...

朱祁鈺獲得平反 景皇帝恢復稱號

■之前朱祁鎮復位後，基於被奪去皇位且遭到長期軟禁的怨恨，不但將朱祁鈺廢為郕王，還故意在他死後給了個「戾」的惡諡來加以羞辱。但相較於父親執著的怨念，朱見深顯然對叔父朱祁鈺的評價比較客觀。為了紀念他在國家危難時挺身而出抵抗瓦剌大軍侵擾，保全了國家社稷的貢獻，所以朱見深便下詔宣布恢復朱祁鈺皇帝的稱號，並為他上了個「恭仁康定景皇帝」的諡號做為平反。

流民再次聚集 朝廷啟動安置機制

■在項忠平定荊襄之亂後,只要是已編入戶籍的流民,都給予免徵三年賦稅的優惠,而沒有被編入戶籍的民眾便被趕回原戶籍地。同時在各要點增設巡邏哨及營堡,嚴禁流民再次入山聚集作亂。雖然一開始執行得很有成效,但時間一久,禁令漸漸鬆弛,流民也越聚越多。為了避免動亂重演,朝廷記取教訓,在事態還沒變嚴重之前,便指派左副都御史原傑前往安撫。原傑到任後,積極走訪各地,大力宣揚要增設郡縣讓流民編入戶籍成為一般百姓,並以較低標準徵收田賦的政策。本來生活無以為繼的流民們,一聽到有機會可以重新開始,便都欣然歸附。最後湖廣、河南、陝西等地,共收編十一萬三千餘戶,總計四十三萬餘人,成功的化解了一場可能發生的武裝動亂,也安頓了這些原本漂零四方的可憐百姓。

怪物現形!! 黑眚現身 狀似犬狸 兩眼金光
乘著黑氣潛入民宅 全城陷入恐慌

■京師出現令人震驚的怪異現象!許多目擊者指出,一種形似犬狸的怪物,會乘著黑氣從窗戶潛入民宅,造成屋內民眾昏迷。更有人指證歷歷,說這怪物全身漆黑且圍繞著黑霧之氣,在暗夜中兩眼發出金色的光,還拖著一條長尾。由於已有數起傳聞說家中幼兒被怪物叼走,所以現在全城陷入一片恐慌。日前皇帝要上早朝的時候,怪物竟然就在奉天門現身,把守門侍衛嚇得一哄而散,連朱見深也受到驚嚇。幸好太監懷恩夠冷靜,一直在旁護持著,才沒有讓皇帝發生危險。怪物消失之後,朱見深命人徹查此事,才知道這是一種因穢水而生的怪物,名為「黑眚」。而宮中之所以會出現黑眚,則是因為有個名叫李子龍的妖人用巫術勾結太監韋舍,私自入宮與宮女淫亂並圖謀不軌。雖然皇帝立即

黑眚

下令將李子龍處死,但為了避免再發生這種事,於是命御馬監(皇室馬匹管理署)太監汪直,帶著一兩名親信校尉,微服出訪,並將所收集到的情報及見聞,回來向他匯報。

太監汪直少年得志 西廠權勢如日中天

■由於汪直外出偵查情報的表現十分亮眼，皇帝因此特別成立另一個特務機關「西廠」交由汪直全權管理。雖然汪直才十五、六歲，但他敢做敢衝無所畏懼的個性，已深得朱見深信任，所統領的情報人員也比「東廠」還要多，權勢更在錦衣衛之上，可說是當朝第一紅人。

名詞解釋
東廠、西廠

東緝事廠及西緝事廠之簡稱，兩者都是直接向皇帝負責，而由宦官執掌的高級特務單位，權力更高於錦衣衛。

汪直借事立威 朝臣驚恐不安

■建寧指揮同知楊曄（楊榮曾孫）因為在鄉里作惡、鬧出人命而被舉報，他想透過他姐夫禮部尚書董序的關係，找錦衣衛軍官韋瑛幫忙把事情壓下來。但韋瑛原本就是個無賴之徒，在騙光楊曄所有的錢後，竟反過來向汪直告密。汪直逮捕楊曄及董序後，因為錢早已被韋瑛搜刮一空，一怒之下施以酷刑。楊曄被折磨到骨節寸斷後受不了，只好供稱還有大批錢財寄放在叔父兵部主事楊仕偉家中，結果楊仕偉一家無辜遭禍。汪直利用此案，誣陷很多大臣收取楊曄賄賂，一來可在朝臣中立威，二來可贏得皇帝的信任。現在的汪直逮捕朝中大臣都不必事先奏請，連民間鬥毆鎖事也都動輒以嚴刑逼供。種種行徑，已使得朝廷內外恐懼不安。

百官反撲奏效 西廠遭到罷除

■汪直鋪天蓋地的非法偵查及無所顧忌的逮捕誣陷，終於引起群臣反撲。內閣首輔商輅等人率先上疏陳列汪直十二條罪狀，直言西廠「伺察太繁、法令太急、刑網太密」，並表示若不立刻罷除汪直的話，天下安危將無法預料。不過皇帝看到奏疏後頗不以為然，生氣的反問只不過任用一個宦官，怎麼可能會危及天下？還傳旨斥責內閣發言不當，簡直是危言聳聽。但商輅等並未就此退縮，仍是繼續據理力爭，兵部尚書項忠也聯合六部九卿（六部尚書、都察院都御史、

大理寺卿、通政使）共同對汪直發起彈劾並建請罷除西廠。由於朝臣態度一致且極為堅定，逼得皇帝只好讓步，暫時停止西廠的運作，無奈的讓汪直回御馬監報到，連之前汪直極為倚重的韋瑛，也被調到邊塞戍守衛所。雖然此命令一宣布，朝野人心為之暢快，但據了解，皇帝並沒有將汪直冷凍起來的打算，私底下還是命令他四出探查外界動靜。甚至還特別任命較有學術底子的錦衣衛副千戶吳綬，在鎮撫司（錦衣衛獨立審訊處）審理案件，以輔助汪直行事。

絕地大反攻!! 汪直敗部復活 項忠商輅落馬

■在前一波與朝臣抗爭中看似落敗的汪直，由於有皇帝在背後支持，沒多久便開始展開絕地大反攻。兵部尚書項忠最先中箭落馬，在汪直及吳綬的誣陷下被罷職為民。這

時候，因為任官九年期滿而沒有升遷的御史戴縉，為了替自己開拓新的政治生命，因而迎合皇帝心意，上書表示災情和特異現象的屢次降臨，都是因為群臣毫無建樹的結果。而要想徹底解決這問題，只有能懲奸除惡的汪直辦得到，懇請重新任用這位濟世賢才以應上天之意。戴縉寫好奏章之後，託好友吳綬拿給汪直過目。汪直一看高興到不行，便立即轉稟皇帝。有了這麼名正言順的理由，西廠當然馬上就開始重新運作，而汪直的權勢則變得比以往更為顯要。內閣首輔商輅聽聞汪直打算對付自己，也深覺無力回天而辭職還鄉。商輅去任之後，果然有數十位大臣受到汪直誣陷與排擠，遭到免職或是被強迫退休，使得朝中再也無人敢與汪直抗衡。唯一在這波人事大震盪中逆勢而上的，只有對汪直極盡諂媚之能事的戴縉，目前他的官位已經三級跳，進入政治核心。

覃力朋仗勢殺人被逮補 汪直不徇私獲皇帝信任

■去年冬天，南京鎮守太監覃力朋趁著進貢回京的機會，不但用百艘船裝載私鹽企圖走私牟利，還沿途勒索騷擾所經過的州縣，官員與百姓都不堪其擾。行至武城（山東境內）時，因為被當地典史（縣衙九品之外的辦事官員）攔下盤問，惱怒的覃力朋竟然不說分由便打斷他的牙齒，還放箭射死一人。這件事剛好被正在刺探各界消息的汪直得知，便立即向上呈報並將覃力朋逮捕入獄。由於汪直與覃力朋都是太監，所以皇帝因此認為他公正無私，對他也更加信任。

無恥但是有用！
戴縉再升官 群臣齊仿效

■戴縉被擢升為尚寶少卿之後，對這個位置仍不滿足，更使勁巴結汪直，並再度被擢升為右僉都御史（主任監察官）。群臣見到戴縉青雲直上，也開始競相仿效，用盡各種方法諂媚汪直，稱「西廠摘伏發奸，不惟可行之今日，實足為萬世法」。只不過這些話傳開後，激起天下輿論強烈批評，對於官員們甘心充當鷹犬，朝廷綱紀蕩然無存的現象加以躂伐。

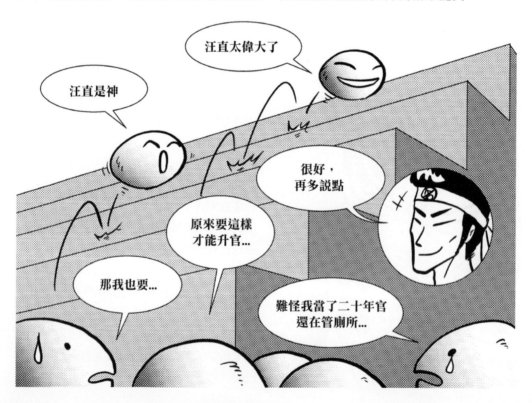

遼東激民變 汪直欲領軍 馬文升出線恐引殺機

陳鉞企圖藉汪直的勢力打擊馬文升

■一直想在戰場上大顯威風的汪直，聽到遼東發生民變，便請求皇帝讓他領兵平亂，司禮監（宮廷禮儀署，為內廷之首）太監懷恩因此奉旨前往內閣會同兵部商議此事。對汪直一向很反感的懷恩，便私下暗示應該推派一位大臣前往安撫，才能阻止汪直領兵出行，於是閣臣們便聯名推舉了馬文升擔負此任。汪直得知結果後大失所望，便退而求其次要求讓他的心腹王英隨軍前往，沒想到又遭馬文升拒絕，讓他心裡很不是滋味。據聞，已有多名友人提醒馬文升，要他當心汪直的挾怨報復。

楊繼宗賢能廉節 汪大瑢全力舉薦

■雖然汪直陷害了許多正直官員，還讓心腹戴縉竄升高官，但其實他也舉薦過像楊繼宗這樣賢能廉節的大臣。楊繼宗初任嘉興（浙江境內）知府時，不像其他官員愛擺大陣仗，只帶著一名僕人前往。到任後由於為官清廉，不畏權勢，所以施政滿意度一直居高不下。據聞，之前還有路過嘉興的宦官想向他索要錢財，而楊繼宗則當場簽發文書提取官銀，然後說：「金銀都在此，只要留下收據就可以拿走。」這招果然令想要強行索賄的宦官嚇得摸摸鼻子走人。而當他任期屆滿依例入京朝覲時，想攏絡他的汪直便派人前往邀宴，但楊繼宗卻拒而不見。原本所有人還以為汪直定會找機會報復，但沒想到在一次偶然機會裡，汪直卻反而向皇帝推薦說：「天下不愛錢財的官員，只有楊繼宗一人而已」，也因此讓楊繼宗被破格升任為浙江按察使（省級司法監察長官），成為汪直亂政中的一個特例。

陳鉞闖禍急忙抱大腿 汪直出閘打馬不手軟

■馬文升受命飛馳遼東後，發現民變的起因是遼東巡撫陳鉞為了假報軍功，派兵掩殺無辜百姓謊稱是敵軍首級。於是便以柔性方式進行安撫，很快便控制了整個局面。但此時皇帝也接受汪直的再三請求，批准他帶著王英一同前往遼東督查軍情。陳鉞得到消息後，便派人賄賂汪直的左右隨從，讓他們在汪直身邊替自己說好話，還強迫所經之處百姓在路旁跪拜迎接。然後親自出城跪在郊外匍匐相迎，又提供大量金錢以奢華生活來取悅汪直。同時不斷挑撥，企圖扳倒素來就與他不合的馬文升，早就心裡有數的馬文升也只能識相的把所有功勞都讓給汪直。但從種種跡象看來，馬文升的處境還是十分危險，和汪直的衝突一觸即發。

63

五雷術對皇帝胃口 李孜省獲天子寵信

■不久前,朱見深任命一個江湖術士為太常寺丞(國家祭祀署主任),引發輿論的強烈批評。這個事件之所以引起反彈,是因為當事者李孜省原本是江西布政司一個因貪贓枉法而遭解職的小吏。被罷黜後,他得知皇帝正沉迷於方術,於是便去學「五雷法」,然後用厚禮結識宮中宦官梁方,以畫寫符籙的技能得到皇帝恩寵。此項人事案一公布,言官們便交相上書,說讓一個貪贓枉法的刀筆小吏掌管負責祭祀的太常寺,無異是褻瀆天地宗廟。朱見深迫於群臣的壓力,只好將他改調別的職務。不過,據聞皇帝對李孜省的寵愛卻是有增無減,甚至還賜給他「忠貞和直」、「妙誤通微」兩枚印章,允許他密封奏請。據悉,當紅的李孜省已經與宦官梁方等人結黨營私,恐引發另一波政治危機。

這就是五雷術嗎?

只是個小失誤啦...

李孜省以五雷之術獲得皇帝的寵愛

陳鉞闖禍馬文升扛罪 數十言官連帶遭廷杖

■上次才剛闖禍的遼東巡撫陳鉞,再次因殺人冒功激成動亂。朱見深派太監汪直,偕同定西侯蔣琬、刑部尚書(司法部長)林聰等人前往調查此事。但汪直早就把陳鉞看成自己人,一心偏坦,便將所有罪責推到剛從遼東返京的兵部右侍郎(國防部次長)馬文升身上。硬是把馬文升當初禁止買賣兵器,說成是禁止設市買賣農具,因此激起民眾抗爭巨變。原本應該主持正義的蔣琬、林聰等人因畏懼權勢,所以調查報告也都完全按照汪直的說法去寫。結果害馬文升被逮入錦衣獄中嚴刑拷問,不久更被貶戍四川充軍。但事情到此並未結束,此案件中沒有積極配合汪直的給事中、御史等官員,竟然被降旨嚴責,還得寫書面的自我檢討。於是給事中李俊等二十七人,御史王浚等二十九人,只好聯名上書請罪,最後每個人被罰廷杖二十,全都被打得血肉模糊。

邊臣謊報韃靼入侵 汪直出巡耗盡邊儲

■今年七月間，宣府（河北境內）、大同（山西境內）等地的邊防軍官多次回報敵軍入侵，讓兵部整個緊張起來，趕緊請求朝廷派人前往巡視。於是汪直便領命，浩浩蕩蕩帶著一行人出發。但他在意的似乎不是邊情的緊急，所到之處，不但都御史等級的官員都要與所有部屬跪在路旁迎接，他左右的親信還藉機大肆索賄。為了不得罪權璫，官員們私下請見時，只敢唯唯諾諾的回答，邊儲也因為用來賄賂而為之一空。令人驚訝的是，早已北遷的韃靼部落因為內部政變惡鬥，所以根本沒有南侵的意圖及能力。之前所有那些敵軍入侵軍事警報，全都是邊臣為了虛報守禦之功以求封賞，而胡亂捏造的假消息罷了。

我不是申請要一枝丈八蛇矛嗎？給我這個是要怎樣....

沒辦法，錢都被拿去買禮物孝敬汪直了

邊鎮官員為了行賄，已經耗盡邊軍儲銀

明軍無恥襲殺貢使 女真復仇發動恐攻

■在時序即將入冬之際，朱見深在遼東巡撫陳鉞建請下，命汪直監軍，陳鉞提督軍務，以撫寧侯朱永為總兵官（總司令），率領部隊開赴遼東準備征討女真。當汪直一行人到達廣寧（遼寧境內）時，正好遇到海西女真的頭目帶著數十個人入關朝貢。汪直為了虛報戰功，居然將他們殺害，然後挖出墳中的死人髑髏當作敵軍首級請賞。朝廷不疑有他，在大軍班師後，加汪直歲祿、監督十二團營，升朱永為保國公，陳鉞擢為戶部尚書（財政部長），遼東巡撫之缺由一向依附汪直的王宗彝升任。為了賞賜一千多名立下軍功者，遼東積蓄十幾年的米餉也全都損耗殆盡。殺害貢使的行為，更激起海西諸部對大明帝國的仇視。到目前為止，已經發生了多起種族報復事件，無辜的百姓遭到殺害，連屍體也慘被肢解。而那些在封賞中拿到不少好處的邊將，則是全都像縮頭烏龜一樣斂兵不出，陳鉞也將衝突事件隱匿不報，任憑邊民繼續生活在恐怖攻擊的陰影之下。

未見韃靼犯邊 明軍主動出擊

■由於延綏鎮守太監張選通報說韃靼部落即將舉兵犯邊，於是朝廷便任命朱永為平虜將軍，以汪直監軍，兵部尚書王越提督軍務前往討伐。雖然對邊務十分熟悉的余子俊認為韃靼並沒有入侵的意圖，不應輕易出兵興起事端，但王越見之前陳鉞因征討遼東升遷得寵，所以也急於立功，便力勸汪直出兵大漠。正是熱血年齡的汪直自己也一直很想在戰場大顯威風，於是便命明軍兵分兩路，朱永率大軍由南路推進，王越與汪直率輕騎部隊由西路出發，主動對韃靼部落發起攻擊。

兵分兩路有玄機 韃靼遭襲引仇恨

■由王越及汪直率領的西路軍，在風雪中潛行至威寧海子（內蒙古境內），對韃靼部落發動奇襲，砍下了四百三十餘顆首級，奪得了馬駝牛羊六千匹，大唱凱歌而還。事後王越因功封威甯伯，汪直再次增加俸祿，升官者二千九百餘人，被賞者則高達一萬七千九百餘人，不過此役無功而還的朱永則不在封賞名單之中。據了解，其實韃靼部落就是因為無意入犯邊境，所以才西遷至威寧海子，這次明軍奇襲，殺害的根本都是毫無準備的老弱無辜。而且其實一開始王越就已經得知韃靼部落的確切位置，卻故意擺了朱永一道，讓他往錯誤方向前進，在大漠中找尋那不存在的目標，最後自己獨居奇功。而原本已經不打算侵擾邊境的韃靼部，卻因為明軍的偷襲，再度挑起兩族間的仇恨，所以又開始不斷的侵擾邊境。在興起干戈的大官們封侯受賞、吃香喝辣的時候，邊境百姓們的生命財產卻飽受威脅，又要開始過著每天提心吊膽的日子。

陳鉞冒功事發竟無罪 強珍揭露事證反遭刑

■先前陳鉞為了冒功，殺害無辜百姓謊稱敵人首級，因而挑起邊界動亂的事情終於敗露！遼東巡撫強珍發現事實真相，便上疏揭發此案，並建請依欺瞞之罪論處。但是，一開始朝廷竟沒有什麼反應，一直等到余子俊也為此上奏後，朱見深才終於做出了懲處，只不過如此重大事件的代價，肇事者要付出的代價卻只是不痛不癢的停發俸祿而已。幾個月後，陳鉞終於盼到汪直回京，便出城五十里相迎，一把鼻涕一把眼淚的哭訴著說他遭到強珍惡意誣陷。見到自己人被欺負，汪直便挺身而出，反咬強珍的彈劾全是虛假之詞，結果皇帝也沒有深入了解，竟然就下令錦衣衛將強珍抓回京城。更過份的是，汪直還直接把人關押到御馬監嚴刑拷打，修理夠了之後才將強珍發配到遼東充軍。而兵部和那些曾經彈劾過陳鉞的言官們，則被罰停俸三個月。這事件過後，雖然南京十三道御史以及六科給事中，又都上書彈劾陳鉞，但朱見深卻因為已經受了汪直的洗腦，所以全都相應不理。

司法改革大開倒車 會審排除閣臣 改由宦官指導

■朱見深的一道聖旨，大刀闊斧在司法體制上做重大改變。由閣臣會審的慣例完全捨棄，改成每五年在北京及南京兩地，由太監會同司法單位對刑案再次審錄。雖然因新型態「大審」釋放的人數倍增，看起來這項德政讓更多人獲得自新或平反的機會，但事實上掌權的少數人，為了博得美名，已經不顧明刑之本意，而僅憑一己好惡做決定。司法單位則懼怕太監權勢，枉顧立場，完全依太監之意來做裁決。結果縱放的人，不是出重金行賄的，就是拿來衝業績的流民。而與太監們有過節，或是拿了錢要置之於死地的，則是繼續關押或是靜候處決。評論家指出，此次改變讓宦官的影響力進入司法體系中，勢必導致弊端叢生，帶來無窮的後患。

我右手邊長得抱歉的無罪釋放好了，另一個敢比我帥，就繼續關吧

大人英明！

新聞回顧
明朝的司法改革

永樂年間，明成祖朱棣定下了「熱審」慣例，在一定的程序後，將獄中一些輕刑犯予以遣放。到了洪熙時期，明仁宗朱高熾命內閣與司法單位對重刑犯進行「會審」，以降低冤獄及量刑過重的比率。明英宗朱祁鎮則是將會審的成員擴編到公、侯、伯爵，與三法司（刑部、都察院、大理寺，相當於司法部、中央監察院、最高法院）一同進行「朝審」。

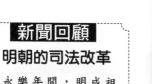裝神弄鬼升高官 僧道法師任要職

■近來受寵的方士李孜省又再度獲得升遷，雖然仍繼續掌理上林苑（御用園林管理處），但職銜卻升為正四品的左通政（章奏公文收發處副處長）。通政司（章奏公文收發處）的官員王昶因為厭惡他以道術奸邪亂政，所以在遇見李孜省時不願屈身行禮，結果馬上就被降職處分，也使得其他官員再也不敢出面彈劾。而皇帝日益沉迷方術，使得直接傳奉任官的方士僧道也多了起來，除了李孜省之外，像是顧玒、趙玉芝、凌中、鄧常恩等人，也都身居太常寺（國家祭祀署）正副首長要職，一夥裝神弄鬼之徒相倚為奸，朝堂之中談論的盡是扶乩做法的江湖騙術。

風水輪流轉!! 尚銘反咬一口 汪直漸受冷落

■深受朱見深信任的汪直，最近受寵程度似乎開始退燒，逐漸遠離了政治核心。會有如此戲劇性的轉折，與掌理東廠的宦官尚銘有密不可分的關係。他先是依附汪直而得到機會晉升，但由於一次宮中竊案，尚銘不負所望迅速逮到盜賊，向上奏報，因而獲得極豐厚的賞賜。不過，此事卻引起汪直不悅，認為他故意搶功。尚銘知道汪直懷恨在心之後十分害怕，只好先下手扳倒汪直。由於之前汪直曾經向心腹王越洩露過許多宮中內幕，後來這些祕密被傳出去，讓尚銘得知，他便趁著汪直在外監軍時向皇帝告狀。朱見深從此以後開始懷疑汪直，甚至汪直一再請求班師回朝，想鞏固自己的地位，都沒有得到允許。這樣的發展，或許是汪直一開始想要藉著在外領軍建功時，所始料未及的吧。

賞賜過濫亂花錢
太倉儲銀補內府

■由於朱見深濫行賞賜，內府皇帝小金庫的銀兩不夠支用，只好下令從專管戰備儲銀的「太倉庫」中，提取三分之一的白銀彌補缺口。財經專家警告，雖然目前太倉庫儲備的白銀還有數百萬兩，不至於馬上出現財務缺口，但如果這種挪用方式變成慣例的話，不出幾年，邊防經費必定開天窗，將造成國防安全的嚴重問題。

原本依附著汪直的宦官尚銘後來居上

皇帝眼睛業障重!? 太監橫行 無法無天

■太監的惡行惡狀早已不是新聞，皇帝的縱容才令人為之氣結。不久前太監郭文辦完事要回京時路經沛縣（江蘇境內），因為知縣馬時中款待不周，便把他兒子抓起來毒打。一見兒子不堪痛苦與屈辱跳河自盡，馬時中便急忙躍入水中把人救起並大呼冤枉。但這樣卻更加惹惱郭文，居然把這位縣老爺的衣服剝光捆綁遊街。沛縣百姓見到自己的父母官受到太監如此淩辱，憤怒圍住郭文的船群起抗議。郭文見大聲斥喝也無法驅散人群，一怒之下便命令家丁拿兵器攻擊手無寸鐵的群眾，在混亂中殺死了兩個人。引起軒然大波後，馬時中具狀向皇帝詳實奏報此事，但由於郭文已經先一步告狀，所以朱見深先入為主的認為一切都是馬時中的錯，竟然完全無視實情，下令將馬時中枷鎖到京，並投入獄中等待接受進一步偵訊。

大快人心！！
汪直失勢廢西廠 閹黨陳鉞遭免職

■由於汪直為求在軍事上建功立威而長期鎮守在外不能回京，加上同為宦官的尚銘不斷從中作梗，使得汪直在皇帝心中的地位直線下降，遠非昔日可比。善於察言觀色的言官們看出這種微妙的變化，便開始請求罷除西廠。內閣大學士萬安也抓準時機上疏極言，表示東廠的規定及法制完善，人們容易遵循，當初設立西廠原本就只是權宜之計，此時已完成階段性任務，應當予以廢除。由於朱見深對汪直的印象已經大不如前，所以也同意將廢除西廠。一向巴結汪直的兵部尚書陳鉞在主子失勢後，也立即遭到彈劾免職，朝廷內外重現許久未見的新氣象。萬安為了避免善用詭計的王越，又想出方法讓汪直回京重新取得皇帝信任，便奏請將王越從大同調往延綏，讓他與汪直分開。一般認為，汪直經此打擊，雖然沒有遭到鬥爭清算，但也很難再有翻身機會。

呦...這不是我們不死鳥嗎？

省很大！皇帝的不花錢送禮法
朱見深不再賞賜鹽引 原因竟是……？

■自朱見深即位以來，許多宦官便恃著恩寵，請求賜與各地的「鹽引」（官鹽販賣許可憑證）牟利。像是太監梁芳等人，手上所存積的鹽引更是高達數十萬引之多。不但宦官如此，許多貴族外戚見狀也跟著胡亂乞求，希望以此得到額外財富。朱見深對於這種不用從口袋拿出銀子的賞賜覺得異常方便，加上主管的戶部大臣也沒能堅持立場據理力爭，使得賞賜出去的鹽引已經泛濫到無法計算。但如此濫發鹽引，卻導致商人由正常管道，即向邊塞輸送米糧所換取的鹽引壅滯。特權鹽引不斷插隊領鹽，因為不用成本，所以可用低價售出，嚴重打亂市場價格，讓鹽商就算領到鹽也賣不出去，逼得鹽商走投無路，不是倒閉就是放棄這項生意，造成邊塞儲備糧食日漸匱乏。日前，朱見深

> 但這真的很方便啊，又不用花錢...

皇帝濫賞鹽引已造成重大的經濟及社會問題

終於下令戶部張榜告諭，禁止再有人乞請鹽引。只不過促成這紙詔令的原因，並不是因為皇帝想要力挽錯誤政策所帶來的後患，而是因為不久前宦官王鈿又請求賜給鹽引，終於讓他覺得不堪其擾罷了。

宦官亂政 大明禍害
監軍汪直地位急貶 尚銘取而代之

■許寧和王越互換防地後，前來鎮守大同(山西境內)的總兵官許寧與監軍(政治監督官)汪直之間，便為了爭位次高下而屢爆不和。適逢邊境情勢緊張，巡撫郭鏜將此事上奏朝廷，由於汪直久未入京，已漸漸失去朱見深信賴，所以毫不留情的將汪直調到南京御馬監，另派宦官蔡新來代替他鎮守大同。不久，言官們又上疏彈劾汪直八大罪狀，汪直也因此再度被貶為奉御（中階宦官），黨羽王越、戴縉等人也都先後遭到罷黜。政治分析家指出，汪直的下臺，並不代表皇帝已經意識到宦官的胡作非為，對國家造成多大傷害，只能算是太監內部自相殘殺。回顧當初內閣大學士商輅揭發汪直惡行時，他只花不到一個月的時間，便再次獲得重用。如今是因為另一宦官尚銘得寵，趁機在皇帝耳邊進讒言，才使朱見深開始貶斥汪直。看來宦官亂政的問題將會是大明帝國的最大禍害，寵信宦官的皇帝必須擔負最大責任。

繼曉冊封為國師 其母表彰惹爭議

■僧人繼曉在宦官梁芳的引薦之下，以神仙方術、點石成金等把戲，獲得了朱見深的寵愛，因而被封為「國師」，然而民間卻揶揄稱為「妖僧」。日前繼曉為他的母親朱氏請求朝廷表彰，此刻正沉迷於方術的朱見深，二話不說便爽快的依其所請，下令相關部門盡速處理此事。雖然負責的官員發現繼曉的母親原本是名娼妓，完全不符合表彰資格，但皇帝卻仍下令要禮部不必再行查核，直接立牌坊、賜匾額，以旌表其門。各界強烈批評，認為這次的旌表命令已經喪失了原意，矗立在鄉里的貞節牌坊將成為一座毫無意義的路障。

善哉...善哉...

平息眾怨 傳奉官過濫 引發官員抨擊 朱見深下令罷廢

■近十幾年來，因傳奉官（由皇帝直接發布任命，非經正常管道錄用之官員）日漸泛濫，衍生的問題也越來越多，所以接連有不少官員為此問題上疏勸諫。朱見深在看了這些奏章之後，竟然一改以前置之不理的態度，下令貶李孜省一級俸祿，並罷黜淩中等十二個廢物官員。政治分析家表示，雖然這次人事異動讓朝廷內外大為稱快，但這次的懲治行動，並沒有波及與方士勾結的宦官梁芳，皇帝對於那些方士們的寵信也並沒有減少，只是用來堵住朝廷內外不滿與埋怨的手段而已。

名詞解釋

貞節旌表

貞節旌表是指朝廷對守節不再嫁或拒受汙辱而自殺婦女的崇高表彰，最早出現在春秋戰國時代，但一直到隋唐時代，才正式列入典章制度。明代以前，這種觀念並未受到重視，受到旌表的貞節婦女，被認為是極難達到的模範，一般人改嫁的情形十分正常。明代承襲前制，貞節旌表分為「節婦」和「烈女」，節婦為三十歲之前喪夫，守節到五十歲以上的婦女；烈女則是表揚婦女為維護自身貞操而逝世。近來由於受到旌表的人數暴增，四處可見的貞節牌坊及官員的不斷宣導，造成守節才是王道的社會氛圍。婦女一來要承受輿論的壓力，二來也因守節可以保障自己在家族中的地位及財產繼承權，於是更多的人不敢輕言離婚，喪偶之後也選擇了守寡。據統計，在宋代以前，有記載的貞節烈女加起來不到百人，整個宋朝有一百多人，元代三百多人，到了明代，獲得旌表的婦竟高達二萬七千多人。

權掌東廠無惡不做　太監尚銘終嘗苦果

■掌理東廠的太監尚銘在鬥倒汪直之後，幹下的壞事更多，不過現在報應輪到他自己頭上。他專挑京城富豪之家羅織罪名，藉以收取重賄的不法事蹟被揭發，終於被朱見深下令打一百廷杖，然後發配南京淨軍（加入全由宦官編成的部隊當兵），家產也全數查抄，送到內府當作皇帝的私房錢。目擊者表示，一車一車金銀珠寶，連續運送好幾天才運完，可見尚銘任內貪瀆之嚴重。至於接任尚銘掌管東廠的人選，則是與太監懷恩關係密切，被認為是少數德性良好宦官之一的陳淮。他在到任後，已經告誡諸校尉不可隨意干預政事、妄生事端。一般認為，在陳淮掌管東廠的這段期間，應該會暫時還給政壇一個清新空間，暫時擺脫白色恐怖的陰影。

政壇清流 林俊張黻上書遭杖貶 懷恩王恕仗義訴直言

■刑部員外郎（中階官員）林俊看不慣政風日壞，便上書直言宦官梁芳勾結萬貴妃，浪費公款以滿足其奢華生活，他推薦的僧人繼曉所獲得的賞賜也多到無法計數，導致歷朝所累積的皇室經費全部耗盡。不過因事涉皇帝最寵愛的萬貴妃，所以朱見深一怒之下便將林俊逮入錦衣衛獄嚴刑拷訊。後軍都督府（後軍司令部）經歷（中階官員）張黻為此不平而上疏論救，結果反而更惹惱皇帝，不但把他也打入大獄，甚至想置二人於死地。忠心耿直的司禮監太監懷恩見事態嚴重，勇敢的出面據以力爭。但朱見深越聽越氣，拿起桌上的硯台便往他身上砸過去，面紅耳赤的大罵：「你……你……這是在……在幫……幫林……林俊……譏諷我嗎？」被墨汁灑了一身的懷恩馬上摘去帽子伏地號哭，最後被轟了出去。懷恩退下後，派人到鎮撫司斥責他們諂媚梁芳，傾陷林俊的醜行，警告他們不得殺害林俊。在懷恩稱病請假後，朱見深似乎也覺得自己做得過火了，便派太醫去為懷恩診治，同時也不再堅持要取二人性命。最後在各受三十廷杖之後，林俊被降級為姚州判官（縣府低階官員），張黻則被貶黜為宗州（皆雲南境內）知州（州級行政長官）。南京兵部尚書王恕事後也為此上書嚴厲批

只要批評到萬貴妃，就會觸動皇帝的警鈴大響……

判，表示林俊與張黻只是因為直言進諫便遭到嚴懲，將使以後沒有人敢說真話。不過朱見深這次倒沒有大發雷霆，只是不予任何回應。太監懷恩看到王恕的奏書之後，私下表示全天下的忠義之士大概只剩下王恕，對於其他人不敢挺身而出的政治生態十分感慨。

UFO!? 多人目睹不明飛行物體

■正月初一下午，北京城附近許多民眾目擊有火光從天空正中央墜下，先化為一團白氣，之後又曲折上升。就在大家仰望天空議論紛紛的時候，突然又出現一個看起來像碗那麼大的紅色發光體，在天空中直直向西飛行而去，並發出有如雷震一樣的轟隆之聲。不過截至目前為止，尚無官員出面對此一怪異現象做出任何解釋。

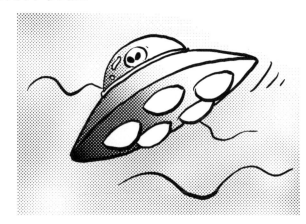

天人感應 官員奉詔上書給建言
懲惡揚善 皇帝記恨枉入黑名單

■由於自古以來皇帝都篤信「天人感應」之說，當天象有異變時，表示國政在某些地方出了問題，這時應該要重視上天的警告並調整施政方針，否則會遭致更大的災禍。而大年初一的異象，讓朱見深嚇得要群臣趕緊上言時政得失。於是吏科給事中李俊便率同僚上疏：「天變的原因，就是近幸干政、大臣不稱職、爵賞太濫、工役過煩、進獻太多，以及忠臣未能復官平反。官員勾結內宦以求安身進位，官位淪為利益交換之道具。乞請罷黜不稱職之大臣、盡罷傳奉官，尤其是國師繼曉，更是

假妖以濟私、耗費尤甚，為中外所切齒。」在此之後，給事中盧瑀、秦升、童枑，御史汪奎，員外郎（中階官員）崔升、彭綱，主事張吉、蘇章、周軫、李旦，中書舍人（內閣文書謄寫官）丁璣，副都御史彭韶，南京兵部尚書王恕等，也都上書痛陳李孜省、繼曉以及傳奉官過濫的弊端。皇帝因天象有變心生恐懼，所以雖然聽得很不舒服，但為了因應天變，還是下令降李孜省為上林苑丞（御用園林管理處主任）。繼曉被彈劾後自知無法繼續在政壇混下去，便自請歸家養母，因此被革去國

師的稱號，罷為平民。接著，吏部上奏免去傳奉官五百六十餘人，皇帝詔留其中六十七人；兵部奏罷五百零三人，也詔留三百九十四人，其餘全數罷斥。之前因建言獲罪，被貶謫到雲南的林俊、張黻則獲得赦免，改到南京任職。雖然此舉讓朝野一致稱快，但皇帝表面上不能問罪這些上書直言的官員，心裡仍有芥蒂，密令吏部尚書尹旻將上言的六十人姓名寫在屏風上，準備以後一有機會就貶降出京。如此看來，相信不用幾個月的時間，李孜省等人便會官復原職，然後受寵如故了。

梁芳勾結萬妃欲換太子 適逢泰山地震不了了之

■林俊揭發太監梁芳糜費內府金銀，做成奇伎淫巧之物諂媚萬貴妃一事後，讓朱見深下令清查內府庫藏，這才發現庫存金銀已經快被花光，因而嚴厲譴責梁芳。事後梁芳越想越怕，擔心等太子繼位之後，自己恐怕難逃被清算的下場。於是力勸萬貴妃，要她去說服皇帝，廢除她也不喜歡的太子朱祐樘，改立邵妃的兒子。對於萬貴妃一向言聽計從的朱見深，果然很容易就被說動了，召來司禮監太監懷恩，暗示他去辦妥此事。懷恩一聽，立刻脫下帽子伏地叩頭，痛哭說：「奴才死也不敢承受此命，寧可陛下把我殺死，也不要天下人把我殺死。」皇帝一氣之下，就把懷恩貶到鳳陽（安徽境內）去看守皇陵。後來卻遇到泰山屢次地震，占卜者聲稱此卦象對應東宮太子，令一向迷信的朱見深因深感恐懼，才不再提換太子的事。

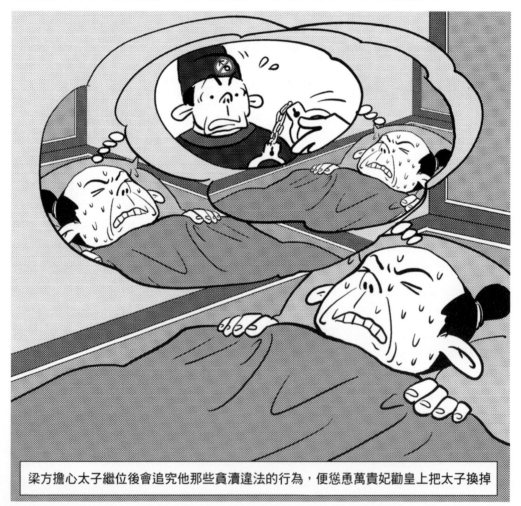

梁方擔心太子繼位後會追究他那些貪瀆違法的行為，便慫恿萬貴妃勸皇上把太子換掉

萬妃擅寵後宮 家人奴僕封官

■朱見深不久前因應天變建言，才剛罷斥一批傳奉官，讓朝廷氣象為之一新，但過沒幾個月，竟然又再次跳過正常任官程序，由宮中傳出一批新的人事命令。名單中列在首位的就是後軍都督府帶俸都督僉事（高階軍官）萬安，以及升為指揮同知的萬祥。另外徐達也被任命為指揮僉事，丁安、萬泰、王賢等人為百戶。眼尖的人不難發現，名列高官的萬安、萬祥就是萬貴妃的家人。徐達也跟開國第一功臣徐達毫無關係，只是萬家的一個僕人，名單上的其他人也大都是萬家後輩子弟或家僕，甚至連萬貴妃年僅兩歲的姪子也被封了官。有人就戲稱，說不定緊接著拜官封侯的就是她家裡養的那些貓狗寵物了，這種現象實在是當今政壇的一大亂源。

汪汪汪！
汪汪汪汪汪汪汪汪汪汪？
（譯：閃開點！不知道
我就快要當官了嗎？）

萬貴妃受寵後家人奴僕都相繼當官，說不定連寵物都快要可以當上朝廷命官了呢！

地方惡習 嫁妝所費不貲 女嬰慘遭溺斃

■結婚嫁娶人生一大喜事，但若為了嫁妝多寡而傷透腦筋，甚至鬧出人命，那就是天大的遺憾。溫州、台州、處州三府（皆浙江境內）的百姓，由於在習俗上需要為女兒準備為數可觀的嫁妝，所以有許多人家，只要一看生出的是女嬰，就會直接把嬰兒溺斃，以免日後要多負擔這筆婚嫁之費。不久前有官員為此上疏，建請朝廷能夠明令禁止此等殘忍不仁、傷生壞俗之事。經調查後發現，其實不只上述三府，連寧波、紹興、金華（皆浙江境內），以及江西、福建、南直隸（江蘇、安徽境內之中央直轄區）等處，也都頻頻傳出溺死女嬰的案件。針對此事，中央在日前做出回應，正式由皇帝下詔，要求今後民間婚嫁妝奩要與家產相稱，不許奢侈，再有犯者將發戍遠方。

李孜省讒言亂政 諸名臣紛紛落馬

■李孜省受寵後，不斷以方術惑亂朝政，不但讓皇帝沉迷於扶乩祝禱，也屢屢以神諭為由干預人事。御史姜昂看不慣李孜省把朝政搞得烏煙瘴氣，便與同僚一起上書彈劾。但朱見深早已把李孜省當成活神仙般崇拜，不但沒有聽進這些逆耳忠言，還以妄言之罪把姜昂等人廷杖於午門外。不久，一向敢言而且正直形象深執人心，力阻權貴不遺餘力的南京兵部尚書王恕，也因強烈反對傳奉官復職而惹毛皇帝，因而在南京兵部侍郎申請致仕退休時，也被朱見深順道批示讓他一起退休。頗有政績的兵部尚書馬文升則是因為李孜省在皇帝耳邊說了幾句話，便被外調到南京去接替王恕的位置。中央一舉罷黜兩位名臣的大動作，令朝野為之驚駭，忠心愛國之士無不感到痛心。另外，工部（國家工程部）主事王純，在有感而發提筆上疏請求留任王恕之後，竟也被罰廷杖並遠貶為貴州推官（縣府低階官員）。

紙糊三閣老 泥塑六尚書

■在諸位名臣遭到外放、罷黜，或強迫退休後，現今在位的政府一級官員，都只剩下些尸位素餐，精於營私的老傢伙。由於朱見深基本上不過問朝政，現今在位的朝廷一級官員，靠著逢迎皇帝、勾結宦官，以及排擠他人而高居要職，只會坐在衙門裡喝茶聊天混日子，可說是毫無建樹。因此現在各方輿論諷刺萬安、劉吉、劉翊三個內閣大學士是「紙糊三閣老」，而吏、戶、禮、兵、刑、工六部尚書，是「泥塑六尚書」。

又是宦官誣告害命 陳選受屈枉死道途

■在地方上民調滿意度極高的廣東布政使（省級行政長官）陳選，不久前因被人檢舉貪汙，而在押解至京的半途病死。但其實這根本是起離譜的誣告案件，而幕後黑手就是鎮守市舶司（海關稅務司）的宦官韋眷。原來，去年（1485年）皇帝下詔讓各地減少貢獻物品給皇室後，韋眷仍然上奏，讓當地民眾為皇室添辦方物，企圖從中牟取暴利。在陳選持詔抗爭之下皇帝才同意將數量減半，但也讓利益因此減半的韋眷對他懷恨在心。不久前韋眷私收外國人不法回扣被番禺（廣東境內）知縣高瑤發現並沒收，陳選也立刻發文獎勵，這樣的動作更是雙雙惹惱了韋眷。於是韋眷便將之前肇慶（廣東境內）嚴重水災，而陳選為了緊急救助百姓，未向朝廷奏報便發粟濟民的事，硬說成是陳選和高瑤結黨貪贓。因此朱見深指派刑部員外郎李行與巡按御史徐同愛南下會審。為了一舉鬥倒陳選，韋眷又指使以前曾被陳選罷黜過的縣衙小吏張裦作偽證。但沒想到張裦雖然因為犯過錯被陳選罷斥免職，但卻是個品行端正的人，因而堅持拒絕做出不實指證，即使遭受到會審官員的嚴刑拷打，也不改一詞。但李行和徐同愛為了討好韋眷，竟然就在沒有絲毫證據的情況下，強行將陳選和高瑤逮捕送京。

消息一傳出，當地百姓群情激憤，數萬人群集於路上號泣抗爭，逼得押解人員不得不另覓小道而行。在陳選憤鬱過度病倒後，李行等竟然不讓他就醫，也不准他服藥，導致陳選病死在半路。張裦獲悉陳選的死訊後，哀痛萬分，為了替他辨冤還拚死上疏。只是奏疏送入宮中，卻有如石沉大海，皇帝沒有任何回應。據聞，陳選在任期間，每次外出都只騎一頭驢，而不帶任何隨從，如此一位清約廉潔的好官竟被誣死，這樣的政治環境真是令百姓感到心寒。

77

萬貴妃無預警患病暴亡 殺嬰疑雲成過眼雲煙

■今年春節期間，萬貴妃突然病重去世，由於朱見深一直對這位年長他十九歲的褓姆、愛妃有著難以割捨的情感，所以萬貴妃一去世，皇帝悲痛欲絕，也讓宮中籠罩在低迷的氣氛中。另一方面，因萬貴妃專擅亂政，所以也有不少人因為她的死而感到欣喜萬分。至於早期一直流傳只要後宮有人懷孕，胎兒就會被萬貴妃給毒害一事，雖然很多人指證歷歷，但若從實際數據來看，情況不如傳聞那麼誇張。除了在萬貴妃手中死裡逃生的皇太子朱祐樘外，朱見深另外還有十個皇子跟五個公主。如果萬貴妃真的每個都下手毒害，卻還有這麼多漏網之魚，那皇帝的播種能力也未免過於驚人。

> 我也不想活了

萬貴妃病逝對皇帝造成極大的打擊

災情特報

七月二十二日，臨潼、咸陽一帶（皆陝西境內）發生強烈地震。目擊者表示，當時聲動如雷，房屋多有塌損毀壞，多處地方傳出更走山災情。目前初步估計死亡人數已經有一千九百多人。

李孜省薦江西同鄉 日後恐釀朋黨惡鬥

■號稱會「五雷道法」並專以諂媚追寵的李孜省，日前又被朱見深升為禮部右侍郎，但仍繼續掌理通政司事務。李孜省為了鞏固自己的勢力，又假藉扶鸞妖術，向皇帝進言說江西人最能赤心報效國家，應該多予進用，因而讓朱見深任命了許多跟他同鄉的人，還擢升到尚書、侍郎等高官層級，儼然形成一個新的政治集團。針對此點，資深分析家特別提出警告，雖然這些靠著李孜省關係位居高官的江西官僚們雖然得勢，但有朝一日李孜省垮臺之後，勢必會成為反李人士懲罰性報復的攻擊對象。到時候這些人為求自保，也一定會結黨展開非理性的反擊。這樣的結果，將會造成朋黨攀附結黨營私的弊端，成為日後政壇一大隱憂。

憲宗隨萬妃仙逝 弘治黜佞臣中興

■朱見深在失去了摯愛萬貴妃之後，傷心欲絕，身體狀況一天比一天差，終於在八月，因憂鬱及作息嚴重失衡引發器官衰竭而駕崩，享年僅三十九歲。九月初，剛年滿十八歲的皇太子朱祐樘依遺詔繼承皇帝之位並大赦天下，定明年為弘治元年。

尊皇太后周氏（朱見深生母）為太皇太后，皇后王氏（朱見深之后）為皇太后，太子妃張氏為皇后。並降旨召回正直忠心的太監懷恩重掌司禮監，在成化朝呼風喚雨的惡太監梁芳則是被遠謫南京，裝神弄鬼竊居高位的李孜省也被捕入獄。又應科

道官之請，降黜二千餘名傳奉官，罷遣二百四十餘名禪師、真人，並將七百八十餘名西番法王、佛子、國師都遣還本土，同時追奪誥敕、印章及儀仗玉器。朱祐樘雖然年輕，但上臺後的諸番舉措，已讓朝野一致叫好，頗有中興之氣象。

男人不該犯的錯誤
萬安獻房中術被逐 新政展現改革決心

■平庸無能，靠著結交外戚萬通（萬貴妃之弟）、勾結方士李孜省，排擠賢士而據內閣高位的萬安，在朱祐樘即位之後，依舊滿腦子想著如何靠旁門左道保住權位。不久前，皇帝看到有人進獻一個精美的小箱子，打開一看，裡面是一疊奏疏。但令朱祐樘感到意外的是，這些奏疏中談的既非為仁君之道，也不是軍國重事，而全是不堪入目的限制級房中術，末尾則署名「臣安進上」。皇帝看到這些東西覺得十分尷尬，不高興的要求太監懷恩到內閣去質問萬安，嚴斥說：「這是大臣應該做的事嗎？」萬安羞愧的伏在地上汗流不止，完全不敢出

聲。後來許多官員也都上疏加以彈劾，皇帝又令懷恩拿著這些奏章到萬安那裡，要他自己讀。雖然皇帝態度很明顯是要萬安走人，但沒想到萬安還是死皮賴臉，多次下跪哀求，絲毫沒有要自己請辭的意思。懷恩氣到乾脆直接動手摘去其牙牌（識別證），跟他說「你可以走了」萬安才這樣致仕退休。之後曾在東宮（太子辦公室）侍讀的劉健入閣頂替缺位，「紙糊三閣老」僅劉吉一人留任。並召還名臣王恕為吏部尚書，馬文升為左都御史、余子俊為兵部尚書，大刀闊斧的展現了改革的決心。

2

正德嬉遊
劉瑾擅權

明孝宗弘治元年～明武宗正德十五年

1488-1520

太監劉瑾利用武宗年輕貪玩的屁孩特質，趁
他嬉遊的時候代為批紅，成了權傾天下的
「立皇帝」，與群臣展開一場死鬥……
荒唐的武宗棄國事於不顧，整天沉溺豹房玩
樂，不但自封為「威武大將軍」，還對懷孕
的人妻……

【寰宇獵奇】
浙江屏風山 怪獸現形
大小如羊隻 銜尾空中飛

■二月間，浙江景寧屏風山驚傳怪獸現形，引發民眾恐懼。據目擊者表示，當天在山麓上，不知何故出現約一萬多隻大小如羊隻、全身白色的怪獸。在短暫停留後，這群怪獸便銜尾浮空而去，就這樣消失在天際中。目前尚未有任何專家學者，對此提出解釋。

災情特報

靖江（江蘇境內）一帶五月受到強風暴雨襲擊，加上時逢大潮，引發海水倒灌，平地一夕之間淹沒如洋，造成二千九百五十一人淹死。因水患衝毀的民房多達一千五百四十三間，縣府辦公室及倉庫、城牆也全數倒塌，生命及財產損失十分嚴重，目前朝廷正全力進行搶救。

小王子來了!! 藉朝貢之名 賺取巨額貿易利潤

■江南發生水患的同時，西北邊境也飽受蒙古韃靼部騷擾，小王子率領部落貼近大同（山西境內），並連營三十里，大有展示軍事實力的意圖。之後更挾軍威自稱「大元汗」，要求讓一千五百人的使節團入關朝貢。但其實所謂「朝貢」，就是帶了一些毛皮特產送給大明帝國，在名義上表示順服，然後大明帝國再以豐厚的禮物回贈。貢使團沿途的所有花費，也是由大明帝國支應。對外族來說，最大的好處是可以藉著進貢之名，挾帶物資進行貿易，再回去賺取差價所帶來的巨額利潤。雖然明廷最後只核准了五百個貢使名額，但在國防安全上還是等於出現一大漏洞。因為一旦開放韃靼入京朝貢，那以後小王子便會常常以入貢為名而沿邊騷擾，讓西北邊境再度陷入緊張狀態。

你...你是小王子？！

怎樣?有人規定小王子一定要長很可愛才行嗎?

韃靼小王子率領蒙古鐵騎對邊境造成極大的威脅

名詞解釋
小王子

韃靼部歷來多位首領都被大明帝國泛稱為小王子，現為達延汗（巴圖蒙克）。

ZZZZ…心有餘而力不足
午朝暫停實施

■朱祐樘（明孝宗）即位後，強烈展現想要當好皇帝的決心，因此接受吏部尚書（文官考核任免部長）王恕的建議，在每日一次的早朝之外，再於左順門便殿加開一次午朝，以便能有更充裕的時間，宣召大臣共同商議政事。雖然朱祐樘很有心，但終究天還沒亮就得起來準備上早朝，之後又再加開午朝，體力根本無法負荷。所以在實行沒多久之後，就隨便找理由停止午朝。

成化神僧難逃審判　罪大惡極　斬首示眾

■曾被封為國師的僧人繼曉，被罷職為民後返家居住，原本以為就此平安無事，沒想到日前給事中（政風監察官）林廷玉又上書揭舉其罪，請求將他逮捕交由司法單位審判。朱祐樘對這個妖僧也沒什麼好感，便命相關部門將他逮捕送京。雖然審判時，承審官員認為他的犯罪時間點是在大赦之前，符合赦免的資格，可以免除死刑。但是給事中陳璚對於這樣的結果並不認同，便上書力言繼曉罪大惡極，所犯罪行影響重大，不應等同一般犯罪給予寬宥。皇帝在考慮之後，大筆一揮，下令斬首示眾。成化時代呼風喚雨的神僧繼曉，在最後關頭連影分身或是土遁尿遁之術都沒有使出，就這樣被終結性命。

83

彈劾劉吉不成 反被誣陷充軍

想弄我..?!

■由於御史（監察官）湯鼐等人屢次彈劾內閣大學士（皇帝高級秘書）劉吉，因此劉吉一直懷恨在心，便勾結御史魏璋，以升職為誘因，要他想辦法除掉湯鼐。魏璋為了前途，便日夜窺伺湯鼐的一言一行，最後逮到小辮子，誣陷他私立朋黨，詆毀時政。自古以來，皇帝最痛恨的事之一就是有人結黨成勢，於是便下令將湯鼐等人全都逮捕入獄。原本劉吉還想將他們趕盡殺絕，幸得吏部尚書王恕、刑部尚書（司法部長）何喬新、侍郎（次長）彭韶等人鼎力相救才保住性命。最後，湯鼐被發配肅州（甘肅境內）充軍，其他人則遭到削籍（在官籍中除名，不再具有候選任官之資格）、降級外調等處分。

政壇紛爭不斷 太監御史互咬

■不只京師（北京）的官員相互攻詰，南京的政壇最近也紛爭不斷。首先是太監蔣琮掠奪民田，遭到御史姜綰揭發。他為求脫罪，便在上書解釋時硬扯說御史劉愷、方嶽等人以及許多官員也都有別的違法事實。接著，宦官陳祖生也因濫墾「後湖」導致湖水淤塞，遭到負責管理後湖的南京戶部（財政部）主事（中階官員）盧錦、給事中方向等人彈劾。於是陳祖生便反咬盧錦及方向，說他們在湖灘淤塞處種菜及採伐蘆葦以補貼公用的行為，也是犯下後湖私自栽種的重罪。目前由於雙方各持一詞，爭辯越演越烈，為求釐清事實真相，皇帝已下令南京司法機關盡速展開調查。

吏部抗爭無效 傳奉陋習仍在

■雖然朱祐樘在即位之初，也不認同老爹濫設傳奉官（由皇帝直接發布任命，非經正常管道錄用之官員）的做法，但或許可以任意為之的方式實在太方便，所以也讓他開始仿效。不久前，宮中直接傳旨到吏部（文官考核任免部），直接下令將通政司（章奏公文收發處）經歷（中階官員）沈祿擢升為參政（高階官員）。據了解，會這樣安排，完全是因為沈祿是皇后姑婿之故。因吏部尚書王恕剛好請病假，所以吏部左侍郎周經便為此上疏爭辯，表示此人事令並非經由應有程序發布，所以他不敢接受這樣的安排。不久，王恕病癒復職，也與周經一同上疏抗爭。不過就算輿論都認為他們的做法正確，但最後皇帝還是執意照自己意思辦理。

又見恐龍判決!!

蔣琬姜綰互告案終結
南京御史數十人被捕

■應天府尹（南京市長）楊守隨奉命調查宦官蔣琬與御史姜綰等人互告的案子。在深入查證後，確認蔣琬所犯證據確鑿，而盧錦、方向則是受到宦官陳祖生的不實指控。這時奉命出使兩廣的宦官郭鏞，也因在途經南京時，一時興起駕船在湖中泛遊，而遭到御史孫紘以擅遊禁地之罪名彈劾。於是蔣琬便聯合郭鏞，讓他一回京之後就向皇帝舉報說楊守隨在查案時偏坦御史，只處罰奉命辦事的宦官，簡直不把皇帝放在眼裡。朱祐樘因此心裡很不高興，便命太監何穆、大理寺（最高法院）少卿（副院長）楊謐對此案再進行複查。但因內閣大學士劉吉對於時常彈劾他的南京御史們恨之入骨，便暗中主導，讓複查結果大逆轉，認定姜綰等人告發蔣琬違法諸事皆是不實的指控。皇帝於是下令將盧錦免職，方向、楊守隨等人降職遠調，姜綰等數十人皆被捕下獄，而宦官蔣琮、陳祖生等所犯之事則不予追究。雖然吏部尚書王恕、戶部尚書（財政部長）李敏，以及御史伊宏、張寶，給事中陳璚、趙竑等人都上言據理申辯，但朱祐樘最終還是聽信劉吉等人的話，賞南京御史們重重一個巴掌，導致監察官辦公室為之一空，蔣琮等宦官行事更無忌憚。

星象變異 官員上書言弊端
朕知道了 皇帝只聽無作為

■皇帝詔令京師大興隆寺修齋，而官員王嶽剛好騎馬路過，遇到由宮中出來辦事的宦官。不知道是兩人互看不順眼，還是騎馬礙著行人，該宦官竟然把王嶽當場揪下馬來淩辱，並要他在寺前罰跪。御史任儀知道這件事後，便上書彈劾這位蠻橫的宦官。原本以為正義就此得以伸張，但卻僅因任儀奏書中筆誤寫

> 這個建議很好，換下一位...

錯名字，便與王嶽一同被交付司法機關審訊，之後還被貶為知縣。後來，因星象再次出現變異，皇帝依例要群臣修身自省，針對時政提出建言。吏部侍郎彭韶便趁此機會上書，說目前宦官氣勢太盛，濫授的官職也太多，應當立即裁減，同時建議皇帝應當加開午朝召見大臣，當面商議大事，避免一紙空文便交辦所有事情。朱祐樘連連表示他說的很有道理，但最後也只是說說，並沒有採取任何行動來改變這些弊端。

總督秦紘力劾權貴 反受誣陷改穿囚服

■兩廣地區因為天高皇帝遠，鎮守此地的宦官及武將習慣性放縱家奴侵擾商家百姓，擾亂地方公務，甚至殺害無辜平民。歷任總督兩廣的官員對此都不敢過問，唯有右都御史（監察總長）秦紘到任後，敢將所有弊端上奏朝廷，請求明令禁止。當地總兵（司令）安遠侯柳景因貪暴不法，也同樣被秦紘舉報。與周太皇太后（朱祐樘祖母）是連姻親家的柳景，在許多外戚包庇下，不但安然脫身還反過來誣陷秦紘，讓皇帝下令將他逮捕回京審訊。當詔書送達時，秦紘正好在調兵遣將，準備應付當地一些少數民族的叛亂。他拜讀詔書後，還是不慌不忙，繼續將事情都部署完畢，才在他的衛隊儀仗隨護下從容啟程。等到一行人越過山嶺，踏出兩廣轄區後，秦紘才換上囚服就擒，然後隨著前來逮人的官校回京。秦紘表示，他之所以要這麼做，

在這裡我就是王法！不服嗎？去告我啊...

許多邊遠地區的權貴早已習慣濫權作惡

是因為兩廣是個蠻夷雜處之地，他的職務在此地是很尊崇的官職，如果一開始他就像囚犯一樣被拘拿，將有損國家尊嚴，只怕日後將難以管理。雖然媒體一致讚賞秦紘在自身危難時還能維護國家大體，但他仍逃不了被權貴惡意誣陷入獄的命運。

內閣大學士劉吉興風作浪 刑部尚書何喬新告老還鄉

■施政頗受肯定的刑部尚書何喬新，日前因被誣告而辭官退休。據了解，之前大理寺丞（最高法院副院長）一職出缺，御史鄒魯覬覦其位，但因何喬新推薦他人而落空，因而銜恨在心。便利用何喬新外祖父家與鄉人打官司的機會，誣陷他受賄並曲意維護自家人。另一方面，何喬新也因一向堅持公正斷案，不肯附和內閣大學士劉吉打擊正直之士而遭到報復。劉吉利用職權，逮捕他外祖父母的家人，又施壓讓他上疏辭官。雖然在反覆調查後，證明是一起誣告事件，鄒魯也被處以停發薪水的處分，但何喬新獲准退休回鄉養老的結局，令輿論倍感惋惜。

連這都要爭…… 文官上朝誰站首位?

■擔任《憲宗實錄》修撰副總裁的禮部尚書（教育部長）邱浚，完成後加封為太子太保（太子教師，為榮譽虛銜），以文淵閣大學士的身份進入內閣（皇帝高級祕書官）。但此項人事安排，卻意外引爆官員間的排序之爭。依照舊慣，大學士職等僅有正五品，如果沒有加封少師、少傅、少保等榮譽勛銜，朝班排序在各部尚書（部長）之下。吏部為六部之首，所以身為吏部尚書的王恕，上朝站的位置應該在邱浚前面。但邱浚認為自己是部長兼閣臣，所以便想排在王恕之前，於是兩人為此相爭不下。雖然皇帝沒有做出明確裁示，但在不久後宴請群臣時，邱浚的座次已經改排在王恕前面。看來，此後只要是進入內閣的大臣，就算

原本的官職只是侍郎或詹事（太子府總管，為翰林官升遷之職等，並無實際管理事務），上朝位置站在六部尚書前面，將會成為新的慣例。

皇帝才是大恐龍……
秦紘無罪確定 宣判令人失望

■總督兩廣軍務的右都御史秦紘受到安遠侯柳景誣告一案，經司法機關仔細調查後，柳景因罪證確鑿被議處死刑，同時也證明秦紘的清白。不過，握有司法最終裁量權的朱祐樘，最後竟然表示免去柳景的死罪，僅僅只判奪去爵位，在家閒住，而沒有任何過失的秦紘則是意外遭當免職。此宣判公布後，立刻引起眾人譁然，認為秦紘確實無罪，不應只是受人誣告便被奪職。在言官（泛指御史、給事中）接連請命之下，最後朱祐樘終於決定重新起用秦紘，任命他為南京戶部尚書。

超級耐彈 簡任內閣十八載 劉棉花終於下台

■在內閣十八年卻毫無建樹的劉吉，因為有著屢被彈劾而能賴著不走的本事，因而被稱為「劉棉花」，以諷刺他的「耐彈」。原本皇帝也頗加重用，但日子久了，也開始不信任他。日前，朱祐樘想加封皇后之弟張延齡為伯爵，命劉吉撰寫封爵誥券。劉吉想討好外戚，便建議盡封兩太后家的子弟。皇帝為此很不高興，派宦官到劉吉家中暗示他立即退休。不過劉吉還是想不開，硬是扒著官位不放，說怎樣都不肯自己提出退休申請。最後皇帝也不耐煩，乾脆直接傳旨將他免職。

我不想走

什麼棉花，我看是黏膠

【國際要聞】

哥倫布橫渡大西洋 佛朗機獲得新領地

■西方海洋探險家哥倫布(Cristóbal Colón)不久前完成壯舉，從西班牙率領三艘百噸帆船出大西洋(Atlantic Ocean)，向西方航行七十晝夜後，到達東印度群島(其實是美洲加勒比海的巴哈馬群島，但哥倫布以為自己到了印度)，並將登陸的小島取名為「聖薩爾瓦多」(巴哈馬境內)，稱呼島上的人為「印第安人」(Indios，西班牙語的印度人)。據瞭解，哥倫布為了尋找新航道，已經到處遊說十幾年。葡萄牙人因為早已控制歐洲到東亞的最近航線，所以沒有興趣。英國、法國、義大利等國也因他提出的回報條件談不攏而先後拒絕。最後西班牙女王伊莎貝拉一世(Isabel I la Católica)點頭，他才帶著女王給印度君主和中國皇帝的國書，出發尋找新的航道。在與西班牙王室的協議中，他被授予「世界洋海軍上將」頭銜，並指派他為新發現領地的總督和統治者。對新領地的政府官員，他也有指定三位人選讓國王從中挑選的權力，並永遠享有新領地總收入百分之十的利益。另外，還有權購買新領地任何商業冒險事業八分之一股份，並獲得應有的收益。有人認為，西班牙王室之所以會開列如此慷慨的協議，部分原因是沒有人看好哥倫布能活著回來。如今他成功為西班牙開拓了一條新航路，不只讓他個人享有豐厚的收入，也將為西班牙甚至整個歐洲帶來空前的財富。但從另一方面來看，勢必也將為這個新世界帶來意想不到的浩劫。

我終於到印度了

哥倫布自認為發現印度的新航線

地理小辭典

大明帝國將西班牙、葡萄牙人都稱為佛朗機人。此語是從東南亞伊斯蘭教徒口中聽聞印度語Farangi的音譯，為「法蘭克」Frank一詞的誤讀，原本意指歐洲人。

奏議罷免兩千官員 王恕引發政治風暴

■今年舉行官員考察，吏部尚書王恕在完成後，上奏建議將二千名不稱職的官員免職。但內閣大學士邱浚並不贊同，他認為依古制三年考核一次，三次之後才確定是要降黜還是擢升。如今有些人就任不到一年，還沒做出實績便被降黜，顯然負責考核者片面聽信人言。他提議將那些當官還不到三年就被罷黜的都恢復原職，就算經過三考，除非犯下貪暴不法等重罪，否則不要隨便降黜免職。雖然王恕堅持力爭，但最後朱祐樘依邱浚之議，下旨留住九十幾個人，王恕因而憤提辭呈，並與邱浚嚴重對立。另一方面，時常在邱浚家走動，想要找機會升官的太醫院（皇家醫院）院判（副院長）劉文泰，因之前升官之路屢被王恕所阻，早已對其懷恨在心。不久前從邱浚那聽說王恕閒居鄉里時，曾找別人為自己寫傳記並刻版印行，於是便誣奏王恕，說他有沽名釣譽、誹謗君王之嫌。王恕因而極力為自己辯解，並懷疑劉文泰背後必定有擅於陰謀且博學能文的主謀，也就是暗指邱浚涉案，並要求廷臣會審。之後皇帝命錦衣衛（皇帝直屬特務機關）逮捕劉文泰拷訊，供詞果然牽連到邱浚，言官們因而交相上書彈劾。最後皇帝表示將劉文泰降為御醫，對邱浚不罰，但嚴斥王恕沽名釣譽，命他將自傳《大司馬三原王公傳》的印刷雕版焚毀。王恕上疏力辯，卻未獲正面回應，堅決請辭，皇帝也沒有慰留，批准讓他乘坐驛站馬車回鄉。

出這種書！
你滾...

這是種藝術啊！
很健康的...

大司馬三原王公傳

王恕因為出版自己的傳記而遭斥下台

荊王弒母殺弟擄人強姦 又被抖出異謀罪行

■分封各地的王室貴族醜聞不斷，荊王朱見潚因餓死母親、殺死二弟及堂弟並強姦他們妻子，及當街強搶民女等事，被三弟朱見濍告發後被廢為庶人並遭到關押。為了報復，他便誣告朱見濍與永安王圖謀不軌。雖然經調查後查無實證，但朱見濍一氣之下，反而將朱見潚曾經私造兵器，連同其子有犯上異謀的事抖了出來。這次一查果然事證確鑿，弒母殺弟擄人強姦等罪行皇帝可以閉隻眼不當回事，但謀反大罪可不是能夠開玩笑的，很快朱見潚就被要求自盡，並廢去其子的王爵，改以二弟朱見溥之子繼承荊王的爵位。

蟲蟲危機!! 蝗災肆虐 朝廷啟動補蝗獎勵

■自從去年（1493年）飛蝗蔽日、遍野成災之後，捕蝗工作就一直如火如荼的進行著。但就算被派往各地督導捕蝗的官員費盡心力，情況依然不見好轉，許多地方仍處於高度警戒的狀態。眼看今年又要邁入夏季蝗發之時，朝廷只好加碼重賞，祭出優惠的捕蝗獎勵。依據獎勵辦法，只要抓到一斗蝗蟲，就加倍發給兩斗的米。許多人一聽到這個消息，都已經準備好捕蝗道具，打算利用這個機會，多換些米回家了。

立法通過 各地將徵募預備兵員

■由於邊患未嘗稍歇，各地兵員嚴重缺額，所以早在正統及景泰年間，朝廷便曾經招募志願的強壯民丁服役，但一直都沒有制定正式辦法。不久前，依給事中孫鼎建議，朝廷立法規定轄區七八百里以上的州縣每里徵派兩人，五百里的徵派三人，三百里的徵派四人，百里以內的徵派五人服預備役。以上兵員均由丁眾糧多之家派出年輕力強者由官府訓練。一接到調發命令，朝廷發給糧米便立即奉命出征。同時，也明文嚴禁官府以各種理由借調役使這些兵員，或有任何賄賂縱容等情形發生。辦法中也規定，如果有錢人不願服役，也可換成交納銀兩，再由官府自行招幕兵丁。

兵部通過邊鎮墩台設置辦法

■兵部（國防部）因應邊境多次被韃靼劫掠的情況，日前做出檢討報告。報告中明白揭示邊防漏洞，在於各邊墩台相距太遠，烽火不能相接，以及守邊將士懈怠所致。為了解決此一缺失，兵部建議讓負責邊鎮防務的官員視當地地形修築墩台，每七至十里設一大墩，四、五里設一小台，大墩守軍十人，小台五人。從邊關到城堡的部份，只修築大墩，然後築牆圍城，再環以壕塹，只留一道門派兵把守。遇有邊警時接遞傳報，天晴舉炮，天陰放煙，夜晚舉火，並事先定好烽炮的次數以做為號令。守墩之軍分為兩班，每月輪替一次。同時修建水窖，以便冬蓄冰、夏藏水，並要求部隊預先收集半個月的柴薪備用，免去外出汲水打柴時被敵寇殺掠的危險。此辦法在獲得朝廷批准之後，已要求各邊鎮即日起依規定執行。

韃靼再次犯邊 涼州地區告急

■蒙古韃靼部日益強大，尤其在請求入貢獲准後，便常以此為藉口屢屢騷擾邊境。近來更開始侵擾涼州（甘肅境內），雖然在甘肅總兵官（軍長）劉寧率部抵禦下暫時撤退，但過沒多久，便又再次入犯。不但宣府（河北境內）一帶飽受劫掠之苦，連遼東地區也被入侵三次，每次損失都十分慘重，已然成為大明帝國最大威脅。

再現魚米之鄉！南北河道整治雙雙竣工

■自弘治二年（1489年）五月黃河在開封潰堤以來，朝廷已經在河川整治工程投入大量的人力及物資。在多位官員接力主持下，劉大夏終於在今年完成自胙城（皆河南境內）至徐州（江蘇境內），以及從家店到小宋集（皆河南境內）的河堤，將不受控制的滾滾黃水，向南導引到淮河再流入海中。另外，前後歷經三年，動員了二十萬民夫，由工部（國家工程部）侍郎徐貫主持的蘇松河道整治工程，也終於在日前竣工。水利專家表示，此一重大改變，將使蘇松一帶（江蘇境內）再度成為魚米之鄉。

史上最專情天子…沒有之一
朱祐樘獨鍾張氏 拒冊立其他妃嬪

■當今皇帝朱祐樘因廉潔賢明而登上年度風雲人物。然而，朱祐樘上榜的一大原因，竟然與他的婚姻生活有關。由於他自幼經歷坎坷，在九死一生後才順利繼承皇位，所以想法與做法也與異於一般在宮中受到呵護長大的皇子。不同於中國歷代帝王都是後宮佳麗成群，他的身邊始終只有張皇后一人，不但沒有其他嬪妃，連私生活也相當檢點，不曾與任何人傳出桃色新聞。據聞，他們兩人十分恩愛，每天同起同臥，一同讀詩作畫、聽琴觀舞、談古論今。皇帝皇后鶼鰈情深，不要說數千年所未見，恐怕以後也很難出現吧。

聯名上書遭懲處 六科衙署鬧空門

錦衣衛逮捕劉遜引發眾怒 六十名官員奏阻被押大牢

■曾與南京御史姜綰一同彈劾宦官蔣琬，而獲罪被貶為澧州判官（州政府低階官員）的劉遜，之後好不容易升任武岡（皆湖南境內）知州（州級行政長官）後，又因未按時發放親王祿米，被岷王朱膺鈵一狀告上朝廷，還指控他另有不法之事，皇帝因此命錦衣衛前往逮人。為此，給事中龐泮、御史劉紳等上奏，說錦衣衛是天子親軍，如果沒有重要的事不可隨意調遣，此案犯行不重，應交由巡按御史查明即可。但皇帝看到奏疏後，卻由完全不同的切入點進行思考。他認為只是親王彈劾一名州官，竟然有這麼多官員上書奏阻，實在是不成體統。於是下令把龐泮等四十二名給事中、劉紳等二十名御史全都關到錦衣衛獄加以懲戒。六十多名官員全部被關進去後，六科衙署空無一

人，所有政事馬上陷入停擺。最後在各部尚書、大臣聯名申救之下，他們才被釋放，劉遜則是再被貶為四川都指揮使司（軍區司令部）斷事官（低階官員）。

> 35杯珍奶、12杯奶綠送來了...咦？郎勒？不會是惡作劇吧...

外戚爭利引發鬥毆 皇室形象嚴重受損

■同為外戚的長寧伯周彧（周太皇太后家族）與壽甯候張鶴齡（張皇后家族），因經營私利引發紛爭，最後演變成兩家聚眾鬥毆。由於這場騷動就發生在天子腳下，使得此事件很快成為各大媒體關注的目標。為此，吏部尚書屠滽偕同九卿（六部尚書、都察院都御史、大

理寺卿、通政使）上言，表示之前憲宗一朝便要求勳戚之家不得占各交通據點來開店營利，永樂年間也公開規定王公大臣的僕從人數上限。但現在勳戚諸臣不但違反規定，放縱家人在鬧區開店、邀截商貨，僕從人數更是動輒數百，還混雜不少市井無賴隨意鬧事，導致民

怨不止。這次周、張兩家因瑣事紛爭，已經損及朝廷威望，應立即戒諭兩家修好，並嚴格要求所有貴族依規定及舊例行事。雖然朝廷在監察官員們相繼上書後，已傳旨戒諭勳貴之家。但一般認為，這些特權大戶違法牟利的情形，並不會因為一紙命令而有任何改變。

李廣誘皇帝齋醮鍊丹 王雲鳳彈劾反遭報復

■由於近來宦官李廣常邀約朱祐樘齋醮鍊丹，使皇帝上朝理政的時間一天比一天還要晚，所以內閣大學士徐溥等便為此上書勸諫。雖然朱祐樘看過奏章後表示深受感動，但卻沒有採取任何行動來改變這種情況。不久，戶部主事胡爟又藉天旱陰晦，皇帝下詔令群臣直言朝政的機會，直指方士亂政及宦官矯旨之弊。禮部（教育部）祠祭司郎中（司長）王雲鳳、給事中葉紳、御史張縉等，也先後上疏彈劾李廣。其中王雲鳳更言詞激動的請求將他斬首示眾，也因此讓李廣對他恨之入骨。於是李廣便暗中令錦衣衛對王雲鳳展開日夜跟監。一開始還找不到可詬病之處，後來有一次當皇帝察看完祭祀用牲要回宮時，王雲鳳騎馬跟隨在聖駕後面，李廣便以此劾奏了他一條不恭之罪，然後關入錦衣衛監獄中拷訊，隨後更被貶為陝州（河南境內）知州。由於李廣下一個報復目標很可能就是胡爟，使得諸多朝中大臣已開始替他擔心不已。

張后兄弟行為離譜 何鼐舉報竟被杖死

■張鶴齡、張延齡二人因為是皇后親兄弟，所以時常出入內廷與皇帝、皇后一同飲宴。朱祐樘基於對張皇后的深厚感情，待他們如至親手足，卻也使他們的行為越來越無所顧忌。不但以皇室至親的身份仗勢欺人，言行舉止也日益乖張。據聞，有一次他們陪侍飲宴，張鶴齡竟然趁朱祐樘上廁所時藉酒裝瘋，把皇帝帽子戴在自己頭上，甚至還曾明目張膽的窺伺皇帝帷帳。這些誇張行徑，讓一向忠心耿耿的宦官何鼐看不下去，便向皇帝報告張氏兄弟所犯的這些大不敬之罪。張皇后知道後，竟然不是勸自家兄弟收斂行為，而是設法激怒朱祐樘，把何鼐投入詔獄審訊。給事中龐泮、御史吳山等人知道後，紛紛上奏論救。結果反而激怒皇帝，連連質問朝中官員如何得知內廷之事。後來幸得內閣大學士徐溥、戶部尚書周經等人緊急上疏論述利害，皇帝才不再追究。不過令人惋惜的是，何鼐終究未能逃過此劫，張皇后並未收手，已指使宮中宦官在獄中將他活活杖死。

不服氣嗎？
有本事叫你姊去問問川普
要不要娶她啊...
張氏兄弟仗著姊姊是皇后就胡作非為

拆字解謎 「熊」的徵兆竟是⋯⋯
上「能」下「火」 小心火燭

■六月間，有一隻迷途的熊誤從西直門闖入京城，造成了不小的騷動。在此事件之後，兵部（國防部）主事（中階官員）何孟春便上疏，說「熊」字拆開的話就是「能」、「火」，是必須注意火警的徵兆。還說之前也有一隻熊跑到永嘉（浙江境內）城內，不久後城內便發生大火。所以建議京城除了應嚴防盜匪之外，也要防備火災發生。令人驚訝的是，沒多久之後，北京城內竟然就真的發生好幾次的火災。令人不得不對何孟春這種拆字料事、鐵口直斷的本事紛紛按讚。

火不是我放的⋯

消災無效反招禍患 李廣畏罪飲鴆身亡
江湖暗語大破解 「黃米、白米」藏玄機

■宦官李廣曾力勸朱祐樘在京城萬歲山修建毓秀亭，聲稱如此便可消弭災異。但是當毓秀亭完工後，幼公主卻剛好病死，清寧宮也跟著發生火災。太皇太后周氏（朱祐樘祖母）因此氣得大罵說：「今日李廣，明日李廣，果然弄得災禍降臨了！」李廣發現惹怒這位重量級人物，自知難逃被下詔獄嚴刑拷打的命運，為免承受皮肉之痛，便嚇得服毒自盡。原本朱祐樘還打算為他祭葬並頒賜祠堂匾額，但內閣大學士劉健等極力反對，表示「宦官原本就沒有祠額祭葬之例，近年來雖然偶爾有破例，但都是因為要獎善褒功。李廣之死，罪惡盈貫，萬口稱快，應當讓全天下都知道他的罪名，以為奸邪不臣之戒。」於是朱祐樘才放棄這個想法。但又暗想李廣家中可能藏有什麼有幫助長生修煉的奇書，便派人前往搜查。結果意外發現了一本帳簿，上面記載了文武官員送給他的黃米、白米數量。朱祐樘滿臉疑惑的表示自己去過李廣家，印象中他的倉庫不大，應該沒辦法裝下這幾千幾百石的糧食。這時身邊的人才告訴他說，黃米、白米是行話，指的就是黃金及白銀，才使得皇帝恍然大悟，立刻下令徹查那些行賄的官員。這風聲傳出去後，一大票有行賄的官員只好連夜跑到壽甯候張鶴齡（張皇后之弟）家中求救。最後是因為張鶴齡出面求情，朱祐樘才不再嚴加追究，這個案子到最後也就不了了之。

遼東明軍殺人冒功
朵顏諸部入京泣訴

■剛過完年沒多久,遼東就傳回朵顏三衛(又稱兀良哈三衛,即泰寧衛、福餘衛、朵顏衛等位處東北的蒙古部落)分道入寇邊境,但遭到大明官軍擊敗的捷報。不過由於朵顏三衛與朝廷的關係一向不錯,近來也沒有發生過什麼衝突,所以大臣們便對戰勝的消息抱著懷疑的態度。直到朵顏諸部的貢使團抵達京城(北京),整起事件的真相才終於曝光。根據貢使團的說法,是現任遼東總兵官李杲與巡撫(省級總督導官)張玉,及鎮守太監任良合謀,設席引誘前來做買賣的三百多個族人赴宴,然後全數撲殺,再以這些首級捏造捷報請賞。目前中央已派副都御史(副監察總長)顧佐前往調查,務必要還原事實的真相。因為如果朵顏諸部指控屬實的話,那遼東的情勢將再度陷入混亂之中。

強震特報

十二月初四日宜良(雲南境內)發生強烈地震,在聲響如雷的連震二十餘次之後,衙門、城鋪、寺廟、民房幾乎全數倒塌盡,初步統計死亡人數可能超過萬人。

李杲、張玉、任良設席謀殺了三衛的貢使團假冒軍功

唐伯虎會試作弊？ 主考官涉嫌洩題！

■今年舉辦的會試傳出弊案，與禮部尚書兼文淵閣大學士李東陽一同被任命為考試官的禮部右侍郎程敏政，被戶科給事中（財政科政風監察官）華　彈劾，說兩名這次參與會試的考生徐經、唐寅（唐伯虎），被人檢舉在考前曾預做過與考題相同的文章，而所有證據也指向考題確實是由程敏政處所購得。於是朱祐樘下令程敏政不得參與閱卷，並將華　以及兩名考生交付獄中進行調查，同時要李東陽會同其他考官進行查核。由於兩位涉案的考生並未上榜，所以朱祐樘其實也不太想再繼續追究責任。但沒多久工科都給事中（國家工程科政風監察長）林廷玉又上書彈劾程

> 罰我去當小吏？
> 我才不幹呢....

江南才子唐伯虎因捲入考試弊案被取消舉人資格並黜為小吏

敏政說詞有可疑之處，經過再次調查，程敏政才終於承認試題是被他的家僮給竊賣的。最後考生徐經、唐寅被取消舉人資格罷黜為小吏，程敏政及林廷玉均被捕下獄。沒錯，就是之後彈劾此一弊案的林廷玉也遭到逮捕，但朝廷並未對外說明原因。

傳奉任命過濫 官員諫止無效

■濫行任命傳奉官的惡習雖然一直令人詬病，但皇帝們卻樂此不疲，連施政頗受好評的朱祐樘也愛上此道。十二月初，吏部尚書屠滽特別為此上言，建請罷黜七百多位傳奉官，以惜國家名器並防堵奸人由此管道獲得進用。兵部尚書（國防部長）馬文升也進言說：「武官的授與及升遷都是要以在戰場上所建立的功勳為依據，沒有臨陣斬獲不得輕授。現在畫工張　竟然毫無原由的便被傳奉任命為指揮（司令），還准予世襲，這要叫在邊關冒死作戰的官兵們如何能心服口服？」雖然在此之前，六科十三道言官也曾多次上疏極言濫封傳奉官所帶來的弊端，但無奈朱祐樘就是聽不進去，在接下來的一個月中，更變本加厲以此管道傳升了二百多人。

遼東誘殺冒功案水落石出
涉案官員遭強迫致仕恐 引發朵顏諸部報復

■受命前往遼東調查總兵李杲誘殺冒功案的副都御史顧佐，日前完成任務返京，對此案提出調查報告。由於事證確鑿，李杲等三人所犯罪行屬實，所以朱祐樘已命鎮守太監任良、總兵李杲、巡撫張玉強迫退休，其餘涉案官員則各給予降級之處分。案件的調查結果及處分公佈後，科道官（泛指給事中及御史）立刻上書，表示李杲、張玉所犯的是欺騙妄殺重罪。此罪應當斬首示眾，但現在卻只有強迫退休，恐怕朵顏三衛（又稱兀良哈三衛，即泰寧衛、福餘衛、朵顏衛等位處東北的蒙古部落）知道後，將會積憤為患。只不過朱祐樘看了奏疏後，並沒有打算要推翻自己先前所做的裁示。資深時事評論家認為，由於朵顏諸部對此事恨之入骨，勢必連結附近的力量，展開報復的行動，成為大明帝國邊界上極不穩定的一顆炸藥。

進擊的蒙古大軍!!
明軍統帥怯弱無謀 張俊奮戰以寡擊眾

■四月時，蒙古大軍忽然兵分數路，從大青山入寇威遠衛（甘肅境內），遊擊將軍（中階軍官）王杲因誤中敵軍佯敗之計，友軍又懼敵不援而慘敗。邊警傳回京師（北京）之後，朱祐樘急命陳銳為靖虜將軍充總兵官，率兵前往大同（山西境內）抵禦蒙古進犯，京師也同時宣布戒嚴。不久，蒙古果然又糾集五萬大軍入侵大同，而陳銳雖為統帥，但卻怯懦無能，根本提不出戰略，只是下令諸軍堅壁防守，不得輕易出戰，以至敵軍如入無人之境，肆意掠奪。不過大明守軍中還是有一支勁旅勇於和蒙古大軍周旋，那就是遊擊將軍張俊所率領的部隊。張俊獨自率軍力抗，在戰場上來回衝鋒，就算臉頰被箭射傷數次，還是拚命奮戰，最後終於以寡克眾，擊退入侵的蒙古大軍。

主帥，我們要採取什麼戰略？

就…就…就躲在裡面就好

武官捕獲白鶴進獻祥瑞
皇帝卻不領情下詔斥責

■有位駐守保定（河北境內）的軍官，捕到稀有白鶴，便想帶著白鶴前往北京，藉著進獻祥瑞邀功。不過這個舉動，卻遭到禮部尚書傅瀚彈劾，連皇帝也下詔斥責，要他立刻返回駐地，否則就以擅離職守罪究辦。資深時事評論家表示，君主是否接受祥瑞進獻，也是評估國家走勢的重要指標之一。一旦國君沉迷於這種歌功頌德的虛榮，就代表他只想聽到自己想聽的，而拒絕去承認施政上的錯漏並加以改正，也意味著這個國家，即將步入衰亡之途。

不能進獻白鶴？那我塗黑就可以了吧

邊境再傳危機！
韃靼十萬大軍入犯
陳壽冷靜智退敵兵

■自從韃靼小王子統一蒙古各部之後，勢力便益趨強大，不時入侵內地。今年，他又統領十萬精銳騎兵，從花馬池、鹽池（寧夏、陝西交界處）一帶入犯。剛上任的延綏巡撫陳壽，也立即統率大明邊防軍奮力抵禦。一開始，小王子只派出一百多名騎兵前來誘敵，明軍諸將看到敵人很少便想貪功請求出擊。但陳壽知道這是敵人的詭計，所以並沒有批准。只在數十個騎兵護衛下，親自走出營帳，搬來大交椅端坐其上，一邊飲食自如一邊神色若定的指揮著部隊。敵軍遠遠望見，覺得明軍此舉十分可疑，反而不敢輕舉妄動而引兵退去。陳壽等到敵軍退到一半，看準了時機，立刻下令各部乘勢追擊，果然獲得大勝而歸。等朝廷派出總兵官朱暉率領大軍慢吞吞來到前線時，退走的蒙古人早就又飽掠開城、固原（皆寧夏境內）等地，然後逃逸無蹤。值得一提的是，當陳壽要將捷報上奏朝廷時，曾有人勸他順便把家中子弟的名籍也附帶報上，以得到朝廷賞賜。但陳壽表示他的子弟不習弓馬，也未曾隨軍出陣，怎麼可以與血戰沙場的軍士一同接受犒賞，所以沒有接受這個其他官員都在做的造假建議。

強震特報

年初，朝邑（陝西境內）強烈地震，附近地區連續兩天都籠罩在震聲如雷的恐怖陰影之中。根據當地官員回報，此次強震共造成五千四百多間官舍民房塌毀，一百七十多人死亡，九十多人輕重傷，牲畜被壓死近四百頭。河堤也被震裂，河水沿著數丈寬的數處缺口奔流而出，鄰近地區目前已成一片無邊水澤。

數字會說話 朱暉北征灰頭土臉 虛報萬名將士功勳
皇帝說了算 不甩彈劾仍給重賞

■率軍北抗韃靼的總兵官朱暉年初班師回京，但這次行動，卻遭到言官及內閣強烈抨擊。原因除了朱暉遷延時機、行軍遲緩，導致邊民遭敵肆虐，死者滿山遍野之外，耗費一百六十多萬兩白銀，僅斬獲敵人十五顆首級，而奏報有功的將士卻高達一萬多人的離譜數據，更是受到嚴重非議，一致認為應當加以懲處。但由於朱祐樘已經先聽信宦官奏報，先入為主的認為這次軍事行動瑕不掩瑜，所以不但沒有下令懲處，還特別派宦官攜帶羊酒到京師城門迎接犒勞，並重賞有功人員。朱暉從兩年前奉命督理京師三千營、統率右軍都督府（右軍司令部）之後，便不斷遭到彈劾，但朱祐樘卻絲毫不受影響，一路情義相挺。輿論雖然肯定朱祐樘的政績，但對於這樣的用人哲學，卻也摸不著頭緒。

> 這些都是等著領賞的人嗎？

> 嗯，有一萬多人

> 那總共殺死幾個敵人？

> 嗯⋯⋯十五個

> ⋯⋯⋯

撙節開支 皇室野放鳥獸 取消元宵燈會

■日前光祿寺卿（皇室酒醴膳饈署署長）王珩上書建議，由於內府豢養用來觀賞的鳥獸過多，食料費用支出繁重，應將部份野放以撙節開支。皇帝閱後不但馬上批准，還下詔取消明年上元節的燈火慶祝活動。同時，因為廣東下海採珍珠的所得遠低於支出，所以也一併罷除廣東採珠業務，召回督理採珠的宦官。

西南頻傳天災異變？ 原來是官員誇大造假

■西南地區不久前出現白天暗無天日的怪異現象及各種災情，當地指揮(司令)吳勇還回報發生嚴重的傳染病，疫情，請求中央免除稅金並撥款賑濟。朱祐樘認為一定是當地官吏有問題，破壞了天地之氣，便派南京刑部右侍郎(司法部次長)樊瑩前往巡視。樊瑩調查後，提出了高達一千七百多名官員的懲處名單並發現吳勇因侵吞庫銀，想借免稅及賑濟款補足虧空，便藉天變異常的機會刻意誇大其事。但沒想到中央會派人遠赴邊陲調查，錢沒拿到，人已經被關入獄中。

有十個人感冒，還有五個拉肚子

嗯

有一千人被依波拉病毒感染五百二十人食物中毒，三百人...

哇！這麼嚴重喔

官員趁著天象異變的時候謊報災情以騙取免稅及賑災經費

弘治中興！
三閣臣輔政 滿意度新高

■近年來朱祐樘因在位日久，對政事已越發明練，與大臣面議朝政的次數也越來越多。劉健、李東陽、謝遷等三位閣臣知無不言，也逐漸得到皇帝信任。現在朱祐樘對他們奏請的事，大都會採納施行，甚至只要劉健等人進見時，便會摒退左右，與他們充份討論。得到皇帝支持的內閣，也得以大刀闊斧進行改革。目前國內的政治氣氛，已達到一個清明的境界，民眾的施政滿意度也創下新高。

老闆提案被夥計否決 閣臣駁回皇帝建宮修道之命

■朱祐樘即位之初，曾經霸氣的廢黜成化朝一大票國師、法師、真人，令朝野一致拍手叫好。但漸漸也開始信奉僧道，越來越關注齋醮鍊丹等神佛修道之事。日前朱祐樘不知道又聽哪個道士仙人的建議，打算在朝陽門外建一座延壽宮，並封杜永祺等五名道士為真人。只不過這個想法遭到內閣大學士劉健等人強力諫阻，而朱祐樘既說不出什麼好的理由反駁，也不好硬是堅持己見，最後便因此作罷。

宦官慫恿 皇帝放話御駕親征
群臣力阻 土木堡之變幸未重演

■蒙古韃靼諸部不久前又侵入大同（山西境內）殺人掠物，明軍都指揮鄭琥發現後立即率軍抵禦，在敵我人馬懸殊的情況下依舊來回衝殺。最後隻手難以撐天，拚戰到力盡仍手刃數人，最後戰死殺場，屍體還慘遭肢解。消息傳回北京，朱祐樘氣憤的諭令內閣諸臣，即日就調發一萬名京師軍團前往征討。但劉健、李東陽等人認為京軍不可輕調，如果敵軍聲東擊西的話，將使京師陷於險境。雖然此議因而作罷，但宦官苗逵卻不斷在皇帝旁邊慫恿他御駕親征。三天後，朱祐樘又召來兵部尚書劉大夏等人，問他說苗逵之前是不是曾經英勇的直搗敵穴。劉大夏語帶不屑的回答說：「是有這樣的事沒錯，但事實上他所俘擄的，只是十幾個無辜的婦女幼童而已，根本稱不上英勇。而且當時若不是仰仗朝廷威德，苗逵還不知道能不能全師而退呢？」朱祐樘又說：「那當年太宗（明成祖朱棣）屢屢出塞親征，為何我現在就不能呢？」劉大夏又回答說：「陛下的神武當然不後於太宗，但重點是現在的將士兵馬卻已經遠遠不及當年的英勇。永樂年間（1409年），淇國公丘福率領大軍北伐蒙古，只是稍稍大意，便使得數十萬人馬受困於大漠，最後還導致全軍覆沒，所以怎麼能把出征一事看得如此簡單？」當時一同被召見的都御史戴珊，也表示完全贊同劉大夏的看法，這才使朱祐樘恍然大悟，直說：「如果沒有你們，朕就幾乎誤了大事了。」於是趕緊打消御駕親征的念頭。

去跟他單挑

收藏妖書人云亦云 朝廷加強查緝散布者

■吏部尚書馬文升表示，每年秋後會審的重刑犯中，有很多都是因為收藏妖書遭到重判。但事實上，會去相信或流傳這些無稽妖言的，大部份都是沒讀過多少書的愚民，他們人云亦云，根本沒有分辨事實的能力。與其處死這些人，不如從源頭防範於未然。所以他建議都察院（中央監察院）讓各地巡按官員公告諭眾，給予半年的緩衝期，讓還有收藏讖緯妖書的人，自動到官府繳燬妖書而免於受罰，只逮捕那些以妖術、妖言惑眾的罪魁禍首。此議在都察院支持後，皇帝也隨即批准施行。

黑函滿天飛……
誣陷之詞直攻劉大夏 報復只因宦官失兵權

■朱祐樘因工部尚書（國家工程部長）曾鑒建言，罷除了三分之一在各地掌管織造的宦官。接著又依兵部尚書劉大夏的建議，召回南京、蘇州（江蘇境內）、杭州（浙江境內）等地的所有宦官，改由各地鎮守軍官、巡撫負責其業務。不久前，劉大夏又趁著討論軍務的機會，向皇帝直言各地鎮守宦官所帶來的危害。雖然朱祐樘表示派出鎮守太監為祖制不便更改，只能以後盡量選廉潔的宦官充任，但卻也同意將部份京營部隊重新編整，然後重設東西兩衛以保護京師的建議。結果許多原本監鎮京營的宦官，對於自己失去兵權之事心生怨恨，便在宮門貼上許多誣陷劉大夏的黑函。還好朱祐樘不但沒有誤會劉大夏，還反過來安慰他，表示宮門不是外人能出入之地，可見黑函一定是那些宦官搞的報復手段，不用在意。

張氏兄弟恃寵而驕 李東陽痛陳險受害

■朱祐樘的專情天下皆知，他不但深愛皇后，連張鶴齡、張延齡（張皇后之弟）也因這層關係獲得特別恩寵。在皇帝的坦護放縱下，張氏兄弟日漸驕橫，所作所為多有不法。三月間，戶部主事李夢陽上書痛陳時弊，專斥張鶴齡招納無賴、罔利賊民，惡勢力有如添翼猛虎，造成社會的動蕩不安。張鶴齡知道後，立刻上書為自己辯解，加上金夫人（張皇后之母）也跑去向朱祐樘哭訴，說他兒子受到不實指控，逼得皇帝只好把李夢陽投入詔獄。幸得內閣大學士謝遷神救援，說李夢陽只是赤心報國，沒有別的意思，最後以罰三個月俸祿換回自由身。雖然金夫人還是對這個企圖傷害他寶貝兒子的不識相官員恨之入骨，不停去找皇帝女婿申訴，甚至透過左右近侍想要說服皇帝杖打李夢陽，以便伺機把他給活活杖死，不過朱祐樘眼睛還算雪亮，所以一直沒有答應。後來在一次張氏兄弟陪侍的宴會中，朱祐樘趁著皇后與金夫人往別處更衣時，把張鶴齡單獨召去說話。雖然沒有人聽到皇帝究竟說了什麼，但卻有多人目睹張鶴齡在聽完後，神色慌張的脫去帽子，不停的跪地叩頭。據聞，此一事件之後，張鶴齡的行為也確實收斂了不少。

號外 弘治皇帝駕崩 十五歲太子朱厚照繼承皇位

■ 不久前，朱祐樘忽感身體不適，過沒幾天便病情加重到連太醫也束手無策。知道自己已經時日無多的朱祐樘，下令召見閣臣（皇帝高級祕書官）劉健、李東陽、謝遷等人，要他們好好的輔佐太子。第二天，也就是五月七日，召太子入見，在告諭他要效法祖宗、任用賢德之後，朱祐樘便於午時去世，得年僅三十六歲。之後，今年才十五歲的太子朱厚照（明武宗）依遺詔即皇帝位，並定明年為正德元年，頒詔大赦天下，同時免除弘治十六年（1503年）以前各地所拖欠的租稅。政治評論家表示，朱祐樘可說是大明王朝難得的幾個好皇帝之一，他的施政口碑比仁宣時期（明仁宗朱高熾、明宣宗朱瞻基）的評價還要高。除了在後半段稍有懈怠之外，他革除前朝弊政、清除奸佞、任用賢臣，並且勤於朝政的個人特色，確實讓陷於黑暗已一段時日的大明帝國有了新的契機。

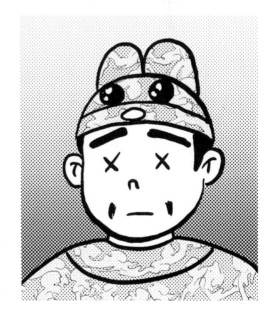

把握國喪良機
韃靼搶攻宣府

■韃靼小王子得知朱祐樘駕崩的消息後不禁大喜，認為這是上天所賜的大好良機，便盡起蒙古勇士，舉大軍連營達二十餘里，準備入犯宣府（河北境內）。雖然明軍總兵張俊馬上分遣諸將各領三千人扼守要害之處，但敵軍仍由邊城的新開口處推毀邊牆而入。各路兵馬奮力抵禦，最終仍不敵蒙古鐵騎的蹂躪而大敗，戰死者不計其數，殘部僅能勉強逃入萬全右衛的城中堅守待援。朝廷在收到戰事不利的訊息之後，已緊急命保國公朱暉為征虜將軍，左都御史史琳提督軍務，太監苗逵為監軍（政治監督官），火速率兵前往宣府增援。

明軍擊退韃靼
軍功封賞浮濫

■征虜將軍總兵官朱暉率領大軍開抵前線之後，並沒有採取行動，而是將部隊分駐大同（山西境內）、宣府（河北境內）兩地觀望。只有參將（中階軍官）陳雄南帶著部隊前往截擊，陣殺了八十餘個正在大同劫掠的蒙古兵，同時救回二千七百多名俘虜，逼使敵軍倉皇退走。不過之後朱暉向朝廷報捷時，又大手筆列出二萬多名有功將士，再次引起相關單位注意。官員前往查核後，發現所報多有不實，但因監軍宦官苗逵極力護航，堅持名單無誤，而新皇帝朱厚照寵信的太監劉瑾也在一旁附和，所以最後還是全部按朱暉所奏加以封賞。

劉瑾誘帝成日嬉戲 繼位兩月百政俱廢

■宦官劉瑾在朱厚照當太子時便隨侍在身邊，清楚當今皇帝年少貪玩的個性，便與太監馬永成、谷大用、張永等人，每天提供許多新奇有趣的點子供主子嬉戲，使朱厚照接位才一兩個月便開始怠於政事，連孝宗遺詔中所叮囑要舉辦或革除的各種事情，也全都置之不理，幾乎已經到百政俱廢的程度。皇帝周圍的宦官也日益恣肆，每當聖駕外出時，總是一群人像街頭混混般操刀披甲、前呼後擁的跟在後面，整個場面看起來就像是神明遶境。內閣大學士劉健等人看不下去，便上書勸諫朱厚照應當勤於政事，開始安排該有的課程請大臣陪讀侍講，同時也陳明寵信佞宦所可能帶來的危害。不過，正值貪玩年齡，只喜歡尋求刺激的小皇帝，對於這些奏章根本就毫無興趣，也完全不

當一回事，只是批示說知道了，便再也沒有任何回應。

楊一清總制邊務 修邊牆阻敵進犯

■由於蒙古屢次從花馬池（寧夏、陝西交界）到高橋間邊防薄弱的地方入侵，而且情況一次比一次嚴重，所以在兵部尚書劉大夏推薦下，朝廷任命巡撫陝西（陝西省級總督導官）左副都御史楊一清總制陝西、延綏、寧夏、甘肅等地邊疆軍務。

楊一清在受訪時表示，每次韃靼入寇兵馬都有數萬人之多，而且來去迅速難以捉摸，使得我軍只能處於被動。如果敵寇還沒來就先徵兵，只會擾民費錢，但如果等到來了才徵兵應戰則又為時已晚。所以便提出修築城牆、增加墩台守軍、設置衛所，以及增設兵力並先占據有利地勢的戰略計畫。在得到朝廷批准與數十萬兩經費之後，楊一清已經開始進行修築邊牆的工程。軍事專家表示，等到此一邊防工程竣工，將可有效遏阻韃靼頻繁的犯邊行動，大幅降低邊境居民生命財產的損失。

劣幣驅逐良幣!! 八虎得勢 忠臣離職

■劉瑾藉著每天進獻鷹犬、歌舞美妓、摔跤等遊戲，以及時常慫恿朱厚照改裝出遊而贏得信任。皇帝玩得開心，便把劉瑾調為內官監（宮人管理署）太監（署長），並提督十二團營。劉瑾得勢後，與馬永成、谷大用、魏彬、張永、邱聚、高鳳、羅祥等人進而逐漸把持朝中大權，專門欺主專權、矯旨亂政，因而被稱為「八虎」，諷刺其欺主專權、矯旨亂政的行為。由於諸位大臣針對種種亂象所提出的建言一直沒有獲得回應，使得像吏部尚書馬文升等心懷赤忱的大臣，都紛紛因心灰意冷而自行請辭，而皇帝也沒有慰留，就直接批准了辭呈。更令朝野譁然的是，在馬文升去職後，竟然是改由毫無學識，成天就只會破口漫罵，而且早就被視為閹黨的焦芳接任其職。不久之後，兵部尚書劉大夏見勢無可為，也跟著辭職獲准。在劣幣驅逐良幣的效應下，官場小人紛紛現形，並開始盤據朝廷要職。

豈能吞回?? 內閣諫阻鹽引 皇帝堅持照發
反對有理!! 閣臣立場一致 朱厚照終被說服

宦官崔杲等受命到南京督理織造，臨行前向朱厚照上奏，乞賞往年剩下的一萬兩千張鹽引（官鹽販賣許可憑證）。朱厚照覺得反正那些都是剩下的舊鹽引，根本也沒什麼大不了的，就直接答應了他的乞賞，沒想到言官們竟紛紛上言勸阻。話已出口的朱厚照不想丟了面子，便假裝什麼也沒聽見。但隨後內閣大學士劉健等人也為此上奏，並與皇帝當面發生激烈爭論，就算皇帝頗有微詞也絲毫不肯退讓。弄到最後，血氣方剛的朱厚照直接變臉，嗆說：「天下事難道都宦官搞壞的嗎，朝臣壞事的也不少啊！」然後便斥退閣臣，執意把鹽引賞給崔杲。劉健等人被斥退後，仍然再次上奏表達反對立場。原本要蠻幹的皇帝冷靜下來後，大概對自己先前的失言感到懊悔，便不再堅持己見。這樣出人意料之外的結局，使朝廷內外大為振奮，認為小皇帝還有改過的希望，也將除去八虎的希望都放在劉健等人身上。

新聞專題 倒瑾行動
群臣聯手出擊 劉瑾命在旦夕
大學士挑戰宦官 朱厚照緊急協調

■身為顧命大臣的內閣大學士劉健、謝遷等人，因見到八虎危害朝綱，便決定聯合九卿，發起「倒瑾行動」。十月時，內閣首先發難，連疏奏請誅殺劉瑾，戶部尚書韓文也率諸大臣跟進，連司禮監（宮廷禮儀署，為內廷之首）太監王岳等人也因厭惡劉瑾專權而加入行動。八虎雖然平時作威作福、不可一世，但沒料到對手攻勢如排山倒海而來，根本沒有機會反擊。縱使朱厚照再如何寵愛劉瑾，面對群臣的大聯合，也只能迫於無奈的派人去內閣協調，商議是否只要把劉瑾遣至南京，而不要趕盡殺絕。反劉陣營中的兵部尚書許進也認為只要達到驅逐劉瑾的目的就好，行動應適可而止，免得逼狗跳牆。不過劉健等強硬派卻堅持一定要斬草除根，堅持必須處死劉瑾。看來，如果沒有意外的話，劉瑾可能沒有幾天的太陽可見了。

劉瑾的逆襲

八虎反噬劉瑾掌司禮太監 情勢大變劉健謝遷皆下台

■劉瑾得知群臣發動「倒瑾」之後，連夜和馬永成等八人圍在朱厚照身旁痛哭，以外廷想要藉此挾制天子的說法來挑撥，還說：「王岳勾結閣臣為的就是不讓皇上出去，所以才想先把我除掉，如果司禮監用對人的話，那班外臣哪敢這樣欺負皇上？」涉世未深的朱厚照，猜忌外廷的心理完全被劉瑾說中，勃然大怒，立刻任命劉瑾為司禮監總管太監，而讓馬永成、谷大用分掌東、西廠。然後連夜逮捕贊同誅八虎的太監王岳、范亨、徐智等人，發往南京淨軍。對於誅殺八虎胸有成竹的內閣大學士劉健等人，原本打算第二天就可以完全推倒這股惡勢力，但上朝才發現情勢大變，知道事不可為，只好上疏求去，而劉瑾也利用這機會矯詔勒令劉健、謝遷去職，內閣只留下最後關頭態度較為緩和的李東陽。劉健、謝遷離職後，雖然經由廷議推舉吏部左侍郎王鏊入閣，但在劉瑾的操作下，他的心腹吏部尚書焦芳也跟著進內閣參預機務。新內閣成形後，李東陽雖為首輔（首席皇帝高級秘書官），但所有政務都由焦芳附會劉瑾的意思，才做成決定。

除異己 劉瑾矯旨黜退群臣

■劉健、謝遷的致仕引起群臣譁然，心中還存著熱血的有志之士也紛紛因捲入此事而遭到重懲。先是給事中戴銑、御史薄彥徽、蔣欽等人，與南京科道官員共同上書建請慰留劉健、謝遷，並直言閣官不可用，因而惹惱劉瑾假傳聖旨將所有人逮入獄中嚴刑拷訊，一向被劉瑾視為眼中釘的戶部尚書韓文也被免職。兵部主事王守仁上書論救戴銑等人，結果慘遭廷杖四十，在打得皮開肉綻之後還被貶到貴州龍場驛去當驛丞（驛站站長）。不久後，工部尚書楊守隨、左都御史張敷也因為上疏批判此事，而在除夕前忽然收到勒令退休的命令。劉瑾在鏟除這些異己之後，朝中正義之聲已經消弭，剩下的將只有閹黨橫行的邪惡聲響。

劉瑾杖打21名科道 戴銑不堪重刑猝死

■之前因上書奏請慰留劉健、謝遷而被捕下獄的給事中艾洪、南京給事中戴銑、御史薄彥徽、蔣欽等二十一名科道官員，日前被劉瑾矯旨廷杖，打完之後還全部貶為庶民。其中戴銑因為傷勢嚴重，沒多久就不治死亡。之前也曾上疏論救的江西御史王良臣，同樣被廷杖三十後罷黜為民，山東御史王時中則是被罰戴重枷，在都察院門口銬了一個月，直到後來都御史為他說情，劉瑾才把他放了，改發配到鐵嶺（遼寧境內）守邊。一般認為，劉瑾針對專職糾舉監察的科道官員下此重手，為的就是要在朝中迅速立威，讓朝臣清楚的知道誰才是握有生殺大權的人，使得以後再也沒有人敢站出來違逆他。

高層人事大搬風 皇帝展現振作決心？
有事屬下服其勞 劉瑾矯旨掌大權？

■自從高層人事大搬風之後，皇帝的行事風格便與之前完全不同，原本貪玩不理政事的朱厚照，近來每天都有聖旨交辦各種事項。但據傳這些旨意並非皇帝口諭，而是劉瑾矯旨亂政。在成功拉下劉健、謝遷、韓文等人後，劉瑾便每天想出新奇的雜藝遊戲供皇帝嬉戲玩弄，再趁朱厚照玩得開心時，拿來各部門的章奏請他裁決。正在打怪的小皇帝被搞得不耐煩，就說：「我用你們是幹什麼的？怎麼所有的事都來煩我！」終於等到這句話的劉瑾，從此以後便不再複奏，不論大小事，全都由自己任意決斷，然後以皇帝的名義傳旨施行。

楊廷和侍講諷劉瑾 明升暗降改職南京

■不久前，翰林院（職掌修史編書、文詞翰墨、皇室侍講的核心官員儲備所）學士楊廷和、劉忠輪值為皇帝上課，講完課卻話鋒一轉，開始勸諫朱厚照應遠離像劉瑾此等奸佞。最討厭人家在他面前講大道理的朱厚照，下課後就跟劉瑾發起牢騷，說：「不是經筵講書嗎？怎麼又說起那些有的沒的？」劉瑾因為沒什麼好的藉口可以修理他們，就建議說：「這麼優秀的人才，應該要升遷到南京做為獎勵。」根據朝廷組織規定，南京六部編制較小，尚書的副手不像京師有左、右兩位，而是只設右侍郎一員。此而時南京各部右侍郎都已經有人，為了硬把人塞進去，所以還為此特別增設職位，命楊廷和為南京吏部左侍郎，劉忠為南京禮部左侍郎。這項職務調動看似升遷，但就算是瞎了眼的人也都看得出來，這其實是劉瑾排擠異己，使之遠離皇帝的卑劣手段。

群臣齊跪金水橋 權璫示威宣奸黨

■太監劉瑾日前集群臣跪在金水橋南，說有重大事情宣布。在群臣跪了許久之後，他才拿了份名單悠悠哉哉的走出來，說這份名單上的全部是奸黨，罵完之後又讓朝官跪著繼續聽他訓話，企圖讓所有人都折服於他之下。不僅如此，他還特別規定六科給事中，寅時（凌晨三到五點）進辦公室，一直到酉時（下午五到七點）才能下班回家，為的也是要壓制言官的銳氣，鞏固自己的地位。

全都給我跪好

奸黨名單

已退休大學士：劉健、謝遷。

尚書：韓文、楊守隨、張敷華、林瀚。　　　**郎中：**李夢陽。

主事：王守仁、王綸、孫磐、黃昭。　　　**翰林檢討：**劉瑞。

給事中：湯禮敬、陳霆、徐昂、陶諧、劉郤、艾洪、呂翀、任惠、李光翰、戴銑、徐蕃、牧相、徐暹、張良弼、葛嵩、趙士賢。

御史：陳琳、貢安甫、史良佐、曹閔、王弘、任諾、李熙、王蕃、葛浩、陸昆、張鳴鳳、蕭乾元、姚學禮、黃昭道、蔣欽、薄彥徽、潘鏜、王良臣、趙佑、何天衢、徐珏、楊璋、熊卓、朱廷聲、劉玉。

以上共五十三人

有GUTS!! 蔣欽三度上疏劾瑾 連三廷杖傷重身亡

■大學士劉健、謝遷被逐的時候，與同僚薄彥徽等人一同上書直諫的南京御史蔣欽，被劉瑾矯旨廷杖並貶為平民。不久，蔣欽又單獨上疏，再次痛批劉瑾，直指他矯旨亂政、賣官索賄、禍國殃民。奏疏送進宮中之後，蔣欽又再次被廷杖三十，然後關押在錦衣衛獄中。但接連受杖及入骨的痛楚並沒有嚇退蔣欽，在牢裡蹲了三天，等到已經被打爛的屁股稍微可以移動的時候，又第三度提筆狂書，表示與劉賊勢不兩立，並請皇帝於午門誅殺劉瑾示眾，或是成全他不願再與劉瑾苟且同生的意願。此疏一上，再次被劉瑾從中攔截，並矯旨再廷杖

三十。可惜的是這次蔣欽沒能挺過去，在被打完的第三天，這個不怕死的硬漢便因傷勢過重而死在大牢之中。

劉瑾權傾中外 諸臣不敢仰視

■為了完全控制內閣，劉瑾在安排心腹吏部尚書焦芳入閣之後，又假傳聖旨將劉宇、曹元等閹黨也弄入內閣，孤立名義上還是首輔的李東陽。此外，行政部門之中也多是其黨羽，光是六部正副堂官算一算，竟然就有二十幾個人黨附劉瑾。不只如此，劉瑾還矯旨讓全國的鎮守太監得以干預刑名政事，等同將地方的司法審判及民政事務權柄也牢牢抓在手中。經過這番佈置，劉瑾現在已是權傾內外，連那些公候勳戚中也沒有人敢接受

跟他一樣的禮儀跪拜，諸司及科道以下的官員，也都爭相對他磕頭搖尾，排隊前往他家進謁送禮。日前，都察院只是在審判書上不小心筆誤寫錯劉瑾的名字，結果他勃然大怒，當場便嚴加斥責。靠劉瑾才得以升為左都御史的屠滽，緊張的帶著十三道御史一同跪在階下謝罪，就這樣聽著劉瑾在階上破口大罵，御史們則是嚇得以頭觸地，根本不敢抬頭仰視，完全喪失身為國家監察官員應有的風骨及態度。

朝政危機 劉公公不識字 私宅批章奏 立著當皇帝

■太監劉瑾完全掌握朝中大權之後，一開始還照規矩將奏章送到內閣擬旨，閣臣也都會先向劉瑾請示如何辦理，然後才會下筆。但是到後來，劉瑾乾脆就在自己家裡處理政務，各部門官員變成要到他家大門外拿號碼牌排隊等候，甚至科道官及各部中階官員以下都要長跪等候指示。不過由於劉瑾不識字，所以這些章奏都是他與妹婿孫聰及一個叫張文冕的無賴市儈討論後，用程度極低的文句寫下，再交由大學士焦芳修潤而成。到

最後，變成所有內外奏章，都要先寫好「紅本」給劉瑾看過裁示，然後再照著抄一份「白本」到通政司做為形式。諸大臣在上書給劉瑾時，都要自稱為「門下小廝某某」，稱劉瑾為「恩主老公公」。連大小官員在奉命外出或還京，在依例朝見皇帝之後，都還要再去面見劉瑾，恭恭敬敬的聽他訓示。所以現在全國上下都在流傳，說「京城有兩個皇帝，一個坐皇帝，一個立皇帝；一個朱皇帝，一個劉皇帝。」

站久腳也是會痠的啊，真想坐坐..

坐久腰好痠喔，真想站起來走走...

劉瑾完全掌握了朝中大權，因此有「立皇帝」的稱號

行賄太監劉瑾 寧王順利取回護衛重兵

■已故寧王朱奠培（第二代寧王）因為獲罪而被革除王府護衛，並將原護衛軍撥為南昌左衛（江西境內）。日前，寧王朱宸濠（第四代寧王）又以重金賄賂劉瑾，請求將南昌左衛恢復為寧王

府的護衛。雖然兵部商議後表示反對，但在劉瑾主導之下，朱厚照還是同意這項請求。但根據可靠消息，寧王之所以想要取回護衛重兵，是因為有江湖術士說他城池東南方有天子之氣，這句話

讓朱宸濠心中有了陶陶然的感覺，原本了無新意的貴族生活也因此有了新的夢想及目標，之後便時常窺探朝廷的動靜，如今他又透過劉瑾取得武裝部隊，只怕日後必將另有所圖。

楊一清無端獲罪 修邊牆工事停擺

■在大部份官員都因恐懼而倒向劉瑾的時候，那些堅持不肯妥協的政壇清流，反而成為閹黨極力迫害排擠的對象。受命總制邊務的楊一清，便是因為不肯低頭投靠劉瑾，而被彈劾破冒邊費之罪，並投入錦衣衛獄拷訊。幸好內閣中還有李東陽、王鏊等較為正派的大臣上章論救，最後他才得以獲釋出獄。只是這麼一搞，之前楊一清主持修築邊牆的重大軍事工程，便因此無限期停工，形成國防上的一大漏洞。

叫賣哥現身皇城!!
仿設市集學人買賣　興建豹房日夜淫樂

■當朝天子朱厚照貪遊嬉樂的行徑日益誇張，而且花樣越來越多。據悉朱厚照為了嘗鮮好玩，在皇城中仿設一個市集。然後穿著商人的衣服，與前來購物的買家喧譁殺價，遇到相持不下時，還會請一個人假裝是市場管理員前來調解。角色扮演遊戲玩累了，就和一夥人到宦官們所開設的酒店飲酒，並叫來一大票傳播妹陪酒作樂，喝到爛醉就直接倒頭大睡。之後，又在西華門另行興建享樂專用的建築，並於兩廂設置勾連櫛列的密室，命名為「豹房」。皇帝已經是終日待在豹房之中尋歡作樂，根本不回大內臨朝問政，還把這裡稱做他的「新宅」。豹房吸引人的地方，不是因為建築精美奢華，而是最近獲寵的錦衣衛百戶（中階軍官）錢寧，投皇帝之所好，進獻許多樂工美女在此陪侍。據聞，豹房中性關係極為淫穢複雜，不只多P、同性、雙性、春藥，甚至連孌童等變態行為，在這裡都已經習以為常。同時此處的珍玩奇物、犬馬虎豹，也都讓正值貪玩年紀的朱厚照極度沉迷。

正德皇帝竟然裝扮成叫賣商人

一件150，兩件100！買得越多就賺越多，不買損失你的扣扣

我才是叫賣哥

豹房

　　「豹房」顧名思義就是豢養虎豹等猛獸以供玩樂的地方，但其實這並非朱厚照首創。早在元朝時期，貴族們便有這種風氣，也另有稱為虎房、象房、鷹房等的地方。朱厚照此時所興建的豹房，位置就在皇城西苑太液池西南岸，也就是臨近西華門的地方。這座豹房占地十頃，光是硬體開支每年就要花掉七百金。除了那些供皇帝玩樂的各式房間之外，還有一處養了隻花豹，而專責照顧這隻豹的勇士編制，竟然高達二百四十人，每年光是這些人的薪俸就高達二千八百餘石。這些衛士都腰懸豹牌以作識別，豹牌正面為豹的浮雕像，並橫刻「豹字某某號」的編號，背面則鑄有「隨駕養豹官軍勇士，懸帶此牌，無牌者依律論罪，借者及借與者罪同」的字樣。

> 皇上，馴豹時間到了…

> 呵呵…．我今天馴這兩隻母豹

星變上書忤逆劉瑾 楊源受杖命喪黃泉

　　■十月十三日，因熒惑（火星）犯太微垣星、上將星，欽天監監正（國家天文台台長）楊源便藉此上書，奏請皇帝收攬政權以防不測。明眼人一看就知道這分明是專門針對劉瑾而說。不過，這倒也不是楊源第一次不要命的硬著幹，之前他就曾因星象變異而上書，並暗指有小人專擅，因而惹惱劉瑾被廷杖三十。這次，果然又讓劉瑾氣得召他前來斥責，痛罵：「你算什麼芝麻小官，也想學人家做忠臣？」楊源則是毫不畏懼的厲聲回嗆說：「官有大小不同，忠誠卻沒有分別。」結果這次楊源又被矯旨廷杖六十，並貶戍肅州（甘肅境內）。但令人感到惋惜的是，當他拖著殘破的身軀要前往肅州，才走到半路，便因杖傷過重而去世。陪他一同遠謫的妻子，因為沒錢可幫他處理後事，也只好砍了一些蘆葦，然後在驛站後面就地草草掩埋。輿論對楊源能以小官之軀勇於對抗權貴，都一致給予高度之評價，沒有白白忘記他所做的犧牲。

考核名單被加附批 忤瑾官員又遭罷黜

■日前吏部會同都察院對京師（北京）內外官吏進行例行性的考察，原本在考核完成後，吏部奏請罷黜或降調了五十多名不稱職的官員，但等到奏書批覆出來之後，才發現上面被加了附批，直接指示翰林官員吳儼因生活奢淫，令其致仕退休；已稱病的御史楊南金無病欺詐，令削職為民。但經過深入調查之後發現，這兩人被罷黜的原因根本與本次考核無關。而是因為吳儼家境富裕，劉瑾派人向他勒索鉅款並答應幫他安排很好的官位，但被吳儼嚴詞拒絕，因而惹惱了劉瑾。楊南金則是一向清廉耿直，不願奉承卑劣無恥的都御史劉宇，於是劉宇藉機鞭笞並加以侮辱。楊南金不甘受辱請病退休，劉宇便在劉瑾面前大進讒言，最後借考察的機會，將這兩人一併罷免。消息一出，朝廷內外都感到十分駭懼詫異，深怕自己就是下一個丟掉飯碗的人。

關說風暴 焦芳之子名列二甲 程度拙劣慘被打臉

■內閣大學士焦芳的兒子焦黃中，在日前放榜的殿試中排名二甲第一。但焦芳為此十分不滿，認為兒子是個天才，應該要名列第一甲才對，一定是李東陽、王鏊兩人心生嫉妒，從中加以破壞，便一狀告到了劉瑾那裡。劉瑾直接從宮中做出批示，授與焦黃中翰林院檢討（負責文書校注的從七品官）之職，等同給予通常只有一甲進士才能擔任的位置。但事實上，李東陽和王鏊是為了賣焦芳面子，所以才特地把毫無才學的焦黃中排在二甲第一，誰知焦芳為了此事，時時斥罵李東陽。到最後連劉瑾都聽不下去，跟焦芳說：「昨天焦黃中在我家試作了一首石榴詩，我看起來內容是真的狗屁不通啊，你還好意思怪李東陽？」被打臉之後，焦芳忽然面紅耳斥，慚愧的說不出話來，再也不敢誇口說他那寶貝兒子有多屬害了。

想升官看這裡

兵部籌建新式墩台 朝廷開放花錢買官

■受命提督宣府（河北境內）、大同（山西境內）等處軍務的兵部左侍郎（國防部次長）兼左都御史文貴，因為附和劉瑾之意重建軍事碉堡預計要籌措五十萬兩白銀，於是便提出讓軍民花錢購買軍銜以籌集資金的方法。另外也准許納銀升職、以銀兩代替待罪立功、讓生員（秀才）繳錢取得國子監入學資格。同時也規定僧道必須繳納一定數額的銀兩，否則便要被迫還俗。這些議案都得到皇帝批准後，果然募得需要的款項。只是這些錢還沒來得及運出京師，其中的四分之一便進了劉瑾口袋。而這些新式墩台雖然內造箭窗炮眼，但恐怕也是毫無用處。因為當敵軍出現時，官軍通常都是躲著不敢應戰。

借我的四次元百寶袋幹嘛？

我錢多到其他口袋都裝不下了

劉瑾經由各種管道，把自己的口袋給裝得滿滿的

長揖不拜惹權宦 塗禎杖死子充軍

■御史塗禎之前被派去外地巡查鹽務時，依法懲治了幾個販賣私鹽以及走私海貨的不法商人，但因這些人當中有許多是劉瑾黨羽，所以也因而得罪劉瑾。加上他回到朝廷後，見到劉瑾都只是長揖而不拜，使得劉瑾更為惱怒，便矯旨將塗禎投入詔獄。由於塗禎在江陰（江蘇境內）當知縣（縣長）時很受百姓的愛戴，於是在京師的江陰人一聽到這消息，便想要集資賄賂劉瑾來救他。但塗禎知道之後，卻不允許他們這樣做，反而表示已將個人生死置之度外，豈能因為這樣沾污了父老鄉親。最後在沒有任何賄賂的情況下，果然被判在獄中廷杖三十，並發配肅州（甘肅境內）。但由於他打完的傷勢過於嚴重，竟然就這樣死在獄中。劉瑾因為餘怒未消，最後竟然還抓塗禎的兒子頂替去肅州充軍。

價目表
- 都指揮僉事：六百兩
- 指揮使：五百兩
- 指揮同知：四百五十兩
- 指揮僉事：四百兩
- 正千戶：二百五十兩
- 副千戶：二百兩
- 百戶：一百五十兩

連環自殺案……
許天錫死因可疑 諸官員懼瑾自盡

■已經三天沒去上班的工科都給事中許天錫,日前被發現陳屍家中。有人說他是因為清查內庫,得知劉瑾侵吞庫銀,準備具狀告發,才被劉瑾派人在夜裡將他絞死。也有人說,他自知揭發劉瑾罪狀之後,必定遭禍,於是便準備好登聞鼓狀,想以此進行屍諫,並要家人在他死後奏報此事。但因為死時家人都不在身邊,只有一個家僮在側,而家僮因為過於害怕,所以便將狀子藏匿起來然後逃走。雖然此案真相至今尚未查明,但近來許多因進諫而觸怒劉瑾的官員,為了避免下詔獄廷杖的痛苦與羞辱,往往選擇自殺卻是事實。像兵科給事中(國防科政風監察官)劉鈃外派淮安(將蘇境內)結束任務要回京時,便因繳不出劉瑾索要的賄賂而向淮安知府(府級行政長官)趙俊商借一千兩銀。但後來趙俊反悔,劉鈃便因無計可施而在半途自刎,趙俊竟也因沒有借錢給人家而被定罪。禮科給事中(教育科政風監察官)郤夔,奉旨出使延綏考核邊功,劉瑾囑咐他要庇護其黨人,但郤夔既不想昧著良心瀆職也不敢得罪權宦,所以也只好自縊而死。還有許多官員,都是因為忤逆了劉瑾,最後只能走上自盡之途。

省得我動手

已有多位官員因為怕受到劉瑾迫害而自殺身亡

熱死哥了!! 百官罰跪奉天門
不堪折磨中暑亡

許多官員不堪在酷暑中罰跪而當場熱死

■正當六月酷熱之際，北京城驚傳百官在奉天門被劉瑾罰跪的誇張事件，在炎熱的石板上烤了一整天之後，精疲力盡的三百多個官員還被關押到悶熱又不通風的獄中繼續折磨。一直到第二天內閣大學士李東陽等人向劉瑾說情，可憐的官員們才終於獲得釋放。目前已知刑部主事何釴、順天府（北京市）推官（市府中階官員）周臣、禮部進士陸伸等人，已經因熱衰竭而死，其他因不堪折磨中暑病倒的也超過上百人。

人物專訪 劉瑾

問： 劉公公，您可以說說這次的事件嗎？

劉瑾： 他奶奶個熊，想到就有氣！那天皇上退朝時，半路發現有封匿名信，內容都是誣蔑我的不實指控。皇上大發雷霆，便傳旨要所有官員都去奉天門下罰跪。

問： 但聽說罰跪好像是您的意思？

劉： 我的老天鵝啊！你到現在還不懂嗎？皇上的話跟我的話有什麼不一樣？

問： 對於這些指控，官員們怎麼解釋？

劉： 我先讓各部尚書、侍郎站起來，接著那些沒骨頭的翰林資優生向我求饒，所以也放過他們。倒是御史寧杲這無恥的傢伙，為了自己開脫，還想把責任推給菜鳥進士。我有那麼好騙嗎？臭罵一頓之後，要他和那些不吭聲的都繼續跪，一直到有人承認為止。

問： 天氣這麼熱，會鬧出人命吧？

劉： 就像你這樣想，那個太監李容居然還趁我進去，拿冰西瓜讓他們站起來吃，看我要出來才讓他們趕緊再跪，當我瞎了嗎？還有那個太監黃偉，居然還對那幫

狗崽子說什麼信上寫的都是為國為民的事，要寫的人像男子漢一樣出來承認，不要連累別人。說這什麼鬼話，氣到我大腸頭都要跑出來了....

問： 那有人承認嗎？

劉： 連個屁都沒有，爺爺我不爽就革了李容的職，把黃偉丟到南京去餵蚊子。到了傍晚天氣涼了，再全都移到錦衣衛獄那個大烤箱去。不承認，就弄死你....

問： 後來是李東陽求情才把他們放了嗎？

劉： 李東陽？我才不鳥他呢...是因為我後來想一想，信出現在宮中，那八成就是哪個小宦官搞的鬼，跟這些人沒什麼關係，就當做個順水人情而已。

問： 對於這麼多人死掉，您要不要發表一下看法？

劉： 那只能怪他們平常體能太差！還是你要我下道命令，讓所有人每天下班前做滿五百下伏地挺身，跑個五千米再回家比較好？

問： 啊！這就不用了，謝謝您老接受訪問。

東西兩廠四出搜捕 新設內廠危害更烈

■端午節划龍舟是我國歷來的傳統之一，但因划龍舟划出問題的，以前可沒聽說過。不久前，正當大家吃著粽子歡慶端午的時候，南康（江西境內）就有三戶人家遭到逮捕並查抄家產。原因是他們被西廠太監谷大用派出去的校尉發現擅造龍舟去參加划船競賽。這個案件傳開後，現在偏遠地區的人們，只要見到華服快馬或操京師口音的人，便互相警告，弄得所有人寢食難安。在東西兩廠橫行無忌的同時，劉瑾竟然又設立了危害更為酷烈的「內行廠」（內廠，為宦官執掌的皇帝直屬高級情治單位）由他親自掌管，一旦被扣押進去便性命難保。除了一般臣民，連錦衣衛、東西廠也都受到內行廠的監控。內行廠辦案時，只要一家犯法，便株連鄰里，甚至有隔河而居，卻莫名其妙慘遭連坐的案例，冤死者不計其數。還聽說有內廠校尉矯旨驅逐京師所有傭工，命寡婦全部出嫁，人死後還沒下葬的也都要全部焚燒。使得京城百姓人心惶惶，敢怒不敢言，幾乎到了快要激起變亂的地步。

好貴的罰單!! 罰米輸邊新例 官員傾家蕩產

■劉瑾為了擴大他的影響力，折辱那些不肯依附他的官員，於今年八月又新創「罰米法」。像是前戶部尚書（財政部長）韓文便因陳年舊事被罰輸米千石前往大同（山西），張縉也被罰五百石輸宣府（河北境內）。不久，又假借其他事由再罰韓文。初步統計，除了像韓文這種千石級的罰米大戶之外，罰米五百石至二百石的，就有一百四十餘人之多。九月時，又找理由罰吏科都給事中（文官考核任免科監察長）任良弼等五十六人，每人三百石。到了月底，又有八百九十九人被罰米輸邊。搞得文武大臣個個深受其苦，幾無寧日。慘的是，被罰米的這些官員，往往得變賣家產或舉債借款，才湊得出這筆可觀的罰款。

收到一張超速罰單，好貴喔...

你那算什麼，他才收到一張罰米單就直接破產了

怎麼只有這幾個臭銅板？家裡連張小朋友都沒有

少囉唆...要就拿去

劉瑾原本以為抄了劉大夏的家可以獲得鉅款，結果卻令他大失所望

閣黨又翻舊帳
劉大夏無故下詔獄

■劉瑾得勢後憤而辭職的前兵部尚書劉大夏，因為正直無私的行事風格，在任時曾得罪了不少人。雖然離開政壇已有一段時間，但內閣大學士劉宇和焦芳與他宿怨難解，便去聳惥劉瑾，宣稱劉大夏家境富裕，抄家的話應該有利可圖。劉瑾本來就對劉大夏懷恨在心，馬上交辦下去，利用陳年舊案把劉大夏下到詔獄。原本劉瑾想以激變罪判他死刑，但都御史屠滽並不同意，劉瑾便把他抄家然後發配邊疆充軍。但沒想到劉大夏一貧如洗，撈不到油水的劉瑾為了洩憤，又將充軍地點改到更偏僻的肅州（甘肅境內）。

人物速寫

劉大夏 七旬老翁 遠戍邊陲

今年已經七十三歲高齡的劉大夏，在一個僕人的陪同下，徒步前往千里外的肅州報到。所經之處，圍觀者無不嘆息流淚，民眾也自發性的攜筐送食，甚至為他罷市、燒香祝禱祈求他可以生還。到了戍所後，各部門因為怕得罪劉瑾，所以都沒有人前往慰問，只有一些學生們私底下為他送來食物。據聞，操練的時候，劉大夏也跟其他人一樣扛著武器排在隊伍中。就算部隊主管深覺不妥，但他還是堅持這是軍人應盡的本分。更過分的是，人都已經被發配邊遠之境充軍了，劉瑾竟然還在找他麻煩，又以其他藉口，前後兩次罰他輸米到邊塞之地。

豬哥精轉世!?
好色吏部尚書張彩 濫用職權奪人妻妾

■朝廷日前發布一項人事命令，由近來快速竄升的張彩接任吏部尚書一職。據了解，張彩透過各種迎奉拍馬的方法博得劉瑾的歡心，所以兩人之間關係匪淺。每當朝廷諸位公卿前往劉瑾家中求見時，往往從早晨一直等到黃昏也不得一見。唯有張彩總是姍姍來遲，然後直接進入劉瑾小屋中與其歡飲，之後才出來與眾人相見。由於他說的話，劉瑾大多會採納，因此眾人開始畏懼張彩，朝廷內外向他賄賂獻禮的人也絡繹不絕。據調查，張彩生性好色，見到美女便會想方設法據為己有。之前撫州（江西境內）知府劉介取得一位美人為妾，張彩聽說後，便特意提拔他為太常寺少卿（國家祭祀署副署長），然後盛裝前往祝賀，並直接了當的說：「你要怎麼報答我呢？」劉介惶恐道謝，只能說：「我一身之外都屬您所有。」於是張彩便直接令人進入內宅，把劉介的美妾拉上車帶回家。之後，又聽說平陽（山西境內）知府張恕的妾是個絕世美女，在索取不成後，張彩竟命人羅織罪名，準備把他發配邊疆。最後張恕為求自保只好乖乖獻出他的美妾，才得以減罪脫身。

> 禮金你留下，新娘我就帶走了....走吧！小美人

地方官入覲重金行賄 舉京債挖百姓回填

■地方官員依規定要定時入京朝覲聖駕，隨後也必須識相的前往拜謁劉瑾，以求得仕途平順。只不過前往劉府，當然不能空手而去，也不是在半路隨便買個伴手禮可以解決的，拿出來賄賂的金銀珠寶要是不夠看的話，那出了門可能就不是回到任上，而是得直接去獄中報到。當然有些官員本身就很會透過各種管道累積財富，拿出重金來行賄當然不是什麼大問題。但那些口袋不夠深的官員，便只好先向京師的富豪之家借貸，等到回去復任之後，再取官庫的錢來償還這筆「京債」。而虧空的官庫銀兩，當然只能變本加厲的用各種名目從百姓身上搜括回填。

安化王起兵反劉瑾 朱寘鐇聲勢撼關中

■安化王朱寘鐇日前無預警聯合寧夏都指揮使周昂發動叛變，並派部隊襲殺總兵官姜漢、鎮守太監李增、巡撫安惟學、大理寺少卿周東，以及一批執掌兵權的將領。叛軍焚燒官府、釋放囚徒，拿下城鎮的控制權，並大肆勒索當地王族富戶。又以討伐劉瑾為名，發出檄文招聚天下兵馬，引發關中地區（陝西境內）一陣恐慌。一般認為，朱寘鐇能在短時間內獲得基層士兵的支持，最主要是因為大張討伐劉瑾惡行的旗幟。像是管理屯田（軍隊就地屯駐耕種）事宜的周東，就是稟持著劉瑾的意思，硬將五十畝地說成是一頃（一頃應為一百畝），然後用多徵收的錢，加上在部隊中以權勢聚斂的財富，做為給劉瑾的賄賂。巡撫安惟學則是屢次侮辱並調戲部下妻子，讓部將及士兵們十分憤怒。朱寘鐇就是利用這樣的條件，用言語大肆刺激武將，最終讓部隊願意跟他一同起事叛變。倒是朱厚照得知這個消息後，竟一反之前貪玩嬉鬧的個性，一面頒詔安定天下，一面再度起用右都御史（楊一清，命太監張永監軍，從容調度各省兵勇數十萬前往平亂。有評論家指出，朱厚照在遇到此等軍國大事時的表現，頗有當年太宗（明成祖）靖難時的氣勢。

看我的無敵死光！

安化王朱寘鐇起兵叛變，聲勢浩大，關中一帶為之震動

仇鉞臥底擒王　安化之亂告終

■安化王朱寘鐇起兵叛變之後，陝西總兵官曹雄當機立斷，急派官軍在黃河東岸駐守，以防止變亂向東擴張。接著又焚燒大壩、小壩所囤積的柴草，以免被叛軍所用。於此同時，朱寘鐇在寧夏遊擊將軍仇鉞的建議下，將城中主力調往黃河沿岸加強防守。但其實仇鉞只是假意歸順，他在和官軍取得聯繫之後，便故意讓叛軍主力調出，然後趁著城內防務空虛時，想辦法從後方直接突破。仇鉞先假裝生病在家，然後在叛軍主將周昂前來探病時將他刺死，接著便輕而易舉的率領自己的直屬部隊擒獲朱寘鐇。當叛軍得知朱寘鐇被抓後，根本不用打就直接潰散，而河東的官軍也得以直接渡河入城，平息了這場為期只有十八天的叛亂事件。正帶著大軍浩浩蕩蕩要前來平亂的楊一清，為了迅速安定人心，也隨即建議朝廷只誅首惡之徒，不要追究受到脅迫而跟著叛變的其它人，同時免除寧夏地區一年的賦稅。起事失敗的朱寘鐇，則是被押往京師（北京）賜死。

嘎嘎吼吼嗚...
（譯：這隻弱爆了）

天子成佛!! 貪玩皇帝天資驚人　佛經梵語無不通曉

■一向貪玩且不學無術的朱厚照，因為個性叛逆，討厭被綁在宮中照章行事，也不喜歡被禮教拘束，加上自小就是大明帝國的唯一接班人，不但被寵慣了，也沒有危機意識，所以做出許多令人瞠目結舌的荒唐事。但只要是他覺得新奇好玩的東西，他的學習能量就高得驚人。像是之前他對論佛說道有了興趣，便開始自主學習。結果才過沒多久，他對於佛經梵語便無所不通。接著，還自稱為「大慶法王西天覺道圓明自在大定慧佛」，並下令有關衙門要將此稱號鑄成正式的印璽。

張永PK劉瑾 八虎嚴重內鬨 自亂陣腳

■劉瑾專權的同時，與他同為「八虎」的太監張永等人，因為請託的事多有不應，而逐漸對劉瑾不滿。加上劉瑾一度想加害張永，最後是張永跪著向皇帝哭求才免於被逐，但張永與劉瑾的心結浮上檯面，終於讓張永在與楊一清共同領兵平定安化王叛亂時，在楊一清的提議下，決定聯手除去這個共同的敵人。另一方面，當「立皇帝」已經很久的劉瑾，聽信江湖術士說他姪子劉二漢將會大富大貴，便想利用他哥哥劉景祥去世，百官將於八月十五日送葬的機會起事叛變。但由於張永傳回捷報，也請求在同一天獻伏，於是劉瑾就想推遲獻俘的日期，然後再將張永一併擒獲。不料張永得知劉瑾的動向後，提前在十一日進京獻俘。

快訊！ 連夜逮補 劉瑾倒台

■張永進京獻俘後，等儀式結束，朱厚照依慣例設置酒席慰勞張永，劉瑾、馬永成等人也陪侍在旁。張永等天黑劉瑾退下後，偷偷向皇帝密告劉瑾將要謀反，並拿出朱寘鐇聲討劉瑾的檄文及他矯旨不法的事證，說：「此事若遲疑片刻，我將粉身碎骨死無葬身之地，陛下也將無處可去。」這時朱厚照才驚覺事態嚴重，下令連夜逮捕劉瑾。當時劉瑾在內值房住宿，聽到喧嘩聲，還問誰在喧嘩。來者回答說有聖旨到，劉瑾身披青蟒衣出來要接旨時，就被當場擒住，綁往菜廠關押待審。

你這「立皇帝」站得也夠久了，就讓你在這裡坐一坐吧...

我可以在外面繼續用站的就好嗎？

當了許久立皇帝的劉瑾想要發動武裝叛變謀奪大位，但還未動手便遭到逮捕

世紀大審判!! 瑾門公卿噤聲 駙馬質問定罪

■朱厚照雖然將張永揭發劉瑾的奏疏交給內閣，但其實心中還是半信半疑，並不想置其於死地，只下令將劉瑾貶為奉御（中階宦官）派往鳳陽（安徽境內）閒住。直到後來查抄劉瑾家產時，因搜出數百萬兩金銀，還有偽璽、玉帶等確證，甚至在他經常拿著的扇子中也發現兩把匕首，這時朱厚照才完全相信劉瑾謀反的事實。見到劉瑾失勢的科道官員也好像復活一樣，紛紛上疏彈劾，列了十九條罪狀建請極刑誅戮。於是皇帝下詔命司法部門與錦衣衛，會同百官於午門會審。當天，刑部尚書劉璟竟然不敢吭聲，劉瑾也毫無所懼的大聲說：「公卿多出我門，誰敢問我！」這句話一出口果然還是份量十足，嚇得官員都開始低頭裝傻。這時，駙馬都尉（公主夫婿）蔡震站出來，正氣凜然的說：「我是國戚，我來審問你！」然後叫人先賞劉瑾兩大耳刮子，再厲聲痛斥：「公卿皆是朝廷任用，為何說出自你門下？還有，為何要私藏刀、甲？」被打得雙頰紅腫的劉瑾狡辯說：「藏刀甲是用於保衛皇上。」蔡震接著又問：「既然是用來保衛皇上，怎麼會藏在你自己的家裡面？」劉瑾終於被問到語塞只好默認，最後就這樣定了劉瑾三十餘條大罪。

最新奸黨名單

劉瑾當權時，把當時的名臣劉健、謝遷等五十三位政敵全都列為奸黨打壓。如今劉瑾失勢，科道官也還以顏色，列名了新的奸黨並將名單公諸於世。從這份名單看來，劉瑾的黨羽果然深植朝廷，尤其是一級行政部門幾乎全部淪陷，就連職掌監察的科道官中，也有許多依附閹權的投機份子，十分令人不恥。

奸黨名單 2.0版

內閣大學士：劉宇、焦芳、曹元。

尚書：吏部張彩、戶部劉璣、兵部王敞、刑部劉璟、工部畢亨，南京戶部張澯、禮部朱恩、刑部劉纓、工部李善。

侍郎：柴升、李瀚、韓福、李遜學、陸完、陳震、張子麟、崔岩、夏昂、胡諒、常麟、張志淳。

副都御史：楊綸。

僉都御史：蕭選。

巡撫：劉聰、魏訥、楊武、徐以貞、張綸、屈直、林廷、王彥奇。

總督：文貴、馬炳然。

通政司：吳釴、王雲鳳、張龍。

大理寺：寺卿張綸、少卿董恬，寺丞蔡中孚、張檜。

太常寺：楊廷儀、劉介。

尚寶司：吳世忠、屈銓。

府尹：陳良器。

府丞：石祿。

翰林院：焦黃中、康海、劉仁、段炅。

郎中：王九思、王納誨。

給事中：李憲、段豸。

御史：薛鳳鳴、朱衰、秦昂、宇文鐘、崔哲、李紀、周琳。

以及其他郎署監司十餘人。

千刀凌遲劉瑾 民眾爭食其肉

■劉瑾倒台後，閹黨一一受到制裁，與劉瑾關係最好的吏部尚書張彩判處死刑，其他有確實事證的黨人則分別受到謫外、閒住，或是削籍的處分。劉瑾本人則在八月二十五日在鬧市中被磔殺，不但梟首示眾，連族人也全部株連處死。目擊者表示，被判凌遲三千三百五十七刀的大璫劉瑾，每十刀十刀的從胸口開始切割，劉瑾痛得幾度昏過去，但行刑的劊子手又把給他弄醒，繼續一寸一寸的割。就這樣一直割到第二天，劉瑾終於熬不下去而氣絕身亡，但敬業的劊子手依然照規定，花了三天才把這三千多刀割完。行刑完畢之後，那些曾經身受其害的人家還以一文錢一塊肉的代價，搶著把割下來的小肉塊買下吃掉，以發洩心中難平的憤恨。政治評論家表示，雖然劉瑾死後，那些被他構陷謫戍的官員逐一獲釋，專權亂政所改變的數十條法令也都廢除，但皇帝目前仍然專寵張永、魏彬、馬永成等太監，所有的朝政依舊掌握於宦官之手，只是換人做罷了。至於內閣及六部官員，早就被太監嚇怕了而仍舊不敢有任何做為。

官軍移師四川進行鎮壓

■總制陝西、湖廣、河南軍務的左都御史洪鍾，在平定湖廣地區叛軍之後，已經移師進入四川，準備會同四川巡撫林俊，對去年(1509年)開始騷動的藍廷瑞叛軍發動總攻擊。

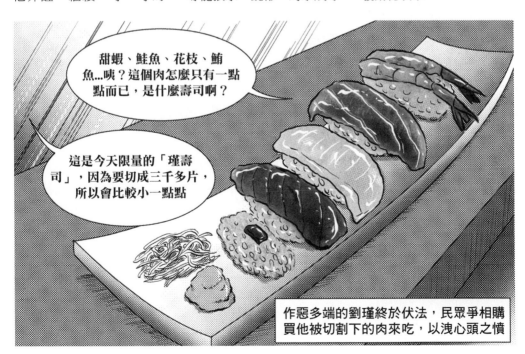

甜蝦、鮭魚、花枝、鮪魚...咦？這個肉怎麼只有一點點而已，是什麼壽司啊？

這是今天限量的「瑾壽司」，因為要切成三千多片，所以會比較小一點點

作惡多端的劉瑾終於伏法，民眾爭相購買他被切割下的肉來吃，以洩心頭之憤

國際要聞

佛朗機殖民滿剌加
大明國失策門戶開

■年中，一支由十八艘船艦及一千多名士兵組成的葡萄牙艦隊，開抵滿剌加（麻六甲，馬來西亞境內），在刻意製造衝突後，向蘇丹（國王）提出釋放戰俘、賠償及割地讓他們興建要塞的無理要求。由於滿剌加有三萬兵力，是對方的數十倍，所以蘇丹便斷然拒絕。結果葡萄牙發起強攻，以先進武器取得絕對優勢，逼使蘇丹丟下富甲一方的滿剌加城，率領殘部退守海外。葡萄牙人進城後開始瘋狂搶掠，並為了穩固殖民基礎而屠城。國際情勢專家表示，在滿剌加淪入葡萄牙人之手後，東南亞的情勢將對大明帝國十分不利。不但每年巨額的礦產、稻米進口，以及瓷器、茶葉、紡織等出口都將受到震盪而影響整體經濟。更嚴重的是，失去滿剌加做為對外屏藩的中國，將難以阻擋西方殖民者的東來。但這樣的結果其實並不令人意外，因為原本在鄭和下西洋時期建立起的貿易體系及戰略緩衝區，早就隨著鄭和的死以及大明帝國海洋政策的急轉彎，而將制海權拱手讓人，也才會形成今日帝國南端海上門戶大開的窘境。

哈哈，這也太簡單了…

中國在鄭和之後海洋政策轉變，造成今日南端海域門戶洞開的窘境

婚禮驚魂記!! 結婚宴奏樂追魂　藍廷瑞遇伏就擒

新郎

■聚眾十多萬的藍廷瑞集團，被圍堵在漢中（陝西境內）後，為了取得更有力的後援，便把搶來的女子詐稱是自己女兒，然後向永順土舍（土司的屬官，當地的頭目）彭世麟表達願意聯姻之意。彭世麟假意答應，暗中向官軍告密。等到大喜之日，藍廷瑞與其他同黨共二十八名頭目到達婚宴會場時，馬上被四起的伏兵拿獲，只有麻六兒在混亂中脫逃。而賊眾一聽到出了大事，便驚慌潰散，搶渡黃河奔逃，官軍也立刻展開追擊。雖然此役斬俘了七百多人，但其餘黨羽勢力仍大，預估還會流竄各地繼續做亂。

殺賊獎賞展現成效？ 斬殺多是被脅良民！

■ 由於盜匪橫行肆虐，而官軍剿匪的成效一直有限。於是在兵部建議下，皇帝已同意按照殺賊數量多寡給與獎賞。依據新的規定，擒斬三人者，賞加一級；拿獲盜匪頭目一人者，授與世襲正千戶（中階軍官）並賞銀一千兩，所屬將領升三級，並賞一千兩。如能擒獲劉六、楊虎等匪首，則封給爵位。此辦法實施後，確實在帳面上看到不錯的成效，各地捷報也連連奏上。不過分析師表示，雖然表面上看起來極有進展，但事實上與官軍交戰的盜匪部隊中，大部份根本都是被盜匪脅迫隨從的良民。一旦遇到官軍追剿，盜匪便驅趕這些良民擋住官軍，然後逃之夭夭，真正的精銳力量並沒有太大折損。

這隻就是在農場偷吃雞的傢伙

每次官軍追擊盜匪，被補或殺死的都是擋在前方的良民

走卒無賴賜國姓 皇帝義子身價漲

■朱見深出入豹房時，身邊總是跟了一大群人，其中有些是隨侍的宦官，有些是應當在部隊值勤卻跑來湊熱鬧的軍人，有些是鬧街的販夫走卒或市井無賴。這些人，只要討得皇帝歡心，就會被賜國姓並收為義子。有了皇帝義子的這張名片，不管走到哪裡也沒人敢得罪，所以也讓越來越多的投機份子，無所不用其極的想出各種奇麼淫計來獻寶。光是今年九月二十五日這天，竟然就有一百二十七個人被朱厚照收為義子，堪稱打破金氏世界紀錄。

爹

爹

爹

一些來路不明的人全都成了皇帝義子

新銳軍官江彬受寵　錢寧地位大受威脅

■繼錢寧因為提供點子供朱厚照享樂而受寵後，新銳之星江彬近來也是前途看漲，成為皇帝面前當紅的炸子雞。江彬原本只是蔚州衛（河北境內）的一名普通軍官，在朝廷鎮壓劉六、劉七反抗軍時，跟著邊軍調入內地，之後透過賄賂錢寧而得到朱厚照召見。由於他狡詐機警，善於獻媚，所以一見面就得到皇帝欣賞而被留在身邊。有一次，朱厚照耍帥，親自拿著武器下場逗弄老虎，不料老虎真的發飆把他逼到角落去，原本能左右開弓的錢寧此時卻嚇得在一旁發抖。就在皇帝九死一生之際，江彬奮不顧身撲上去，硬是把皇帝從虎口中救出來。雖然朱厚照事後一直說他自己就可以搞定，但還是對江彬另眼相待，對他的寵信也逐漸超過錢寧。江彬害怕錢寧會因忌恨而加害自己，便想借邊軍來鞏固自己的勢力，於是便在朱厚照身邊大讚邊軍驍悍勝過京軍，建議來個京邊互調。由於朱厚照本來就對軍事很有興趣，所以也有同意此議的打算。

皇上別怕！我來救駕！

江彬在打虎救駕之後逐漸獲得寵信

京營邊軍互調　皇帝執意施行

■在江彬慫恿下，朱厚照傳旨兵部，將京營與宣府（河北境內）邊軍互調。兵部收到命令後，馬上表示京軍衛內不應無故而外出、邊軍捍外不以無事而弛備，如果貿然互調的話，萬一發生緊急事故將應變不及。但皇帝還是直接下令調宣府三千兵馬，限十日內至京，然後京營也同樣調三千人交換，以後每年春秋更替，每人賞銀一兩。同一天，內閣大學士李東陽緊急上書陳述京邊互調之弊，並列舉了十不便之處。雖然寫得條理分明，但皇帝仍然聽不進去，大臣們雖然無奈，也只能搖著頭遵旨照辦。據可靠消息來

管你幾不便，我就是挺哥們...

源指出，如果沒有意外，新調入京的邊軍，應該會分為敢勇、神威二營，分別由寵臣許泰、江彬率領。

小王子又來了!!

明軍號稱大勝 戰績竟然是……

■韃靼小王子再次領軍進犯大同（山西境內），蒙古鐵騎這次由白羊口踏入，劫掠平虜、井坪、乾河（皆山西境內）等處。搶夠之後，又轉往朔州（山西境內），巡撫張翼、總兵王勳仍是無力制止，邊境百姓的生命財產受到嚴重損害，於是朱厚照命仇鉞率領京營六千兵馬前往抗敵。不久，仇鉞上奏報捷，表示已經擊退小王子，並斬殺了三名敵軍。不過，明軍在這次的小衝突中，卻陣亡了二十餘人，損失戰馬一百四十餘匹，數量是敵軍的十倍。自稱大勝的仇鉞也因此飽受輿論的批評。

江彬殺民冒功被舉發 數十人命代價僅停俸

■近來得寵的江彬不久前被言官舉發，說他之前受命征討流賊，在看到敵軍時竟將部隊停駐在新河（河北境內）不進軍，等賊寇都離去後，才去殺害數十位無辜百姓，以此冒領斬殺盜賊首級之功。雖然這份指控證據確鑿，但朱厚照並沒有想要治江彬罪的意思，只是下令停發他的薪俸，就草草了結此案。

將軍，剛剛收到通知說要停發你的薪水

無所謂啊，我其他收入比薪水多幾百倍，而且薪水是交給老婆的，是她有損失而已，哈哈

殞石重擊住宅區 兩萬間房屋燒成灰燼

■今年六月二十七日，江西豐城的天空，出現一顆劃空而過的殞石，由於瞬降速度極快，所以遠遠望去便看見殞石發出紅色的刺眼火光。就在眾人驚呼之際，這火球已經砸中城內住宅區，在一聲巨大的爆炸聲之後，整座城都可以明顯感受到強烈的震波，鄰近房屋都因為轟擊產生的高熱而燒了起來，一連好幾天都是滅了又燒。最後這顆殞石，竟然造成二萬餘間的房屋遭到焚毀，以及三十餘人死亡的嚴重災情。目前朝廷已經降旨要巡按御史前往查核受災戶，並分別予以賑濟。

元宵節超豪華煙火秀？！
乾清宮付之一炬　修繕費全民買單

■自從朱厚照繼位之後，每年花在娛樂上面的經費就高得嚇人，連上元節的花燈，他都要別出心裁，弄得既華麗又有創意。雖然對觀光、藝術產業也算有不小助益，但每年數萬銀兩的花費，在兵災饑饉的荒年中，還是顯得有些過當。今年不可免俗的，又有許多設計精巧的花燈送入宮中，寧王朱宸濠等親王貴族們為了討皇帝的歡心，也是卯足了勁，貢獻不少花樣新奇的燈飾。除了花燈以外，朱厚照也命人在宮殿中儲放許多火藥，準備拿來大放煙火。但煙火還沒放成，在元月十六當晚便不慎起火，火勢迅速吞沒了宮殿，整個乾清宮也都付之一炬。據聞，當時朱厚照正要前往豹房完玩樂，聽見爆炸聲響，回頭一看，只見宮中火舌夾雜著四射的閃燄，他也不以為意，只是笑著說：「這真是好大一棚煙火啊！」不過，這個短暫的煙火秀，竟然得花上一百萬兩來做為修復乾清宮的費用。原本工部建議讓全國百姓來承擔這筆費用，然後分五年徵收完畢，並由內府預支五十萬兩先動工，等日後徵解齊再補還。但朱厚照並未批准此議，而是下令一年內直接徵齊所有銀兩。一般認為，自此以後全國各地將催徵不休，百姓也將飽受困擾。

今年的煙火秀
真是特別啊！

夜店之王 皇帝微服非出巡 只赴樂坊盡狂歡

嗨！今天誰想跟我熱舞啊？

正德皇帝每天都換上潮服出外狂歡作樂

■據聞北京城裡許多聲色娛樂場所，最近常有一位出手闊綽的豪客前往消費，讓這些店家業績提升不少。這位豪客日前身分曝光，竟然就是當今天子朱厚照！原來，由於近年來皇帝受到錢寧、江彬等人誘惑，每日嬉鬧遊宴，又覺得諸位大臣實在太囉唆，三不五時就上疏勸諫，讓他覺得玩起來也綁手綁腳。為了擺脫這些煩人的蒼蠅，而且不要太引起外人注意。朱厚照便想出了微服出行的計畫，換上帥氣又有型的便服，只帶著幾個貼身護衛，便與一群豬朋狗友溜出去飲酒作樂。雖然說要低調，但其實所有人都知道這個夜店之王是什麼來頭，只是有錢賺就好，大家也樂得裝迷糊了。

言官廷臣諫止無效　寧王護衛再次恢復

■原本在天順年間被革除的寧王府護衛部隊，正德二年（1507）時，寧王朱宸濠透過賄賂劉瑾而恢復設置，但劉瑾事敗被誅後，王府護衛也跟著再度被裁撤。今年朱宸濠重施故計，先以重金賄賂錢寧等寵臣為內援，然後又寫信給兵部尚書陸完，要求恢復護衛和屯田，耳根子輕的朱厚照果然馬上就批准。雖然南京十三道御史聯名上書糾舉寧王在地方上的惡行，而廷臣也極言陳述此舉將可能帶來的禍患，但因陸完從中庇護，皇帝身邊群小也盡責的做了拿錢該做的事，所以朱厚照還是執意恢復寧王府的護衛軍。不久，朱宸濠又奏請鑄造寧王府護衛及經歷、鎮撫司、千、百戶所等五十八顆官印，也同樣獲得批准。不過，有消息指出，寧王府現在不只有直屬的正規部隊，還有許多江湖人士出入其中，看來情況並不如想像中那麼單純，後續發展值得繼續觀察。

說不得……皇帝狎虎受傷 官員上諫遭貶

■今年九月，朱厚照在逗弄老虎取樂時意外受傷，雖然並無大礙，但為了養傷，也導致皇帝一個多月都沒辦法視朝聽政。為此，翰林院編修（負責典簿記載的正七品官員）王思便上疏勸諫，直言皇帝不勤理朝政、不親拜祖宗、不向兩宮問安、經筵懶於聽講，以及嗜酒而荒其志、好勇而輕其身。這份奏疏呈上沒幾天，宮中就忽然傳旨將他被貶為三河（河北境內）驛丞。接著刑部主事李中，也因建議皇帝應該搗毀佛寺、驅逐番僧、嚴選儒臣朝夕進講經文，而被貶為廣東驛丞。剛上任不到幾個月的吏科給事中張原，也因上疏請汰冗食、慎土木、絕進貢、明賞罰、開言路，修德治，因而被貶為新添（貴州境內）驛丞，讓各地傳驛系統一下子多了不少優秀人才進駐。

韃靼善戰馬背稱雄 不敵明軍碗裡下毒

這蘋果很好吃喔

嚼

■最近每年必訪的韃靼小王子，果然又率軍大肆劫掠，進犯大同（山西境內）、宣府（河北境內），並另派一萬騎兵劫掠懷安（河北境內）。北京城因此緊急宣布戒嚴，令太監張永提督宣府、大同、延綏等處軍務，以白玉為總兵官，另派京營二萬餘人前往增援，全歸張永節制。在經過多次戰鬥之後，明軍戰力還是明顯的劣勢，難以有效克敵。於是白玉便轉而智取，暗中派人把毒藥放進飯菜裡，然後偽裝成農民帶去款待敵人。善於在馬背上征戰的韃靼人沒想到在馬背下也得過招，便大口大口的吃了起來。過沒多久，毒性開始發作，而預先藏匿的伏兵也同時四起，許多人就這樣死在明軍手裡。小王子見情勢不對，只好暫時率領人馬退回大漠之中。

攜帶重金厚禮 烏思藏迎活佛

■一向對佛道極有興趣，本身也通曉佛經梵語，甚至還自稱為「大慶法王西天覺道圓明自在大定慧佛」的朱厚照，在聽到左右近侍告知西域有個被稱為「活佛」的番僧，居然能知三生轉世之事，覺得非常神奇，便命司禮監太監劉允前往萬里之遙的烏思藏（西藏），打算將這個活佛迎接入京。雖然內閣大臣梁儲，以及禮部尚書毛紀等都先後上疏極力諫阻，但朱厚照依舊不改他那脾氣，怎麼勸都說不聽。為了表示誠意，還命劉允帶著數千萬計的茶、鹽，鉅額黃金、珠琲寶幡、黃金供具，以及金印袈裟當成賜給活佛的禮物，即刻啟程前往。

強震特報

今年五月間，雲南永寧衛發生強烈地震，餘震持續了一個多月還沒有停止。災難現場黑氣如霧、地裂水湧，建築物及城牆塌毀的不計其數。根據地方估算，至少造成好幾千人死亡，受傷的人數更是數以萬計。

流竄江湖數十年 徐九齡終遭剿滅

■長久以來一直流竄於江西、湖廣、南直隸（江蘇、安徽境內之中央直轄區），並曾劫掠蘄州、黃州（皆湖北境內）、德安、鄱陽、湖口、九江（皆江西境內）以及安慶、池州、太平（皆安徽境內）等地的徐九齡集團，終於在今年七月間，遭江西巡撫俞諫等人督軍圍剿，最後完全討平。官軍共擒斬徐九齡等四百八十一人，俘獲一百四十人，一般認為，此役將對鄰近地區的安定起重要作用。

走在鋼索上的官員……
寧王擴權毒殺大員 孫燧升官性命堪憂

■寧王朱宸濠有逆謀之心的傳聞不斷，只不過他以重金賄賂中官幸臣，所以才能掩住皇帝耳目，暗中不斷擴張自己的軍事實力。在這過程中，他也試圖收買派駐當地的巡撫，希望有朝一日這些人能為己所用。據聞，之前江西巡撫王哲就是因為不願歸附，而被朱宸濠下毒害死。後來董傑接任，也是因為不肯屈附而僅僅八個月就死於非命。使得接下來被派往當地的官員，心裡都七上八下的，不知道什麼時候會遭到暗算，每天只想著何時才能離開此一險地。像是在董傑之後的任漢、俞諫，都只做了一年多便離職。不久前，經由廷臣推舉，孫燧被拔擢為右副都御史，並受命巡撫江西。只不過孫燧聽到自己升官之後，並沒有任何欣喜之色，反而無奈的長嘆一口氣，然後把妻子遣還故鄉，獨自帶著兩個家僮赴任。評論家表示，由於寧王朱宸濠反心已露，正緊鑼密鼓的加強準備，孫燧於此尷尬動盪的敏感時刻前往，除非他也投入寧王陣營，否則想做好做滿，恐怕是一項艱鉅危險的任務。

沒吃飯會出人命 但不一定是餓死的
元旦朝賀官員難耐饑餓　典禮結束推擠釀成悲劇

■大年初一原本應該是個充滿喜慶的日子，但宮中卻傳出令人遺憾的意外。當天，群臣依照往例，天還沒亮就入朝準備向皇帝祝賀元旦。但一等再等，就是沒有任何動靜，直到太陽都要下山了，朱厚照才姍姍來遲的出現在奉天殿。等到冗長的典禮結束時，竟然已經深夜，悲劇也因此發生。已經一整天沒吃東西的官員們，結束時急著想回家吃飯，便爭先恐後往門口擠，許多人不慎摔倒而被別人踩過去，結果體格壯碩的右將軍（高階軍官）趙朗竟然就這樣在宮門口被踐踏至死。其他官員不是掉了簪笏，就是帽子衣服被扯壞，可說是醜態百出。一陣可怕的尖叫推擠之後，甚至還有人互相安慰說撿回一條命，可見當時情況之混亂。出了午門，不是部屬提著燈籠找長官，就是兒子高聲呼喊著老爸，還有家僕急忙扶救已經快昏倒的主人，喧鬧的聲音比白天的市場還大，吵到整個皇城內都一片亂鬨鬨的。

皇帝校閱宦官部隊 尚書頭插翎羽受鄙

■身為軍事迷的朱厚照日前親領一營善於騎射的宦官部隊，進行名為「過錦」的軍事操演。這些兵士身穿金黃色魚網狀鎧甲，帽子上還依地位高低，插著一到三根靛染天鵝翎。部隊在校場中晨夕馳逐，胄甲反射的光芒映照在宮苑之上，兵士呼喊之聲更是直達九門。而堂堂兵部尚書王瓊居然也在場，只見他帽子上也獲賜一翎，還露出得意的微笑，好像插上這根宦官部隊所佩帶的羽毛是一件多了不起的殊榮。目前輿論鄙視的聲浪可說是一面倒，都直呼王瓊失去一個文人朝官該有的氣節。

就愛這一味……
懷孕人妻獻皇帝 馬昂因妹升都督

■之前因奸邪貪賄被罷官的延綏總兵馬昂，日前竟然由宮中直接降旨任命為後軍都督府右都督（後軍總司令）。據了解，馬昂之所以鹹魚翻身，都是靠著他那美貌動人、能歌善騎的妹妹。但其實他妹妹早已嫁給指揮畢春，而且還懷有身孕。為了要討皇帝歡心，馬昂便借江彬之力將妹妹搶回，然後把這個已經大肚子的美人獻給皇帝。結果朱厚照口味果然與眾不同，懷有身孕的馬氏立刻被召入豹房並深得寵愛，皇帝也在第一時間賜給馬昂豪宅並升任高官，讓他的勢燄一時之間撼動北京城。雖然言官們屢屢上書規勸，但朱厚照卻置之不理，仍舊繼續沉醉在經營這段奇幻的不倫之戀。

135

先祀禮後遊獵 皇帝樂百官苦

■年初，朱厚照告諭朝廷各部門，表示他將在正月十三日於南郊舉行的祀禮結束後，前往南海子（位於皇城之南，為北京最大溼地，被劃為皇家獵場）觀獵。內閣大學士梁儲深覺不妥，便上疏極力勸諫說：「朝廷最重要的大事，就是郊祀，現在都祀禮都還沒開始就先想著去玩，這可是祖宗一百五十餘年以來，曾來未層聽說過的舉動。」接著五府、六部、都察院、通政司、大理寺等衙門也都陸續上疏諫止。只不過這些奏疏進了大內，就好像石沉大海一樣沒有任何消息。當天，朱厚照果然在南郊祀禮完畢後，便一溜煙跑到南海子去遊獵。當隨侍的文武諸臣在後面滿頭大汗的追到南海子時，朱厚照還下令關閉大門，把他們全都擋在外面，讓耳根子清淨。一直到黃昏，才傳令讓諸臣先回宮在承天門等候。他則是盡興玩到天都黑了，才到奉天殿接受群臣行慶成禮，完成儀式的收尾，隨後才讓百官回家，並下令在隔天將獵得的禽鳥走獸分賜各部門及五品以上科道官。

Bye！
手刀前進!!

朱厚照一溜煙的丟下錯愕的群臣跑去南海子遊獵

寧王府意圖不軌 檢舉者反受懲罰

■寧王部屬閻順等人，不久前潛入北京城，告發寧王府勾結致仕（退休）都御史（監察總長）李士實、都指揮使（軍區司令）葛江等共謀不軌，還舉報王府有挖池造船、逼奪民產、燒毀房舍等不法情事，請求朝廷派人前往調查。消息傳出後，寧王朱宸濠馬上反告閻順等人背義私逃，結果朝廷不管寧王府被舉發的諸多疑點，將閻順等人各杖五十，然後發配到孝陵衛（南京朱元璋陵寢）種菜。由於朱宸濠早已用重金賄賂內外權貴，就算有人拿出確切證據證明他有異謀，到最後也都不了了之。

堅守崗位 皇帝微服出關 卻吃了閉門羹

　　■政壇當紅炸子雞江彬為了鞏固自己的地位，千方百計想討好朱厚照。日前他又對皇帝提議：「宣府（河北境內）的樂工是出了名的多美女，應該到那裡玩玩，也借此機會巡視邊防，何苦整天待在宮中，聽這些老頭子囉哩囉唆。」於是朱厚照便不顧廷臣勸阻，於八月初一微服到了昌平（河北境內），想要出居庸關前往宣府。巡關御史張欽一見到皇帝這樣胡攪，命指揮孫璽緊閉關門，並收繳鑰匙親自保管。然後說：「關門不開，皇上不得出關，違抗天子命令，我罪當死。但打開關門，讓皇上出關，天下事不可知，萬一發生什麼意外，我同樣難逃一死。那我倒寧願因不打開關門而死，留得千古不朽之名。」朱厚照見張欽不肯開門，便派人召見孫璽，孫璽回答說有御史在，不敢擅離職守。朱厚照又傳喚分守居庸關太監劉嵩，於是張欽就佩著尚方寶劍，直接坐在關門說：「誰敢叫我打開門就斬！」接著連夜上疏，說：「我聽聞從前如果天子親征的話，必提前下達詔書，召廷臣集議。離京之時，也是六軍翼衛、百官扈從，而後有車馬之音、羽旄之美。但今天寂然無聲，一定是有人假借陛下之名想出邊勾結匪賊，請下令逮捕其人以明正典刑。如果真的是陛下要出關的話，一定要有兩宮用寶，我才敢打開關門，不然萬死不奉詔。」這份奏疏都還沒送到朱厚照手中，皇帝的使者就又到來。不等他開口，張欽便拔劍怒斥，把這使者嚇得跑回去告狀，直說張欽要把他殺了。一直出不了關的朱厚照氣得轉頭交待錢寧，叫他馬上就把張欽抓來殺頭。這個時候，諸大臣也紛紛追至，諫請聖駕回宮，張欽的奏疏也同時送到。到了八月十三日，拗不過張欽的朱厚照，只好怏怏不樂的回到宮中。

W.C.

快開門啦…

有我在此，誰都不可以開門

扭！
扭！
扭！
扭！

奉命鎮守居庸關的張欽，說什麼都不開門讓皇帝出關

闖關成功!! 皇帝抵宣府 揮金如土 行荒唐事

■上次闖關不成的朱厚照在事隔十天之後，趁著張欽正在白羊口（山西境內）巡視，微服夜出德勝門，一路疾馳終於成功出了居庸關。張欽聽到消息後已經來不及，只能再次上疏諫阻，然後西望痛哭。興高彩烈的朱厚照於九月初抵達宣府（河北境內），江彬也同時把京城豹房裡的珍玩、女侍全都轉移到此地來供皇帝享樂。當朝天子竟自稱是「總督軍務威武大將軍總兵官」，還像土匪盜賊一樣，在深夜闖入民家掠奪婦女，拆毀民房拿來當柴火燒。許多富民大戶，都嚇得趕緊用重金厚賂江彬，以求免於受難。一時之間，宣府街市蕭然，白晝閉戶。由於皇帝一行人日夜縱樂，揮金如土，所以很快就用光所帶的錢，便下令戶部（財政部）撥一百萬兩白銀到宣府支應。戶部尚

> 你們這些土匪！把我女兒還來……

> 沒禮貌，我們可是皇帝親軍呢！

書（部長）石玠力持不可，拒絕依旨解納，皇帝不高興又下旨切責，石玠仍冒死抗命。但最後還是擋不住，也只能打對折，從國庫中撥了五十萬兩到宣府去供皇帝玩樂。

迎活佛劉允醉臥成都　烏思藏遭劫空手而歸

■受命前往烏思藏（西藏）迎活佛的劉允，一路浩浩蕩蕩來到成都（四川境內），便要求地方官員為他建造一所新的豪華會館。據了解，光是三餐伙食，就每天要消耗一百石官糧，以及一百兩白銀籌辦。鄰近數十個館驛，每天都為了供應忙亂不已。他更以置辦入藏的物資為理由，強行向當地官府索要二十萬兩，後來地方官力爭，才勉強減為十三萬兩。就這樣極盡奢華的過了一年多的舒服日子，才帶了四川指揮千戶十人、甲士一千人往西出發，又經過兩個月才終於抵達烏思藏。但是烏思藏的活佛深恐這只是大明帝國的誘害行動，所以說什麼也不肯答應跟劉允回到中土。劉允見沒有辦法達成任務，便打算用武力恐嚇威脅。誰知藏人根本不吃這一套，當天夜裡就發動突襲，把劉允所帶來的寶貨器械全部搶光，還造成二名軍官、數百士卒的死亡，被砍傷者超過半數以上，劉允本人則是見苗頭不對乘馬疾走才得以逃脫。灰頭土臉回到成都的劉允，一方面警告部下不可以洩露敗績，一方面也只好硬著頭皮奏請回京。

御駕親征 總督軍務威武大將軍總兵官朱壽！
皇帝親臨前線作戰 斬殺敵軍16人

■九月時，朱厚照得知韃靼小王子率五萬騎兵侵擾邊境，便下令大同總兵（軍長）王勳等人分別統領各軍前往對抗。然後在十月初，親自率領部隊入援，並與敵軍在朔州（山西境內）激戰。據朝廷發布的消息，「威武大將軍朱壽」（朱厚照給自己的頭銜），在戰鬥中率領精銳部隊奮勇作戰，包括他親自射殺的一名敵軍，全軍臨陣共斬殺敵軍十六人，獲得「大勝」。此役中明軍死亡人數為五十二人，重傷者有五百六十三人。令人不禁懷疑，勝負究竟如何定義?

朱厚照竟然親臨前線作戰，據他本人的說法，甚至還殺死了一名敵軍

皇帝?將軍? 威武大將軍凱旋榮歸 百官列隊迎伏地稱頌

■正月初六，號稱獲得大捷的朱厚照從宣府（河北境內）凱旋回京，群臣早早就到德勝門外迎接。在精心安排下，只見在道路左側，一整列都是百官依序供置的彩帳、彩聯，上面繡滿了金縷絲織成的大字，但卻只敢稱「威武大將軍」，而不敢寫上皇帝的尊號，所有的官員也都不敢自稱為臣。彩聯前面陳列了羊酒、白金、彩幣，官員們則是手持著紅梵在一旁等候。許久之後，身穿軍服腰配寶劍，乘著紅色駿馬的朱厚照，才在騎兵的簇擁下如巨星般緩緩現身。這時文武百官伏地叩頭，朱厚照也下馬改乘御幄，內閣大學士楊廷和捧酒杯，梁儲斟酒，蔣冕進獻水果，毛紀則負責舉金花祝賀。朱厚照得意的吹噓他在戰場上的英勇表現，當提到在對戰中親手斬殺了一個敵人的時候，群臣立刻跪地叩頭，然後大聲拜頌英明。隨後朱厚照便馳馬入東華門，直接回到豹房休息。疲累的廷臣們在迎接儀式結束後進入京城時，已是雨雪交加的深夜，所有人只能拉著馬在泥沼中摸黑行走，途中可說是險象環生。

皇帝?強盜? 天子出關遊幸 百姓紛紛躲避

■自從上次要出居庸關（河北境內）被御史張欽阻攔之後，朱厚照就改派太監谷大用前去守關，以便隨時可以出去溜噠。由於出入更為方便，所以他出關的次數也更加頻繁。之前才剛班師回朝，待了兩個星期，便又再到宣府（河北境內）玩樂，而且一去就超過三個星期才回京。到了三月底，朱厚照又利用到昌平祭陵的機會，一辦完事馬上就馳飛密雲（皆河北境內）遊幸。民間百姓一聽說皇帝快要來了，可能會搜括女子及財物來進奉，都嚇得紛紛躲避。聖駕所到之處，街巷一片空寂，簡直比強盜來了還要緊張。

論功行賞？簡直通通有獎
大將軍意猶未盡 近侍搶奪宣府女子供其淫樂

■之前隨御駕出征的有功人員日前獲得封賞，除了朱厚照為自己「威武大將軍朱壽」加封公爵外，未擒獲俘虜或斬殺半人的江彬封平虜伯，其子三人皆蔭錦衣衛指揮，足跡未達戰場的許泰也封安邊伯，其他升賞敘蔭者共五萬六千四百餘人，賞賜高達億萬以上，而整場戰役竟然只斬殺了十六名敵軍。這場戰爭遊戲讓朱厚照似乎玩上癮，七月時又下詔「總督軍務威武大將軍總兵官朱壽」統率六軍，再次前往宣府（皆湖北境內），並將此處稱為「家裡」。據聞，凡是皇帝所經之處，近侍都會先搶奪女子供其淫樂，甚至要多達數十車才載得完，每天都有被搶來的女子死在運送途中。隨從左右的大臣雖然知道這種情況，但沒有人敢向皇上報告。相關衙門除了被要求進獻糧食衣物等生活用品之外，還要另外準備女生的衣服、首飾等物品，方便皇帝隨時獎賞之用。

也愛這一味……
樂工妻身價暴漲 劉娘娘備受寵愛

■眼尖的人不難發現，朱厚照日前回京時，車上還帶了個女子同行，這女子還被寵臣江彬等人尊稱為「劉娘娘」。據資料顯示，這個劉娘娘根本不是後宮的妃嬪，而是晉王府樂工楊騰的妻子，是之前皇帝在太原（山西境內）玩樂時發現，然後就強行索要而來。之後因其貌美嘴甜又會唱歌，很得朱厚照的歡心，便這樣一同坐車回到京師。據宮中高層表示，劉氏入宮後備受寵愛，要是有人觸怒了皇帝，便得趕緊去求她。因為只要這個美人開口一笑，皇帝的怒氣便會像冰山融化一樣瞬時消散，再大的事也可以不用計較。所以就連江彬這些成天在皇帝旁邊飛來繞去的火紅蒼蠅，也得把她當成像親生母親一樣，尊稱一聲娘娘來討她的歡心。

141

第一回合過招 孫燧加強城鎮防禦 寧王不滿先打啞謎

詞語大考驗「棗子、梨子、青薑、芥菜」猜一詞

■江西巡撫孫燧到任後，發現縱使寧王朱宸濠謀反意圖明確，也都一直有人提出檢舉，但因朝中許多人早被收買，所以不可能循正常司法程序控告他。只好以預防外敵為理由，加強幾個關鍵城鎮的防禦，盡量降低寧王叛變時可能造成的傷害。為免盜匪成為寧王府的後援，孫燧也採取了有效的方法一步步的肅清盜賊。並將兵器庫的武器，以討賊的名義搬到別的地方，防止到時武器反被寧王所劫。不過這些舉動，朱宸濠也都看在眼裡，一方面行賄宦官想辦法要把他弄走，一方面派人送了棗子、梨子、青薑、芥菜去給孫燧，暗示他該識相的自請離職。孫燧是個聰明人，雖然一眼看出這是要他「早離疆界」，但仍是笑著推辭不受。江西按察副使（省級副司法監察長官）許逵勸孫燧乾脆直接先發制人，殺他個措手不及，但孫燧認為如此只會成為寧王叛亂的藉口，目前雙方仍在暗中繼續較勁。

第二回合過招 寧王設下毒宴 孫燧命在旦夕

■不久前，朱宸濠暗中支持的淩十一、吳十三、閔念四等盜匪集團在鄱陽湖（江西境內）出沒，孫燧與許逵發兵圍捕，結果賊黨在風雨中利用黑夜掩護，走匿於朱宸濠祖墳。孫燧於是上疏揭發寧王與盜匪勾結，並表示朱宸濠必反。只不過一連上了七份奏疏，都被寧王收買的人從中攔截，未能送到皇帝手中。寧王擔心再這樣下去恐怕紙包不住火，便又重施故技，設宴要將孫燧毒死。但孫燧早有防備，宴席之間不敢多吃什麼，才僥倖逃過一死。生命受到直接威脅後，孫燧也開始害怕，在請求退休被駁回後，已經嚇得每天睡不好覺。

你還沒走啊…

喀！喀！喀！

……

想要揭發寧王謀反卻被從中攔截的江西巡撫孫燧，現在已經成為寧王的眼中釘而命在旦夕

我皇威武!! 皇帝體力堪比超馬選手

■自稱為「威武大將軍」的朱厚照，在體能上真有過人之處，威武兩字可說當之無愧。不久前朱厚照行經宣府（河北境內）直抵西部邊陲，往返長達數千里。全程二十幾天都捨轎騎馬，腰佩弓箭在風雪中來回奔馳。皇帝身旁的人都已經累到病癱了，朱厚照卻還是精神奕奕，也讓隨行人員都留下了深刻的印象。

大將軍＋鎮國公＋太師「朱壽」傳諭準備南巡

■可能是西出宣府(河北)的行程已經玩膩了，最近朱厚照對江南的風光及美女開始有了興趣。不但親自寫詔書要求吏部加封「鎮國公朱壽」（朱厚照的另一分身）太師（榮譽虛銜）的頭銜，還告諭禮部，說「威武大將軍太師鎮國公朱壽」要往南、北兩直隸和山東泰山進香求神，命工部急修黃馬快船備用。雖然內閣大學士楊廷和上疏諫止，禮部尚書毛澄也指出皇帝不應自加封號，但朱厚照根本置之不理，硬是要求相關部門照他所說的辦理，在最短的時間內做好聖駕南巡的準備。

皇帝動怒放大絕!!
百官諫阻南巡　通通罰跪午門

■聖駕即將南巡的消息一傳開後，朝官們驚覺不妥，紛紛上疏諫阻，但朱厚照仍是使出他的看家本領「拖字訣」，完全不予回應。科道官徐之鸞、楊秉忠等人不但請求皇帝要批示這些奏章，還相繼來到宮殿前拜伏於地等待皇帝回答。朱厚照原本不想理他們，但是看他們從清早跪到黃昏也不是辦法，便命宦官前去宣諭，讓他們起身回家。但過沒幾天，又有官員因為皇帝沒上朝，而上疏建請他於十五日升殿視事。覺得不耐煩的朱厚照便傳旨怪罪那些拜伏在宮殿下的官員，說他都是因為被這些人氣到生病，才不能臨朝聽政。之後，群臣百官諫阻南巡的奏疏不斷呈上，身為狀元（殿試榜首）的翰林院修撰（負責典簿編修校注的從六品官員）舒芬首先率領編修（負責典簿記載的正七品官員）崔桐、庶吉士（翰林院見習官）江暉、王廷陳、馬汝驥、曹嘉及汪應軫聯名上疏反對。不久，兵部郎中黃鞏、員外郎陸震亦聯名上疏，吏部員外郎夏良勝、禮部主事萬潮、太常寺（國家祭祀署）博士（中階官員）陳九川也聯名，吏部郎中張衍瑞等十四人、刑部郎中陸俸等五十三人的奏疏也隨後呈上。之後禮部郎中姜龍等十六人、兵部郎中孫鳳等十六人等兩批奏疏又相繼遞出，連太醫院（皇家醫院）的醫士徐鏊也跟著直言上諫。朱厚照看著奏疏一疊疊送進宮中，好像非得要他低頭不可，反而讓他動了真火，龍顏一怒便下令將夏良勝、萬潮、陳九川、黃鞏、陸震、徐鏊等人逮入詔獄，命舒芬、張衍瑞等一百零七名大臣在午門外罰跪。此時，大理寺周敘等十人，行人司（傳旨使者課）余廷瓚等二十人，工部主事林大輅、何遵、蔣山卿聯名疏也呈上，於是周敘、餘廷瓚、林大輅，與夏良勝等六人也被下令帶枷罰跪於殿前。結果一百多位官員從早晨一直跪到日暮，然後再押回獄中繼續囚禁，落難的大臣們連貫成串如同重刑犯一樣，路過看到的人無不落淚。朝中除了內閣大學士楊廷和、戶部尚書石玠又上疏論救之外，再也沒有官員敢站出來替他們說話。知道這些事情的知識分子感到氣憤不已，紛紛拿石頭砸這些沒有擔當的官員。各部大臣因此感到十分恐懼，入朝時不用等皇帝指示，就建請下詔禁止再有人為此事提出任何意見，通政司也自此不再接受與此事有關的任何奏疏。

全給我罰跪去

正德皇帝這回動了真火，嚴懲群臣

皇帝動怒打屁股!! 官員多人遭杖死 諫止南巡代價高

■在內閣大學士楊廷和、戶部尚書石玠論救下，已經連續罰跪五天的舒芬等一百零七人，被廷杖三十後釋放。夏良勝、萬潮、陳九川、黃鞏、陸震、徐鏊、周敘、餘廷瓚、林大輅等人各杖五十，其餘三十人則是各被打四十杖。最後舒芬、張衍瑞、陸俸、薑龍、孫鳳等首倡的官員，被降職外調，其餘官員奪半年官俸，黃鞏、陸震、夏良勝、萬潮、陳九川除去官籍，醫士徐鏊則被罰戍邊。雖然打完之後，朱厚照也認為自己做得有點過份，收回南巡之命，但刑部主事劉校、照磨（低階官員）劉玨、工部主事何遵、兵部員外郎陸震、大理寺評事（低階官員）林公黼、行人司司副（傳旨使者課副課長）餘廷瓚、行人（低階官員）李紹賢、孟陽、詹軾、劉概、李惠等人卻已經被活活杖死。禮部員外郎馮涇、郎中王鑾，行人王瀚也因受傷過重而命在垂危。

專題報導

廷杖

「廷杖」是明代首創的刑罰，專指在朝堂或午門，在大庭廣眾之下或眾目睽睽之中，加於朝廷士大夫的杖刑。雖然杖責朝臣的制度並非明代才有，但這些案例都只是偶發事件，並未形成定制，也算是用以懲治違法瀆職官員的刑罰之一。但是在明太祖朱元璋為控制臣屬，折辱士大夫創立了廷杖之後，歷朝諸位皇帝竟將廷杖視為祖制國典而不斷使用，成為皇帝貫徹專制主張，用以威脅臣下，使其不敢披鱗逆諫的嚇阻工具。可說已經脫離了刑罰之範疇，甚至發展成權臣鬥爭、宦官擅權亂政，用以屠戮異己的一種殺人手段。

廷杖的肇發，通常是皇帝震怒時之所為，對於罪由及行杖數目也無具體之規定，用刑之際多裁自聖衷。這一點與「五刑」（笞、杖、徒、流、死）之中的「杖刑」有明顯的不同。所謂「杖刑」是在《大明律》中有明文規定的刑責，其施行必須先經司法定讞。但在皇帝的角度看來，君主的權力高於司法，高於制度，高於一切。所以只憑一己的好惡便隨時可行廷杖，幾乎不受法制的約束及規範，有時甚至可以任意改定法司的判決而行杖。

由於錦衣衛是由皇帝直接領導的司法機關，也是皇帝最信賴的親信，所以在廷杖時，便以錦衣衛為當然之執行機構。雖然廷杖本身是制度外的「皇家私刑」，一切聽憑皇帝個人喜好實施，但實際執行上卻仍有一套作業流程。除了直接被杖於朝堂闕下者之外，在京城的受杖官員，通常都是由錦衣衛緹綺馳馬縶至午門拜杖，不在京城者，則常是派遣錦衣衛官校宣駕帖逮繫回京。

行杖前，會由錦衣衛官校送「駕帖」至刑科簽押。行杖之時，由司禮監宣讀駕帖完畢後坐午門西墀下，錦衣衛指揮使（錦衣衛指揮官）坐右其下，下列旗校百人，

由錦衣衛官卒負責行刑。行杖者事先都受過嚴格訓練，必須練到「將綁好的兩個草人，其中一個內置磚塊，另一個外裹紙張，再以衣物包覆住。然後用看似很輕的力道，杖打置磚草人，但杖畢之後打開衣物磚塊必須碎裂。再用看似很重的力道打裹紙的草人，但打完紙張卻要完整無傷」的程度才能正式入選行刑團隊。由於這些官卒掌握了行杖輕重的技巧及職務之便利，所以便常常產生以是否收到賄賂來決定下手輕重的弊端。

在明初到成化朝年間，被廷杖諸臣都還可以穿著衣服並裹著氈子，股臀在層層包疊之下，所受傷害較輕。但是到了正德朝時，因太監劉瑾仇虐戴銑等人，便矯旨要官員脫衣受杖。形成慣例之後，往後忤旨被杖諸臣，杖死者便不在少數。所以在洪熙至弘治年間多有杖至一百的事件，但造成重大傷亡者並不多見，到了正德時期，杖數以三十至五十下居多，但杖死者的數字卻十分驚人。另外，錦衣衛列校在行杖時，也常會觀察司禮監及錦衣衛使二人之話語表情，然後給予輕重不同的差別待遇。據說，行杖者會看他們的腳，如果是張開的，就還會放受刑者一條生路，但如果大人的靴子往內一斂，則要往死裡打。雖然這是被打過的人所說的，但由於是自由心證，所以也還不宜全然採信。不過也凸顯廷杖數目的多寡，不一定就等同於所造成的傷害之問題。

在行杖時，必須使用定制之荊杖。被杖者用繩綁縛兩腕，囚服逮午門外，每入一門，門扉隨即闔上。一個錦衣衛士持麻布兜自肩下束之，使其左右不得動彈，另一人縛其兩足，四面牽，唯露股受杖，頭面觸地，地塵滿口。不幸因杖傷死於獄者，依規定相關人員必須詳細記載死者姓名、死亡日期、緣故，請御史、刑部主事各一員驗屍，只不過後來實際上多流於形式。而官員一旦被杖死，錦衣衛官校並不負責處置其後事，若無人收屍者則暴屍郊外，十分可憐。

錦衣衛要經過嚴格的訓練及篩選才能進入廷杖團隊

張英血諫南巡　負傷受杖身亡

■在百官因諫南巡被罰跪的同時，金吾衛（禁軍之一）都指揮僉事（高階軍官）張英見到白天昏暗，禁苑南海子的水湧出四尺有餘，橋下七根鐵柱也像被斬斷一樣，便說：「這是變亂的徵兆，皇帝外出一定不吉利。」於是決定採取激烈的手法來諫阻朱厚照南巡。他裸露上身，在胸前包裹數升土，手持進諫奏疏擋住皇帝車駕跪下大哭，隨即用刀刺進自己胸膛。一時之間血流滿地，衛士們奪下他的刀，並將他捆綁送入詔獄調查犯案動機。當被問說為何要裹土時，張英表示只是怕他的血玷污了朝廷，準備灑土掩血罷了。但不管血諫的用意為何，都因驚動聖駕而被判杖刑八十下。更令人惋息的是，張英在杖完後也隨即身亡。

其子入嗣帝統之夢破滅 朱宸濠加強聯絡圖謀反

■寧王朱宸濠起兵叛變的意圖雖然越來越明顯，但到目前為止還沒有採取激烈行動的原因，據說是他正在打另一個如意算盤。原來，因為朱厚照一直沒有子嗣，所以朱宸濠便想讓自己的兒子入嗣皇帝大統，這樣既可以不用背負謀反之名，又可以合法取得皇位。於是他便同時以重金賄賂錢寧，讓錢寧在皇帝面前說好話，以圖降旨召兒子到太廟（供奉皇帝先祖的宗廟）司香。不過，他沒想到的是，這時江彬與錢寧之間已有嫌隙，彼此都想找機會把對方拉下來。江彬知道這件事後，就在皇帝身邊挑撥，說：「推薦文武百官是要選賢任用，但稱讚及推薦藩王宗室為的又是什麼理由？錢寧稱讚寧王孝敬，就是在譏諷陛下不孝敬；稱讚寧王勤敏，就是在譏諷陛下不勤敏。」結果還是江彬技高一籌，成功的激怒朱厚照，讓他下詔將寧王府留在北京的人全數驅逐。朱宸濠得到這個消息後，知道想要循合法的步驟取得皇位已經不可能，也深怕日子一久自己將陷於不利的地位，在非叛不可的情況下，終於開始全力布置聯絡。

看來還是非得使用武力不行

新聞專題 宸 濠 之 亂

謀反預言成真 孫燧許逵雙遇害 寧王江西舉兵造反

在朱厚照下令驅逐寧王府的人之後，北京城的政治氛圍便開始有了轉變，太監張忠、御史蕭淮等先後告發寧王罪行。這次朱厚照終於下旨收寧王護衛，同時令其歸還所奪之民田。寧王朱宸濠聞訊後，決定採取行動，先設席宴請鎮巡官及三司長官，然後在隔天諸官員入王府拜謝時，當場宣布當今皇帝朱厚照並非孝宗朱祐樘（朱厚照之父）親生，而他

已奉太后密旨起兵討賊，入朝監國。江西巡撫孫燧當場要求寧王拿出所謂的太后密詔，並爆發激烈的口角爭執。之後孫燧起身想離開寧王府，但果然被早已埋伏在旁的王府護衛攔住，按察副使許逵怒斥說：「不准污辱天子大臣。」結果雙雙被縛，拽出門外遇害，其他官員見狀嚇得趕緊下跪高呼萬歲。於是寧王於六月十四在南昌（江西境內）發檄各

地，廢除正德年號，正式舉旗與中央對抗。並以號稱十萬的兵力，打算出兵先行攻取南京，以取得稱帝的資本及絕佳的地利，等在南京站穩腳步之後，再進而北上統一整個帝國。

> **名詞解釋**
>
> ### 三司
>
> 管民政之承宣布政使司、管司法監察之提刑按察使司、管軍事之都指揮使司。

王陽明使用反間計 成功拖住寧王叛軍

正帶兵往福建剿匪的都察院僉都御史（主任監察官）王守仁（王陽明）行至半途，聽聞寧王朱宸濠已經舉兵叛亂，便當下立斷，與吉安（江西境內）知府伍文定

你這死沒良心的，居然欺騙我的感情...

兵不厭詐嘛

傳檄諸郡，號召各方舉兵勤王。王守仁為免叛軍攻佔南京取得地利，一開始便用計迷惑朱宸濠，利用假宣傳虛張聲勢，讓敵方誤以為朝廷早有準備且各路大軍已經完成合圍態勢。同時使用反間計，讓寧王對部屬所提出的進攻南京戰略存疑。因而成功讓寧王部隊在原地觀望半個月之久，也讓自己做好防守南京的準備。七月時，朱宸濠終於驚覺受騙，但先行攻取南京的想法已不可能實現，便只好改變戰略，轉而

率軍攻下九江、南康（江西境內），再渡過長江強攻安慶（安徽境內）。七月十三日這天，寧王反叛的消息傳回北京，在豹房的將領天花亂墜的獻了一堆擒獲寧王的策略。而朱厚照一來想藉親征南遊，二來也想在馬背上再次大展雄威，便下達聖旨，令「總督軍務威武大將軍太師鎮國公朱壽」統率各鎮兵馬前往征剿。雖然內閣大學士楊廷和等極力勸阻，但皇帝仍執意要各單位加強準備。

王陽明直巢南昌 寧王回防不及連輸兩戰

就在寧王朱宸濠急攻安慶（安徽境內）的同時，僉都御史王守仁（王陽明）已經從各地勉強調集了八萬農民兵，並決定趁寧王後防空虛的機會，直攻其大本營南昌（江西境內）。寧王一聽南昌情況危急，別無選擇，只能自解安慶之圍率軍回救。但等到叛軍回師時，王守仁已經順利攻克南昌，並兵分五路準備迎擊叛軍。七月二十四日兩軍遭遇，王守仁軍一經接觸便詐敗向後撤退，叛軍則是貪勝追擊導致首尾不能相顧，結果遭到伏擊而大敗。朱宸濠見形勢不利，緊急調九江、南康（皆江西境內）的部隊前來增援。第二天，受到激勵的叛軍表現英勇異常，奮力拚殺，導致官軍一度向後退卻。這時吉安（江西境內）知府伍文定身先士卒，還當場斬殺後退的士兵，才終於扭轉氣勢，一舉反撲成功。寧王在連敗兩戰之後，下令退守鄱陽湖（江西境內），改以大船連環結成方陣，並拿出金銀珠寶犒賞將士，準備與王守仁軍在湖上決一死戰。

捷報！

赤壁之戰再現
火燒聯船擒寧王 陽明用兵稱軍神

在鄱陽湖（江西境內）與叛軍對峙的王守仁（王陽明），在仔細研究寧王船隊的方陣之後，決定仿效三國時期的赤壁之戰來個火攻連環船。第二天一早，寧王朱宸濠還在與部屬們開會，討論接下來要使用何種戰略時，王守仁大軍便已殺到。只見官軍用小船裝草，迎風縱火，直直就往鎖在一起的船陣裡衝撞。一時之間，船陣就因風勢助長而成為一片火海。寧王副船起火燃燒，王妃婁氏、宮人，以及文武官員紛紛緊急跳水，但由於不諳水性，到最後全部成為水中亡魂。寧王的旗艦大船也因擱淺而不能行動，只好在倉促間換乘小船逃命，結果仍是被王守仁軍追上，寧王與他的文武大臣當場被俘，成了階下囚。寧王被擒後，原本丟失的南康、九江（皆江西境內）也立刻被官軍收復。原本極有可能撼動大明江山的寧王之亂，在王守仁用兵如神的調度之下，歷時只三十五天便宣告全面平定。

周瑜這一招還滿好用的嘛...

那當然

王守仁仿效赤壁之戰中周瑜的戰略，火燒寧王艦隊

皇帝執意南征 欲親俘寧王 滿足虛榮心

因為御駕南征而興致高昂的朱厚照，在新任提督東廠兼領錦衣衛使江彬的陪同下，以「總督軍務威武大將軍太師鎮國公朱壽」的身份，命楊廷和、毛紀留守京師，梁儲、蔣冕扈從隨行，親自率領大軍從北京浩浩蕩蕩出發，想要再一次於戰場上大顯身手。只是當聖駕一行於八月二十六日行抵涿州（河北境內）時，王守仁平定寧王之亂的捷報便已送到。宛如被澆了一桶冷水的威武大將軍，竟然決定假裝沒這回事。就算內閣大學士楊廷和飛書諫請立即班師回京，梁儲、蔣冕也在旁極力勸阻，但他還是繼續率軍南下，打算完成這趟行程。江彬甚至提議將已是階下囚的朱宸濠釋放，好讓皇帝可以真的與寧王打上一仗再親自俘獲，以藉此迎合朱厚照的心理。於是太監張忠、許泰便奉命先行前往南昌（江西境內），打算要求王守仁將寧王放回鄱陽湖（江西境內），然後等皇帝親自去降服。但王守仁明白這幫佞幸在打著什麼主意，便趁他們未抵達前，抓了寧王就離開南昌，並上書請求獻俘。但因獻俘之議沒有被批准，所以王守仁便轉往杭州（浙江境內），把朱宸濠交給曾經與楊一清共同剷除了劉瑾的太監張永。並對他動之以情、曉之以理的說明再重打一仗會犧牲多少人命。經過協調，最後決定等聖駕到達南京，再意思意思的放了寧王讓威武大將軍親手俘擄，滿足一下皇帝的虛榮心。

誣陷王守仁跟寧王勾結 陽明先生輕鬆賞巴掌

張忠、許泰到南昌（江西境內）之後，因為王守仁早就把寧王朱宸濠帶走，讓他們撲了個空，失去建功的機會。又想起之前王守仁在奏疏中說要皇帝罷免奸邪之徒，怕他藉這次立下大功的機會揭露他們的罪行，便想找藉口陷害他。於是就不斷的想找人做偽證，以誣陷王守仁暗中跟寧王勾結，只是試了好多次都沒能成功。等到王守仁又回到南昌時，他們故意問：「寧王府財產甲天下，可是現在都到哪裡去了？」也就是意指王守仁貪贓。但被譽為當代理學大師，提出「知行合一」理論的陽明先生，只是氣定神閒的說：「寧王府財富甲天下是沒錯，但寧王早就把金銀財寶都運往北京，去賄賂佞臣近侍做為謀反的內應。所以要查出這些錢都流向哪裡很簡單，只要現在來清查王府的帳冊不就真相大白了嗎？」由於張忠、許泰也曾收過朱宸濠的賄賂，所以一聽到這番話便深感恐懼，不敢再多說什麼。但他們仍懷恨在心，還是想要羞辱文士出身的王守仁，便強迫王守仁到校場射箭，等著看他在眾人面前出醜。沒想到王守仁從容不迫的起身，拉弓扣箭的動作一氣呵成，連放三箭都命中標靶，讓在場所有官軍歡呼不已，反而帶給他高人氣，而原本傲氣十足的兩人也因此感到十分沮喪。不過，其實那份寧王府的賄賂清冊早就被銷毀了，而銷毀的人正是王守仁。因為他在看過清冊之後，認為受到牽連的人實在太多，如果真的追查起來必定動搖國本，所以便下令將其焚毀，讓這件事就此告一段落。

狗咬狗!! 江彬一舉扳倒錢寧

■朱厚照身邊當紅的錢寧及江彬兩人，早就因為互相猜忌而在暗中相互較勁。一開始錢寧雖然是朱厚照要摟著一起睡覺的好哥們，但令自己悔恨萬分的是，他收了江彬的錢，並把江彬推薦給皇帝。自從江彬卡進佞信核心之後，便逐步贏得皇帝寵信，漸漸取代錢寧的位置。這次南下之前，更將錢寧錦衣衛指揮使的位置給搶到手。聲勢如日中天的江彬見時機成熟，終於在南行途中，舉發了錢寧私下勾結寧王的事，硬把他抹成謀反亂黨。朱厚照聽到一個他原本如此信賴的人居然反叛他，不由得大怒，立刻下令收押錢寧及其家屬，並抄沒其家產。據負責查抄的官員回報，在錢寧府中一共搜得玉帶二千五百束、黃金十餘萬兩、銀三千箱，連珍貴的胡椒也有數千石，還有其他不可勝計的珍玩財貨，數目之多令人咋舌。

禁止民間養豬 只因「豬」「朱」同音

■打著南征寧王旗號的朱厚照，帶著他近來極為寵愛的「劉娘娘」一行人沿路嬉玩而下。當車駕抵達揚州（江蘇境內）後，江彬為了取媚皇帝，竟企圖奪取當地的富民宅第來充作「威武大將軍府」（因朱厚照自封為威武大將軍，故得名）。但是身為地方父母官的揚州知府蔣瑤卻堅持不可，不管江彬把他關起來、淩辱他，或是用銅爪擊打他，他都毫不畏懼屈服。另一方面，太監吳經更是假傳聖旨，強行進入民居搶奪處女、寡婦，使江南為之騷動，有女兒的不是連夜隨便找個人嫁了，就是乘夜四處逃避躲藏。朱厚照則是忙著挑選進呈的妓女，把選中的全都送到船上去開趴，連赴地方官員所擺宴席的時間都沒有，甚至叫他們直接把酒席折成現金進獻。日前，朱厚照又下了一紙莫名其妙的諭令，要求民間禁止養豬，原因是由於「豬」與他的姓「朱」同音。結果一時之間生豬被屠殺殆盡，連要祭祀時都找不到，只能用羊來代替。

永別了，我的朋友...

禁止養豬的詔令一下，江南的豬隻全被撲殺殆盡

人吃人！？ 饑荒嚴重 朝廷賑災

■由於去年（1519年）淮安、揚州（皆江蘇境內）一帶發生嚴重饑荒，饑餓的百姓不但連樹皮都啃光，甚至傳出鄰人相食的可怕消息，所以朝廷於今年初下令蠲免鳳陽（安徽境內）、淮安、揚州三府，以及徐州（江蘇境內）、滁州、和州（皆安徽境內）所屬受災地區的稅糧。之後，又依巡撫都御史（監察總長）叢蘭、巡按御史成英建議，截留蘇、松漕運糧米十萬石以及輕齎銀（解送糧米的額外運輸費用之一）七萬二千餘兩，再從鳳陽、揚州儲庫取銀六千一百餘兩，做為賑濟災民的緊急基金。

軍隊不明原因騷動 皇帝無事虛驚一場

■當隨駕大軍行至牛首山（江蘇境內）駐宿時，竟然不知何故發生「夜驚」。夜驚不是一般家裡小孩在半夜的哭鬧，而是指駐紮在外的軍隊，在深夜裡因為不明原因發生騷動，因情況不明，怕為敵人所襲而四散奔逃，甚至自相殘殺的現象。由於伸手不見五指，又有人傳言江彬叛變，所以大營之中亂成一片。皇帝的左右侍衛竟然一時之間也不知道朱厚照身在何處，引發高層一陣驚慌。在經過一段時間，諸軍漸漸安定下來之後，才終於找到皇帝所在，證實只是虛驚一場，所幸沒有釀成大禍。

皇帝大玩戰爭遊戲 寧王獲釋只為再擒

■終於抵達南京的朱厚照，為了顯示大智大勇，向天下顯揚不世之功，閏八月初八日在南京城外數十里設下廣場，然後身著帥氣的戎裝，樹起「總督軍務威武大將軍太師鎮國公朱壽」的大旗。然後令人解去朱宸濠等人的枷鎖，全軍伐鼓鳴金、搖旗吶喊，數萬兵馬將少數幾個已經被關到沒力的人圍在中間，再由朱

> 這張很帥吧

厚照擺出很漂亮的架勢，動手再次將朱宸濠擒獲，然後既興奮又驕傲的大喊，當做平定寧王之亂的首功。之後再一次將朱宸濠上銬帶枷，隆重的舉行獻俘大禮。

樂極生悲 皇帝捕魚意外落水 龍體健康亮起紅燈

■在朱厚照享受擒獲寧王的勝利後，北返途經清江浦（江蘇境內）時，卻因為心情太放鬆而樂極生悲。原本只是想在小舟上打魚為樂，結果卻一時失去重心造成小舟傾覆，人也跟著掉進水裡。由於朱厚照完全不會游泳，讓隨行人員極為驚恐，爭相跳下水搶救。雖然將人從鬼門關前給撈了回來，但朱厚照卻也在這次溺水事件中，因過度驚嚇及吸入髒水而搞壞身體。在寧王被賜自盡並焚屍後，江彬一度還想再勸誘皇帝接著遊幸宣府（河北境內），但因為朱厚照的健康狀況急轉而下，所以在左右力請之下只好決定直接返京。

朱厚照因為溺水受到過度驚嚇，導致身體健康急轉而下

3

大禮議起
嘉靖崇道

明武宗正德十六年～明世宗嘉靖四十五年

1521-1566

沒有子嗣的武宗突然死亡，讓堂弟世宗意外繼位，但新皇帝與群臣卻因「誰是爸爸」的問題相持不下，最後竟然……

沉迷齋醮修道的世宗，放任「青詞宰相」嚴嵩擅權，杖打直言進諫的言官，是真的的修道修迷糊了，還是另有一套馭人之術……

誰是接班人？ 皇帝病逝豹房 無子嗣也無兄弟……

■朱厚照（明武宗）回京後病情急轉直下，終於在三月十四日於豹房駕崩，得年僅三十一歲。據隨侍宦官表示，皇帝在臨終前一天，特別召司禮監（宮廷禮儀署，為內廷之首）太監留下遺言，說：「朕已經沒救了，轉告皇太后，天下大事交付給閣臣。至於以前所做的事，都是朕自己所誤，不是你們所能干預的。」不過，由於朱厚照臨終前臥病豹房，左右無人在場，這些遺言是由近侍宦官之口傳出，可想而知應該只是宦官們的推託之辭，以免朝臣在日後追究他們誘導皇帝淫樂的罪行。但目前朝臣們還有更迫切的事情得先處理，那就是

怎辦？皇上沒兒子啊...

這下傷腦筋了

帝位後嗣無人的問題。由於朱厚照沒有子嗣，也沒有其他兄弟，所以現在到底要由誰來繼承大明帝國的皇帝之位，已經成為最令人關注的重大議題。

內閣首輔：兄終弟及 興王朱厚熜接位確定

■在朱厚照駕崩的第一時間，太監谷大用及張永便立即向內閣首輔（首席皇帝高級祕書官）楊廷和報告，並請示接下來的善後事宜。楊廷和援引《皇明祖訓》中「兄終弟及」的說法，上推至孝宗（朱祐樘，朱厚照之父）一輩。孝宗有兩名兄長，但都早逝而沒有子嗣，只有四弟興王朱祐杬有二個兒子。其中長子朱厚熙已死，剩下剛繼承興王之位的朱厚熜（原本朱厚熜還在服

喪，但早前幾日楊廷和便以皇帝的名義，讓他縮短喪期並承襲興王爵位）血緣與堂哥朱厚照最接近。楊廷和提出迎立興王朱厚熜的想法後，大學士梁儲、蔣冕、毛紀等也都表示贊同，便讓太監入宮稟告張太后，並以太后懿旨確定了接任的皇帝人選。由於討論接班人選時，一些舊寵佞臣全都被排除在外，所以吏部尚書（文官考核任免部長）王瓊便與黨羽們在閣臣面前叫囂，罵說：

「朝廷九卿（六部尚書、都察院都御史、大理寺卿、通政使）中我為首位，今天是誰自做主張做這決定而沒有讓我知道？」不過楊廷和等人完全不想理他們，直接無視他們的抗議。之後，以皇帝遺詔的名義命太監張永、武定侯郭勛等人，從京軍各營中挑選精兵，把守皇城四門、京城九門及南北要衝，同時罷去江彬所統領的威武團練營諸軍，散入各邊兵舊陣，以防不測。

政壇變天 楊廷和智擒江彬 坤寧宮入祭被捕

■江彬聽到皇帝駕崩的消息後深感不安，雖稱病不出，但仍暗中動員許多武裝部隊進駐府中。楊廷和為免激化江彬逼成武裝政變，數度釋出善意肯定江彬的地位，甚至連坤寧宮妾璧鴟吻(座落於殿脊上的裝飾)的祭祀典禮，都以皇太后懿旨讓江彬與工部尚書李鐩一同主祭。受邀入祭坤寧宮的江彬，在禮成後的宴席上遭到逮捕，以叛亂罪關押獄中待審同時查抄家產。原來楊廷和早已取得太后同意，先以安撫卸除江彬心防，再利用到後宮祭祀不能帶侍衛的機會，讓太后在宴席進行到一半時降詔逮人。目擊者表示，當時江彬一見苗頭不對，拔腿便往外奔竄，逃到西安門才發現門早已被緊緊關閉。之後倉皇改走北安門，仍被守門將領攔住去路，並被壓制逮捕，連鬍鬚都被拔個精光，解除了北京城近日來的緊張局勢。

> 早就看你這老鼠鬚不順眼了

> 扯！

> 留一根給我，上次祭孔的時候我沒拔到智慧毛

企圖逃亡的江彬被門衛攔住，連鬍鬚都被拔光

查封江彬家產清冊

江彬被捕後，朝廷清查江彬家產，發現每櫃有一千五百兩的黃金七十櫃、二千二百櫃的白銀、一千五百箱的金銀首飾。

錢寧江彬雙雙伏法　谷大用張永不錄用

　　■朱厚熜（朱厚照堂弟，明世宗）即位後，曾經狼狽為奸，之後又互相傾軋的錢寧、江彬，都被押往市場以千刀萬剮的磔刑結束生命。錢寧養子錢傑等十一人、江彬同黨神周、李琮等，全都難逃斬首棄市的司法制裁。同時，武宗（朱厚照）時期為所欲為的宦官張雄、張忠、劉養等人也遭逮捕，連迎立新皇帝有功的谷大用、張永等，也意外的一併遭到冷凍。唯一獲得自由的，就是內苑那些禽鳥野獸。在大規模放生後，皇帝已下達日後不得再進獻的詔令。

朕是誰？

朱厚熜入京接位　規格禮儀談不攏

　　■確定由興王朱厚熜繼承帝位後，特使團帶著皇太后詔書前往安陸（湖北境內）。朱厚熜以興王身份接見特使團並拜受詔書，接受諸臣行禮後，隨同使團前往北京。但走到城外時卻發生意外插曲，朱厚熜竟然不肯繼續前進。據了解，原本按照首輔楊廷和的安排，禮部（教育部）是以「太子」規格的禮儀迎接朱厚熜由東華門進入，然後暫居文華殿。但朱厚熜表示遺詔是要他嗣「皇帝位」，而非皇子之位，所以不同意這樣的規畫。因雙方沒有共識，所以才會停留在原地不動。最後由皇太后出面，令群臣上箋勸進，朱厚熜在郊外受箋，改從大明門入城，在奉天殿登上皇帝之位。

以後父親就變叔叔，
伯父就變成爸爸，
你就是伯父也就是爸爸的兒子，
不再是父親也就是叔叔的小孩，
然後對新的父親不再自稱為
姪子而要改為兒子，
對舊的爸爸要改成自稱姪子，
懂了嗎？很簡單吧！

皇考？皇叔考？傻傻分不清楚
大禮之議意見相左 皇帝閣揆相持不下

　　■由於朱厚熜以藩王身份入承帝位，並非正統的嫡系繼承人，因此心中一直有著深怕臣下輕視自己的陰影。於是在即位後第五天，便要禮部研議崇祀生父的典禮，想藉著尊崇親生父母的方法來提高自己的威望。禮部尚書（教育部長）毛澄為此求教內閣首輔楊廷和，但楊廷和的看法卻與皇帝完全不同。他認為應當仿效當初漢定陶王（劉欣）入繼漢成帝（劉驁），以及宋濮王（趙曙）入繼宋仁宗（趙禎）的舊例，尊孝宗（朱祐樘，朱厚熜之伯父）為皇考（對亡父的尊稱），稱親生父親為皇叔考興國大王，親生母親為皇叔母興國太妃，對親生父母則自稱為姪皇帝，然後另立益王次子為興王，以承繼興王一脈之祭祀。也就是說，朱厚熜必須改稱自己的親生父母為叔父、叔母，而改稱伯父為父親。這樣看似有理卻又混亂的安排當然沒辦法被新皇帝接受，於是便請廷臣再次商議。但每次開廷臣會議時，以楊廷和為首的內閣（皇帝高級祕書處）總是堅持原議，絲毫沒有妥協的空間。皇帝為此還多次召見楊廷和，甚至放軟姿態，一再賜茶慰諭，但楊廷和還是不為所動。其間禮部侍郎（次長）王瓚也曾提出不同的主張，但馬上就被楊廷和令言官（御史、給事中等監察官員）羅列其它過失，外放為南京禮部侍郎。面對閣揆的強勢，目前朝中已無人敢再站在皇帝的立場為此事發聲。

大禮議之爭相持不下 救星出現？！
張璁大禮疏呈進 皇帝尊父母有據

■就在朱厚熜與內閣首輔楊廷和因「大禮議」（關於朱厚熜嗣繼皇統之爭議）相持不下的時候，觀政進士（見習官）張璁進了一封《大禮疏》，對這個議題提出完全不同的看法。他在疏中表示：「漢定陶王（劉欣）及宋濮王（趙曙）的入繼，都是在漢成帝（劉驁）與宋仁宗（趙禎）還在世時就被預立為皇嗣，而養育於宮中，可說是早就已經辦好過繼手續。但今天的情況不同，武宗（朱厚照，朱厚熜堂兄）在世時並未指定要朱厚熜繼嗣，只是在死後以遺詔說興獻王長子倫序當立，也沒有指定要繼為孝宗之後。所以應該為興獻王（朱祐杬，朱厚熜之父）在京師立廟尊崇，使母以子貴、尊與父同。」張璁的看法，剛好為朱厚熜想要尊崇親生父母提供了理論依據，所以當他看到此疏，便開心的說：「此論一出，我們父子的關係就獲得保全了。」於是便將此疏發下，要廷臣依此理論再做商議。不過楊廷和卻仍然堅持立場，還授意吏部（文官考核任免部）把張璁外調為南京刑部（司法部）主事（中階官員），讓他無法再為皇帝提供理論後援。

救世主！

張璁的論點讓嘉靖皇帝彷彿看到一線曙光

奉迎之禮又起爭議 皇帝母親不是太后？

■事情逐一就緒後，朱厚熜想將母親蔣氏從安陸（湖北境內）迎接到京師（北京）。在議定迎接禮儀時，禮部尚書毛澄建議由崇文門進入通華門，但皇帝其實是想以「太后之禮」迎接母親入京，所以便將禮部所擬的計畫退回再議。內閣首輔楊廷和與毛澄等人，雖然知道皇帝的想法，但因為蔣氏的身份只是興王王妃並非太后，所以還是只能改由正陽左門進入大明門。這時蔣氏一行人走到通州（河北境內），聽說她的尊稱居然還沒有確定，於是就鬧彆扭不肯進京。事親至孝的朱厚熜因此傷心痛哭，還一度以退位為要脅，表示要和母親一同返回安陸，但毛澄卻還是堅持不肯提升規格。朱厚熜一氣之下，索性直接批示迎接禮儀由正陽中門入，並把朝臣之前呈上的奏本一起發下。之後，朱厚熜又跳過內閣及禮部，直接頒詔尊興獻王為「興獻帝」，祖母邵氏（憲宗朱見深之貴妃）為「皇太后」，母親蔣氏為「興獻后」。由於皇帝此次十分堅持，毛澄見形勢已定，只好前去和楊廷和等閣臣商議，最後也只能傳太后懿旨依皇上的意思執行。確定稱號之後，蔣氏才從通州起城入京，拜謁奉先、奉慈二殿。起初還要拜謁太廟（供奉皇帝先祖的宗廟），但由於廷議認為不適當，所以最後才取消。

清寧宮大火 上天示警!?

改稱孝宗為皇考 興獻帝后為本生

■朱厚熜又直接親筆敕書加尊父親為「興獻皇帝」、母親蔣氏為興獻皇后，但內閣大學士（皇帝高級祕書官）楊廷和及禮部官員，都一致反對而上疏執奏。跟著也有一百多位朝臣紛紛表態，認為二人加皇號並不適當，並要求降詔斥責提出奸邪之說的張璁等人。朱厚熜本來完全不想去答覆這些煩人的章奏，選擇沉默以對。

但日前南郊祭祀天地的典禮才剛結束，清寧宮便發生大火，楊廷和等人便逮住機會，以火災是上天對此事情的嚴重警告為由，來向皇帝施壓。最後朱厚熜拗不過上天的示警，才勉強依朝臣之議降下諭旨，稱孝宗為「皇考」（對亡父的尊稱），慈壽皇太后（明孝宗朱祐樘之后，朱厚熜之伯母）為「聖母」，稱興獻帝、興獻

后為「本生父母」，不加稱「皇」號。

大禮議之爭 席書桂萼支持張璁 懼於壓力不敢表態

■據聞南京兵部右侍郎（國防部次長）席書，原本也想在「大禮議」論戰中表態支持張璁。但由於此時朝廷官員不斷攻擊張璁的論述為奸邪之說，所以席書也不敢將寫好的奏書呈上，只敢私底下與立場相同的南京刑部主事桂萼討論。雖然此議題，目前還是以內閣大學士楊廷和等人的「繼嗣派」為主流，但也有評論家表示，以張璁為首的「繼統派」也正逐漸蓄積能量。未來當今皇上到底得把誰當自己父親，可能還有得吵。

以張璁為首的「繼統派」力量正逐漸凝聚中

國際要聞

地球是圓的⋯⋯！

葡萄牙探險家麥哲倫首次繞地球一周

■1518年，葡萄牙探險家麥哲倫（Fernão de Magalhães）向西班牙國王卡洛斯一世（Carlos I，即神聖羅馬帝國皇帝查理五世）提出航海探險的請求，並獻給國王一個自製的彩色地球儀。在國王同意下，麥哲倫於次年（1519年）組成由五艘船組成的艦隊，滿載著武器火砲、尖刀短劍以及各種商品，從塞維亞（Sevilla）出發。葡萄牙國王怕麥哲倫此次航行會讓西班牙勢力超越他，便派海軍艦隊從後追擊。麥哲倫躲過葡萄牙艦隊後，在大西洋（Atlantic Ocean）航行七十天，終於抵達南美洲海岸。但此時南美洲已經是天寒地凍，加上糧食短缺，使得船員情緒十分頹喪，最後在復活節當天三個船長聯合起來叛變。麥哲倫先假意說要談判，然後趁機刺殺叛亂的船長。幸而之後發現海鳥、魚類及淡水，才順利解決飲食問題。繼續上路後，他們發現一條通往「南海」的峽道（即麥哲倫海峽，Strait of Magellan），並且找到浩瀚無際的「南海」。在歷經一百多天的航行後，因為一直沒有遭遇到狂風大浪，所以麥哲倫便將「南海」取名為「太平洋（Pacific Ocean）」。在這一百多天中，完全沒有看到任何島嶼，食品補給成為最關鍵的問題。最後船員們只能喝僅剩下的混濁臭水，然後把蓋在船桁上的牛皮放在海水裡浸泡四五天，再放在炭火上烤來吃。就在絕望之際終於看到海島，獲得島上原住民提供的糧食、水果和蔬菜才解決困境。驚奇之餘，船員們對原住民的熱情，無不感到由衷感激。但由於原住民對船上的東西感到十分新奇，還搬走一些物品及一艘小救生艇，使得麥哲倫等人反過來攻擊救命恩人，不但開槍打死了七個人，還放火燒毀了幾十間茅屋和幾十條小船。之後船隊繼續往西橫渡太平洋，來到宿霧（菲律賓境內）附近。麥哲倫因為要推行殖民統治，而插手了小島首領間的內訌，不幸在軍事衝突中被殺死。麥哲倫死後，他的同伴們繼續航行，終於在該年秋天返抵西班牙，完成人類歷史上首次環球航行。雖然他們帶回數量可觀的香料，獲得了豐厚的利潤，但卻只剩下一艘船及十八個人生還。這次歷時三年的環球首航，以實際行動證明地球是圓的，也證明地球表面的大部分地區，是一個連續的完整水域，也結束了關於地方與地圓的爭論。

我做到了

齋醮鍊丹迷女色　嘉靖皇帝不聽諫

■原本各界寄予厚望，期待能一舉掃除正德朝諸多敗政，重振大明帝國聲威的朱厚熜，登上大寶之位才一兩年，便開始做出令朝臣錯愕的事情。在太監崔文慫恿下，朱厚熜在宮中設立齋壇，天天虔敬的修道祈禱。雖然有宗教信仰沒什麼不好，但他卻過度沉溺於方術鍊丹，天天只想著要弄到長生不老的仙藥。更誇張的是，他居然一面潛心吃齋修道，還一面沉匿於女色之中。就算內閣、九卿、言官都紛紛上書勸諫，但嘉靖皇帝卻都只答覆說「知道了」而已，然後就沒有任何下文。

完全不把中國放在眼裡
日本兩貢使團寧波火拚

■日本進入諸藩混戰的局面後，眾多的諸侯國都因為想開拓財源，而爭著與大明帝國通商。五月時，就先後有兩批不同藩國的人馬來到寧波（浙江境內）朝貢。原本市舶司（海關稅務司）的規定，是按照貢使們先來後到的順序接待並處理貨物，但比較晚到的瑞佐和尚，卻透過賄賂市舶司太監取得優先權。不論驗貨時間或是宴會座次，都被安排在先到的宗設和尚之前。這使得宗設等人非常不滿，於是便與瑞佐一幫人相互仇殺。雖然瑞佐得到市舶司太監暗中以兵器相助，但由於宗設人多力強，所以反而被一路追殺到紹興城（浙江境內）。離譜的是，宗設集團不但沿途劫掠，還殺死好幾個明軍將領，好像進入無人之境一樣。消息傳回京師之後，吏科都給事中（文官考核任免科監察長）夏言等人認為倭患起於市舶，便建議廢除市舶而不設，並禁止日本再來朝貢貿易。不過，如此一來將使日本原本公開合法的商業活動，轉變成勾結本土豪族奸商，在沿海各地肆行劫掠的非法強盜行為。

江南、江北饑荒嚴重
席書受命賑災 設廠煮粥救命

■由於江南、江北饑荒問題嚴重，南京兵部右侍郎席書，不久前上疏提出解決方案。他認為要省去審查人戶的麻煩，又要防止奸邪之徒從中取利，唯一的方式就是設廠煮粥。在取得皇帝同意，並授權便宜行事後，席書下令各州縣，每十里設一廠，開糧倉煮粥以餵養災民，此項實際行動將可救活不計其數的饑餓百姓。

蘇杭二州續派織造太監 楊挺諫止無效萌生退意

■內織染局（皇室緞匹織染局）太監以要製作皇帝袍服及兩宮衣物為由，奏請派遣宦官前往蘇州（江蘇境內）、杭州（浙江境內）提督織造。大學士楊廷和等上疏諫止，表示「近年水旱異常，若再派遣宦官提督織造，地方將無法負擔物料及工役。況且江南許多地方已經因天災斷炊，連賣兒鬻女都是用斤兩來計算，以至相視痛哭，投水而死的案例層出不窮。饑民群聚，公然搶奪的情形更是時有所聞，若再派織造，恐怕將激起民變。」雖然群臣分析了利害得失，但朱厚熜還是說此為前朝舊例，而且人已經派出去為由，催促內閣撰寫詔書以便施行。不過楊廷和、蔣冕等人仍是拒不奉命，九卿尚書、六科給事中（政風監察官）、十三道御史（監察官）也都力爭。但皇帝最後則是以「有旨」二字回覆，仍然執意而為。據聞，這次事件已經使原本就萌生辭意的楊廷和，更堅定了想要退休的意向。

大禮議之爭
桂萼上疏力挺 皇帝又得一劑強心針！

■張璁、桂萼、席書等反對內閣首輔楊廷和「大禮議」論點的官員，被外放南京之後，反而更有機會湊在一起討論。桂萼推測雖然嘉靖皇帝目前在興獻帝的稱號問題上，雖然勉強聽從朝臣的決定，但其實心中一定存著遺憾。於是便抄錄席書以及吏部員外郎（中階官員）方獻夫兩人的奏疏，此奏疏之前因為怕受到群臣攻詰而不敢公開，但這次桂萼連同他自己對這件事情的想法一同呈進，建議朱厚熜應盡速下達詔書，稱孝宗為「皇伯考」（對已亡伯父的尊稱），稱興獻帝為「皇考」（對亡父的尊稱），並在大內立廟祭祀。據聞原本在這議題上被群臣逼到已經萬分沮喪，深感對不起自己親生父母的朱厚熜，在看到這幾份奏疏之後，心情又開始火熱起來。看來議禮問題可能還有得吵，並不會這麼快就下定論。

准辭!! 楊廷和致仕獲准 繼統派敗部復活

■內閣大學士楊廷和對「大禮議」一事的態度可說十分執著，不但把張璁外調到南京遠離政治核心，還四次封還皇帝御批，前後上書執奏三十次。他之所以如此敢控制朝臣去扼制皇帝，多少有點自以迎立有功而輕視朱厚熜的意味。但站在皇帝的角度，這一點卻是最不能容忍的。楊廷和雖然也有感覺到皇帝對此事的不滿，但還是堅持不肯讓步，甚至數度在疏中流露不平的語氣，以請求退休做為抗議的手段。加上之前朱厚熜在派遣織造太監一事上完全不聽勸諫，也讓楊廷和請辭的口氣更為強烈。日前，朱厚熜終於受不了他這種咄咄逼人的態度，便直接批准讓他退休。楊廷和下臺後，政治氣氛急速轉變，原本受到貶斥壓抑的張璁、桂萼等「繼統派」大臣，又開始活躍起來。在皇帝支持下，開始與走楊廷和路線的吏部尚書喬宇以及接替毛澄的禮部尚書汪俊等大部份官員展開對抗。

軍事科技 成功仿製佛朗機 新式火砲威力驚人

■嘉靖元年（1522年），廣東巡檢（縣級低階官員）何儒在該地的佛朗機商船上，發現一種射程足足有二千尺的新式火炮。經過一番努力之後，朝廷終於取得這種火砲的製法，並開始加以仿造。資料顯示，這種被稱為「佛朗機銃」的火砲砲身是由銅所鑄造，長約五、六尺，有大小不同之尺寸，重者千餘斤，小砲也有一百五十斤。形狀都是巨腹長頸，並在砲腹留有可以置換子炮的開口。每一門母砲搭配四或五枚子砲，可預先於其中裝填好火藥，以加快發射時的裝填速度。第一批國產仿製的佛朗機銃共三十二門已仿製成功，規格為三百斤重、長二點八五尺，並配備有四枚子砲。之後也將陸續仿製各種不同型號的新式火砲，以加強北方及沿海地區的防禦。

差別待遇…
昭聖皇太后生辰 命婦不准朝賀

■日前適逢昭聖皇太后（明孝宗朱祐樘之后，朱厚熜之伯母）生辰，然而朱厚熜一紙免除命婦（有封爵的公主或官夫人）朝賀的詔令，卻在政壇上掀起一陣風波。由於朱厚熜急著想透過各種方法，來表達他想要尊崇親生父母的心意，所以不久前興國太后（朱厚熜之生母）壽誕時，命婦們按照規定朝賀後，朱厚熜便下了這道命令來彰顯兩宮太后間的差異，以突顯自己親生母親的尊貴。

力諫命婦朝賀 朱淛馬明衡受杖削籍

■御史朱淛、馬明衡認為免除命婦向昭聖皇太后朝賀一事，將使皇帝成為全天下譏笑的對象，便上書力諫此事，原本被群臣強迫把昭聖皇太后當成母親的朱厚熜，看到這奏章當然情緒爆發，立刻指責兩人「離間宮幃，歸罪於皇帝」，然後打入獄中嚴刑拷問，屬聲表示一定要殺了這兩個人。翰林院修撰舒芬上章論救，結果被罰三個月薪俸，御史季本、陳逅、戶部（財政部）員外郎林應璁等上疏請求寬恕，也遭入獄貶黜。最後是內閣大學士蔣冕跪地痛哭求情，才「只」將朱淛、馬明衡各打八十杖，然後除去官籍，賞給一條活路。

張璁桂萼入侍翰林 繼嗣派論述遭逆轉

■由於「繼統派」張璁、桂萼等人已被召回北京，任命為翰林學士，成為皇帝的核心智囊，使朱厚熜在議禮問題的對抗中逐漸取得優勢，所以禮部尚書汪俊等人只好讓步，同意尊奉興獻帝為「本生皇帝考恭穆獻皇帝」，朱厚熜親生母后為「本生母章聖皇太后」，並在奉天殿側立室祭祀。繼統派的席書也取代汪俊，成為禮部尚書，取得擬定典禮程序的大權。接著張璁又進一步表示，朱厚熜應稱親生父親朱祐杬為「皇考」，去掉「本生」二字。雖然皇帝這方目前已取得壓倒性進展，但是否會引起「繼嗣派」眾多支持者的強烈反彈，將是接下來值得觀察的重點。

最後一搏，哭了!!
200多名官員含淚上諫宮門外 皇帝讓步不讓步？

■就在群臣與張璁等人為議禮問題大打筆戰的同時，感覺到情勢不利的吏部左侍郎（文官考核任免部次長）何孟春，在上朝完畢後就建議仿效成化四年（1468年）百官哭諫宮門外，成功改變憲宗皇帝決定的做法。翰林院官員楊慎也起聲附和，於是王元正、張翀便將群臣擋在金水橋南，說：「今天如果哪個不力爭，就會受到眾人抨擊。」於是包括內閣、六部、翰林、御史、給事中等二百多名朝臣，在半推半就下群聚左順門跪伏，企圖製造壓力迫使皇帝收回成命，繼續尊孝宗為「皇考」。就算朱厚熜先後兩次傳諭要眾人散去，但群臣仍伏地號哭不起，非得要皇帝讓步不可。

用打的比較快!! 皇帝怒杖 禮議終結

■官員們想藉群體力量向皇帝施壓的方法踢到大鐵板，朱厚熜不但不妥協，還怒令司禮監抄錄所有鬧事者的姓名，然後把為首的翰林學士豐熙等八個人直接關入獄中拷訊，之後又逮捕一百三十四名官員，其餘八十六人則是待罪候審。最後降旨只要是四品以上者全部奪俸，五品以下的一百八十幾人全都受到杖刑。經過這麼一打，王相等十六個人便先後因傷而死，而楊慎、王元正等七個首謀則是二度受杖，給事中張原更被活活打死。在此之後，群臣全都嚇壞，不敢再唱反調。於是朱厚熜便將生身父親的神主牌位迎到北京，並冊封尊號為「皇考」，生母章聖皇太后蔣氏為「聖母」，然後改稱孝宗為「皇伯考」、昭聖皇太后為「皇伯母」，終結了爭論多時的禮議問題。

記得還我喔

還哭！煩不煩啊！讓你們嚐嚐如意金箍棒的厲害！

群臣企圖以跪哭的方式改變皇帝的決定，結果反而遭到廷杖重責

【政治評論】
三朝群臣集體哭諫事件所為何來？

■正德朝的諫南巡廷杖案，與嘉靖朝的議禮案，雖然目的不同、本質各異，但所面臨的卻是同樣棘手的問題。即朝臣們結成一個官僚集團，並且集體疏諫，給皇帝造成很大的壓力。而群官之所以兩次伏跪集諫，其實都是以成化朝的哭諫為前例。

成化四年（1468年），慈懿皇太后崩，憲宗朱見深下旨另葬他

處，但因閣臣反對而交付廷議討論。後來禮部尚書姚夔率群臣於文華門哭諫。這次事件對憲宗皇帝造成的壓力，應不亞於往後的兩大廷杖事件。但由於朱見深相對上算是個性比較仁厚，所以並未考慮以廷杖對付朝臣。反而在群官集諫的態勢之下，選擇了順應朝官所請，最後以和平落幕。由於這次成功，使得正德朝的官員們也起而效尤。雖然諫南巡時爆發罰跪廷杖事件，但武宗朱厚照最後也取消南巡，群臣也算被打得有代價。而且此事件中，被打的官員在朱厚熜繼位後很快得到平反，並在短時間內獲得名聲讚譽及官職的補償，所以更激勵了嘉靖議禮事件時朝臣的參與度。當然其中也不乏一些在理念的堅持外，其實另有所圖的投機分子，所以此次大禮議之爭，群臣才敢再援引前例，冒險伏闕哭諫。

比較這三次狀況類似的事件，卻各有不同結局之原因。可以發現最重要的因素有二，即皇帝的個性及事情的合理性。朱見深

仁厚，而其所爭之事不順於理，所以最後成化帝尊重廷臣之意。朱厚照衝動怠政，但也知道群臣所諫之事自己理虧，故在怒杖朝臣後，也不甘願的暫罷南巡。朱厚熜個性剛決，始終不覺得抹其本生之親，考孝宗的方式合於情理，所以在激成事變之後，群臣之請仍一無所獲，徒然被杖而已。另一方面，嘉靖時群臣之所以敢諫，除了受到前兩案成功達到抗諫之目的而有所增強外，還心存一種幻想。即是在經歷過朱厚照如此荒誕不羈的君主之後，他們認為再也不會有君王如正德皇帝那般瘋狂行事，自然也不會再有廷杖百官這種前所未聞的事發生。但出乎其意料之外的是，正德朝一次廷杖一百多位朝臣的事件，固然是空前，但卻不是絕後。

再從另外一個觀點來看，即不論是諫南巡或是議禮案，群臣在上諫時已少了理智冷靜，多了意氣用事。伏地號叫、撼門跪哭，過激的舉動不但未能得到明君的感動，換來的反而是怒主之廷杖。

另建世廟供奉祭祀　獻帝神主牌有去處

■大禮議事件雖然在群臣受杖後看似告一段落，但最近又有後續發展。光祿寺（皇室酒醴膳饈署）署丞（代理主任）何淵上疏，建議在太廟中增建「世室」，以祭祀獻皇帝（朱厚熜之父），事親至孝的朱厚熜便要廷臣就此事加以討論。但是就連當初在「大禮議」時力挺皇帝的席書、張璁等人，也都堅決認為讓獻皇帝的牌位放在太廟供奉的提議不適當。原因是沒有辦法找出合理位置擺放，如果把獻皇帝牌位放在武宗朱厚照之上，一來孝宗朱祐傳給武宗的統續便因此中斷，二來獻皇帝以藩王臣屬擺在君主之前也僭越名份。如果放在武宗之後，也同樣干擾武宗傳給嘉靖皇帝的統續，並讓叔叔排到姪子後面，同樣不適合。只是不管再怎麼解釋，朱厚熜還是堅持要讓獻皇帝祔入太廟。最後廷臣只好建議再另設一廟於太廟左右，用以祭祀獻皇帝。最後此議得到批准，朱厚熜還親自定名為「世廟」。

仁壽宮燬於大火　皇太后暫居別院

■今年三月，昭聖皇太后(明孝宗朱祐樘皇后，朱厚熜伯母)居住的仁壽宮發生火災，整座宮殿付之一炬，太后只好先移居仁智殿等待修復重建。後來，工部（國家工程部）準備好圖稿，開始討論重建經費時，卻因為四川、湖廣、貴州等地的山林都被砍伐殆盡，用來興建「世廟」（祭祀朱厚熜父親的宗廟），各地又不斷傳出饑饉欠收的災情，使得工程經費籌措十分困難，於是朱厚熜便想暫停仁壽宮修建工程。雖然許多官員認為工程應該繼續，以便讓昭聖皇太后能早日回宮。但朱厚熜認為皇太后的需求雖然重要，但小民的生活應更為優先，所以還是決定不再修復仁壽宮。

傳奉濫行太監擴權　嘉靖再開前朝惡例

■朱厚熜即位之初，曾一新耳目的取消前朝傳奉惡例。但時間一久，卻也開始因為某些太監想要死後還可以蔭襲家人，或是某些鑽營小人詭辯復職，一下子又多了九十幾個傳奉官。在清寧宮建成之後，太監崔文便積極的為各匠役求官，結果皇帝又一口氣傳奉了一百五十人。不管給事中、兵部（國防部）怎麼上疏陳說其弊也都完全沒用。但嘉靖皇帝不聽勸諫的不只這樁，日前浙江市舶司提舉太監賴恩，為了在地方上擴權，請求皇帝讓他可以在原本的職權外，再兼提督沿海軍務。朱厚熜也是完全不理會朝臣的反對，直接就下旨同意賴恩所求，再開一項惡例。

皇帝跨過正常程序又直接任命許多傳奉官

天師的家也會失火?
龍虎山道士邵元節受封真人

■近來朱厚熜對於道術，以及崇奉「真人」越來越沉迷，在第四十八代張天師（由東漢張陵所創之「正一道」傳人）「正一嗣教致虛沖靜承先弘化真人」張彥頨請求下，皇命欽封龍虎山（江西境內）上清宮道士邵元節為「秉誠致一真人」，並賜給銀印。不只如此，之前許多親王府邸因火災受損，皇帝僅要求估計損失，並沒有輕易的大興土木。但沒多久，張天師家宅也被燒毀，皇帝卻二話不說，也沒經過估算工程費用，便下令有關部門立即進行修復，並派宦官前往監工。為此，給事中黃臣等特別上疏，表示如果張天師真有法術，那他家為什麼還會被燒毀。不過，皇帝已經沉迷道法之中，所以沒有聽進這個弦外之音。

號稱法術高強的張天師居然自宅失火燒毀

省錢大作戰!! 皇宮動物園遭解散

■日前，御史雷應龍針對光祿寺蓄養鷹犬的經費提出檢討。報告中指出，光是蓄養這些猛禽走獸，每年就要消耗一萬六千五百餘斤的肉，餵食賞玩用的蟲鳥每年也要五千餘石綠豆、黍秫，建議罷除此項支出。此議在戶部也表示同意後，皇帝已正式下令，要求主管機關在查實之後呈閱，決定依議罷除鷹犬鳥獸之蓄養。

多重影分身!! 李福達案郭勛遭彈劾
牽拖起因議禮得罪人

■在弘治朝時有位李福達，因用妖術糾眾作亂被判充軍，但卻多次逃脫，並改名李午繼續作亂。之後他為了逃避追捕，又改名為張寅，還用錢買來太原衛（山西境內）指揮（司令官）的職務，並以鍊金術和武定侯郭勛拉上關係。但紙終究包不住火，李福達的真實身份被仇家薛良揭發，還向巡按御史（監察官）馬錄告了狀。李福達驚懼之下，便去尋求郭勛庇護，要郭勛替他寫信給馬錄求情。但馬錄並不買帳，依舊將實情奏報朝廷，還彈劾郭勛庇奸亂法。都察院（中央監

察院）查實後，左都御史（監察總長）聶賢也為此上奏，言官也交章上疏彈劾郭勛，於是朱厚熜便下詔要郭勛對狀。此時郭勛為求脫身，又搬出免死金牌，說他是因為在議禮中支持張璁、桂萼，所以才會犯眾怒而遭到誣陷。一旦扯上議禮案，朱厚熜就好像被制約一樣，之後皇帝下達命令，讓錦衣衛（皇帝直屬特務機關）將李福達及馬錄都逮捕入京，關入獄中候審。此案在皇帝介入並扯上議禮之後，已飄出濃濃的政治味，原本單純的刑案開始變得撲朔迷離。

李福達？

李午？

張寅？

其實我的真實身份是龐德...沾吐司·龐德

李福達涉嫌變造多重身份

王邦奇挾怨誣告 兩閣臣致仕而歸

■之前被內閣大學士楊廷和以《武宗遺詔》裁革傳奉官，而失去千戶（中階軍官）職位的王邦奇，在不久前回復官職後，便銜怨誣告楊廷和及尚書彭澤，說哈密（新疆境內）丟失都是由於他們二人瀆職害事之故，同時波及閣臣費弘、石珤，以及兵部主事楊惇（楊廷和之子）。據了解，這些指控都是受到張璁、桂萼在背後指使。這不只涉及大禮議的報復清算，還牽扯到內閣閣員間的權力鬥爭。雖然給事中揚言為此上疏抗爭，廷臣奉命討論後也認為王邦奇誣告。但朱厚熜正寵信張璁、桂萼二人，便在沒有證據的情況下，將楊惇罷斥為民，其餘官員也遭到降貶廢黜。費弘及石珤在這次風波後心意已冷，已請求致仕並獲批准。

寶寶想要，但寶寶不說……
二次廷推 翟鑾入閣

■費弘致仕（退休）之後，閣臣楊一清等先推薦已經家居十六年，頗有聲望的謝遷入閣，之後又推舉另一批名單讓皇帝圈選。但由於朱厚熜想讓張璁入閣，但名單上又沒有，便將名單退回下令再次廷推，結果第二次的名單中還是沒有張璁。朱厚熜在失望之餘，只好詢問宦官們意見，最後圈選了他們一致推舉的禮部右侍郎（教育部次長）翟鑾入閣。雖然楊一清認為翟鑾威望過輕，建議另用他人，但皇帝金筆已揮，內閣名單也就此確定下來。

你輸了

不算，重來！

一心想讓張璁入閣的嘉靖皇帝否決了廷推的人選

名詞解釋
廷推

遇大臣出缺，由三品以上、九卿、僉都御史、祭酒等官員公推二或三人，報請皇帝圈用。皇帝可就名單圈選，也可不予採用再令重推。不過一般原則是皇帝對於廷推只有消極的不錄用，而不會積極的令大臣推舉某人。

李福達罪證明確 皇帝就是不買單

■涉嫌偽冒身份的李福達被押至北京後，朱厚熜命刑部尚書（司法部長）顏頤等人於午門外會審，連同告發人薛良及證人等三十多人當面對質。結果所有人都當眾指出李福達的真正身份，他自己也無話可辯。但因為朱厚熜已被張璁、桂萼洗腦，先入為主的認為這是群臣藉機報復議禮，便怒批顏頤結夥肆意誣陷，還表示要親自審訊。閣臣楊一清表示聖駕不應干預司法，皇帝才打消此念。

> 波動炮發射！

> 啪！

只要扯上議禮問題，嘉靖皇帝馬上會出現劇烈反應

內幕追追追!!

皇帝人馬主導　結局大逆轉

嘉靖皇帝怒將詳細評析李福達案的刑部主事唐郤貶為平民後，下令桂萼代理刑部尚書，張璁代理都察院左都御史，方獻方代理大理寺卿（最高法院院長），繼續審理此案。在全部換上皇帝人馬後，一舉推翻所有罪證與判決，判張寅（李福達）官復原職，原告發人薛良因誣告被處死刑，當初起訴嫌犯的御史馬錄受不了桂萼嚴刑逼供，最後屈打成招，被判充軍廣西煙瘴之地，連以後遇大赦也不得寬免。其他受到牽連而遭到戍邊、除籍、革職、貶官的官員，共有好幾十個人無辜受害。此案的大逆轉，以及完全不看證據的判案，已經引起司法界一陣譁然。

被迫互相糾舉 監察部門上演空城計

■禮部右侍郎桂萼為了報復一直彈劾他的言官，便上疏表示當初楊廷和廣樹私黨，之後雖經斥逐，但監察系統中還是有一堆遺奸。建議仿照成化初年讓科道官在考察過後互相糾舉的方法，以肅清言路。朱厚熜令吏部討論此事，吏部兩次表示成化初年並無此例，桂萼只是心存報復。但朱厚熜一開始就聽信桂萼的話，於是便降旨斥責吏部黨護，然後詔令科道官互相糾舉並及時奏報。而張璁也趁著代理都察院的機會，以考察為名，把十二個反對他的人都弄了下來。加上之前要言官們相互糾舉，前後總共罷免了二十幾個人，監察部門為之一空。

張璁平步青雲 掌控內閣大權

■受到皇帝青睞的張璁，總算在日前被任命為禮部尚書兼文淵閣大學士入閣參預機務。但由於張璁是因議禮之事平步青雲，所以翰林院諸官都恥與為伍。張璁因此心生惱怒，便奏請皇帝將翰林院侍講、侍讀以下的官員量才外補。結果改官及降黜的竟多達二十二人，備為顧問及核心官員儲備所的翰林院幾乎成為無人

敢瞧不起我…

翰林官員由於鄙視張璁而遭到報復驅逐

官署。楊一清雖然名為首輔，但內閣大權實際上已經轉移到受皇帝寵信的張璁手裡。現在只等弄走楊一清，張璁便可無所顧忌了。

不堪官場腐敗 文徵明歸蘇州
潛心詩文書畫 開創吳門畫派

■明代中期最著名的畫家兼大書法家文徵明，自幼習經，喜愛書畫，跟大師沈周學過繪畫，少時即享盛名，與祝允明、唐寅、徐禎卿並稱「吳中四才子」。然而在科舉路上很坎坷的他，從二十六歲開始應試，一直到五十三歲，十次應舉均落第，直到五十四歲才以貢生身分進京。經過吏部考核，授職翰林院侍詔。然而其書畫負有盛名，求書畫者眾，而倍受同僚排擠。文徵明在京四年目睹官場腐敗，一再乞歸，終於在五十七歲（嘉靖五年）辭歸，返回蘇州潛心詩文書畫。文徵明雖然大器晚成，卻也因門人、弟子眾多，形成當代吳門地區最大繪畫流派。

死人復活!?
土魯番頭目死後竟又進貢 陳九疇被控肅州激變真兇

■嘉靖三年（1524年）時，晝夜馳援肅州（甘肅境內），率軍奮勇擊退二萬土魯番騎兵的巡撫甘肅（甘肅省級總督導長）右僉都御史（主任監察官）陳九疇，在捷報中指稱土魯番頭目速檀滿速兒及牙木蘭死於砲火之下。但在不久前，土魯番又以此二人為名上表請求通貢，並表示當初會兵圍肅州都是由陳九疇所激起的。在吏部尚書桂萼的建議下，皇帝已下令將陳九疇關押在獄並要求從重治罪。

政治鬥爭的犧牲品…… 桂萼暗中操盤 忠臣充軍極邊

■受命審理陳九疇案的刑部尚書胡世寧，調查後發現指控他激起肅州之圍的說法，是土魯番故意散布的謠言而非事實。那場戰役陳九疇也確實立有大功，唯一的錯誤是誤信都指揮使王輔妄報土魯番頭目已死，未經查證便草率上奏。胡世寧為此上疏，表示文臣中沒有人比陳九疇還要有勇略且能忘身報國，還說：「我掌管司法卻得要殺害忠臣，那寧可先把我殺了。」不過朱厚熜還是下達將陳九疇謫戍極邊的重刑。分析師表示，桂萼在此案中扮演著重要關鍵。之前王邦奇誣告楊廷和、彭澤

紅燈右轉，
罰款兩億，
外加拘役十年

皇帝受到桂萼的影響將陳九疇輕罪重判

一案中，也牽扯到陳九疇，桂萼便想藉著追治陳九疇激變之罪，來打擊他早就看不順眼的彭澤。所以才不斷給皇帝洗腦，最後弄得輕罪重判，忠臣戍邊。。

王守仁成功平亂　陽明先生病逝歸途

■去年（1527年）兩廣地區（廣東、廣西境內）瑤族和僮族起兵反抗，官兵無力解決，朝廷改命王守仁總督兩廣軍務，率湖廣兵前往平亂。由於王守仁戰略運用得當，加上戰鬥中將士用命，前後擒斬三千餘名敵軍後，終於在今年五月間全全平定當地動蕩。但在漂亮的打完此役後，王守仁肺疾加劇，便上疏舉薦林富為都御史以代理其職，不等皇帝批覆就自行返鄉，最後在十一月底行至南安（江西境內）時病逝於小船上。據聞在他臨終前，身邊的學生問他有何遺言，這位因為平定宸濠之亂被封為新建伯，人稱「陽明先生」的一代大儒，只輕輕的說：「此心光明，亦復何言！」便瀟灑結束這一生。

天子暴怒 皇后流產!!
痛失愛子 廢后壓力 陳氏不幸病故

■今年初朱厚熜與皇后陳氏同坐,接受張妃和文妃奉茶,但朱厚熜無視於皇后在身邊,大剌剌的牽起美人小手又摸又看,惹得已有身孕的皇后大吃飛醋,將杯子甩在地上就要起身離去。沒想到這個舉動讓朱厚熜覺得面子掛不住,便當場暴怒。皇后因受到驚嚇流產,朱厚熜殷殷期盼的皇子也就這樣沒了。皇后流產後重病不起,一連數個月都無法痊癒。嘉靖皇帝並沒有檢討自己,反而還令其遷出坤寧宮,準備廢掉她皇后之位。最後是楊一清等大臣上言,說皇后已病危,此時廢棄恐有礙聖名,所以才沒有進行。皇后撐不過這一連串打擊,於十月離世。朱厚熜還下令降低喪禮規格,就算官員上疏勸諫,但還是改變不了餘怒未消下的聖裁。(如遇家暴問題需要協助,請撥全國婦幼保護專線113)

皇后因皇帝突然暴怒而驚嚇流產

專題報導

雅賄

除了直接送金銀珠寶行賄官員之外,近年來還盛行以字畫或瓷器等藝術品來買通關係,稱為「雅賄」。由於名家作品在市場上具有極高的兌現價值,又可附庸風雅,所以已經成了官場上的另一潛規則。除了被動的收受禮品,某些官員還會與藝廊合作,將手上的字畫古玩放在店中寄賣,然後想要行賄的人再透過門路花高價買下,之後又可能再當禮物送出,這過程中,賄款便被洗乾淨。相對於以金銀行賄,收受藝術品沒有對價關係的風險,甚至自認正直的官員也比較會接受,所以也在一定程度上讓藝術市場更為活絡。

蘇州吳門四家 書畫最負盛名

■被稱為「吳門四家」的沈周、文徵明、唐寅(唐伯虎)、仇英,可說是當今畫壇最受歡迎的主流代表。畫派創始者沈周的花鳥畫,充滿野逸的寫意氣息。文徵明的蘭竹尤富新意,墨蘭更是幽美秀雅,有文蘭之稱。江南第一才子唐寅的細筆山水及人物畫,除了秀潤空靈之外,更帶有書法的筆味墨韻。仇英的工筆重彩仕女畫妍雅溫柔,開啟了全新的風格。

死後不得安寧!!

桂萼彈劾 王守仁病故仍遭奪爵停卹

■王守仁請求養病的奏疏在年初終於送到朝廷，朱厚熜因為他不等命令就擅自離職回鄉，下令要他寫檢討報告。但沒多久，他病故的消息也傳回北京。桂萼不但把消息壓下來，還繼續彈劾王守仁擅離職守，詆毀他之前的軍功有冒濫之嫌。朱厚熜因此下詔停止王守仁新建伯世襲的待遇，連同他死亡應享受的撫卹也都一併取消。

> 停！剛剛凡間已經停止你所有的福利了，把雞腿交出來吧，那兩片吐司你可以留著

生前立下大功的王守仁，在死後竟然被奪爵並取消撫卹

朝廷推行救荒SOP

■今年春，襄陽（湖北境內）發生嚴重饑荒，當地巡按御史張祿便繪《饑民圖》進獻，呈現饑荒中人民的痛楚。皇帝因此扣下修築顯陵（朱厚熜父親之墓）的工程款，再加上其他經費用以賑災，並傳諭有關部門思考要如何賑濟。不久，廣東按察僉事（省級司法監察主任）林希元上疏，陳述救荒的具體步驟，在獲得皇帝肯定後，已頒旨讓有關部門當成準則推行。

救荒準則

二難：得人難，審戶難；三便：極貧便賑米，次貧便賑錢，稍貧便轉貸；六急：垂死急羹粥，疾病急醫藥，病起急湯米，既死急募瘞，遺棄孩稚急收養，輕重繫囚急寬恤；三權：借官錢以糴糶，興工作以助賑，借牛種以通變；六禁：禁侵漁，禁攘盜，禁遏糴，禁抑價，禁宰牛，禁度僧；三戒：戒遲緩，戒拘文，戒遣使。

恐龍審判!! 張柱無辜枉死　皇帝挾怨害命

■之前北京城百姓張福狀告鄰人張柱殺死他的母親，東廠知道後將這事上報，刑部也判張柱死罪。但張柱本人不服，張福的姐姐也到官府哭訴說母親是被弟弟張福所殺，連街坊鄰居也都出面為張柱喊冤。於是刑部郎中（司長）魏應召重審此案，

在證據確鑿的情況下，改判張福謀弒尊親。但東廠覺得這樣面子掛不住，便上奏辯解說司法機關胡亂審判，朱厚熜一怒之下，便將主審魏應召關入獄中。都察院右都御史熊浹也因堅持判決而遭

免職，接著上疏抗辯的給事中陸粲及劉希簡也都被投入獄中。最後刑部侍郎許贊等人只好依皇帝的意思將張柱處死，魏應召及作證的鄰人流放充軍，張福姐姐杖打一百。

人命換珍珠
採珠客告急

■提督兩廣軍務的兵部侍郎林富，於日前上疏極言採珠的弊害。因為每次採集完珍珠之後，都需要很長的時間來長成，所以歷代以來，朝廷都是數十年才在廣東地區採集一次。最近幾次因為間隔時間太短，採集到的珍珠不但又醜又小，數量也少得可憐。現在距離上次開採才兩三年，朝廷又下達採珠的詔命，恐怕到時成效將遠不如預期。林富表示，上次採珠時，一共病死、溺死了五十幾個人，而得珠僅八千零八十餘兩，就已經遭致輿論強烈抨擊，說朝廷以人命換取珍珠。今年再採珠的話，恐怕就算用人命也換不到幾顆珍珠了。何況廣東地區近來饑民告急，申訴紛紛，盜賊趁機作亂。如果再派人提督採珠的話，只怕百姓們愈窮愈急，最後發生意外之變。雖然林富所言極有道理，但朱厚熜在看過奏疏後，仍然對疏中所議不予考慮，依舊下令即行採珠，不得延誤。

內幕追追追!!

朱厚熜處死張柱 顧東廠顏面？挾怨報復？

對於張柱一案，朱厚熜之所以態度堅決，其實是因為心裡很厭惡孝宗及武宗兩位的皇后家族。而張柱剛好就是武宗皇后的家僕，所以才一定要置他於死地。使得原本應該為天下臣民主持正義的司法審判，再一次淪為皇帝挾怨害命的工具。

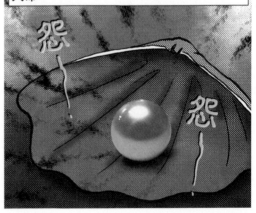

朝廷為了採集珍珠已經犧牲了許多寶貴的人命

死不瞑目 楊一清受誣辭世

■重量級閣臣楊一清，在無端被指控接受太監張永、蕭敬賄賂後，忿而上疏請求致仕，朱厚熜也不高興，加以批准。不久前，已經回鄉養老的楊一清，因聽到又有人在皇帝面前誣蔑他收了張永弟弟的錢，為張永撰寫墓誌銘，氣得說：「我老了，卻還要被這些孺子給這樣欺負…」由於過於悲憤，竟然引發背後的傷疤發作，最後不瞑而死。不過朱厚熜這次並未被流言激怒，並沒有像其他人那樣死後還要抄家追贓，對這個老臣只下令不再究問，在某種定義上，也可以算是另一種恩寵。

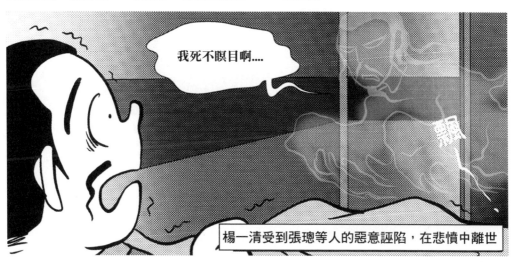

我死不瞑目啊....

楊一清受到張璁等人的惡意誣陷，在悲憤中離世

內幕追追追!!
楊一清收受賄賂為假？得罪權貴為真？

楊一清病逝後，各種流言甚囂塵上，甚至傳出楊一清的死與張璁有極大關係。之前大禮議激辯時，還閒居家中的楊一清看到張璁提出的論點，便十分肯定，甚至還勸席書早點去加入張璁陣營以定大議。所以張璁等人顯赫後，便引薦楊一清入閣，認為他是屬於自己這派的人馬。等到張璁與桂萼把另一名閣員費宏擠走，楊一清卻堅持讓頗有聲望的謝遷入閣，張璁等人便開始對他心有怨恨。加上張璁想報復錦衣衛聶能遷，也被楊一清阻攔，因此便上疏詆毀他。此時，給事中王準、陸粲揭發張璁、桂萼招權納賄的醜事，兩人因而被罷職。同樣因議禮獲皇帝信任的霍韜，怕牽扯到自己，便上疏指控楊一清接受賄賂，楊一清也忿而致仕。還鄉後張璁仍繼續以墓誌銘一事詆毀，最後楊一清也才會怒急攻心，舊疤復發而死。

拍馬屁 各地官員競相呈報祥瑞

說實話 兵部主事反被罷黜為民

■由於朱厚熜喜歡祥瑞之兆，各地官員便紛紛獻上所謂的「嘉禾」、「瑞麥」來拍馬屁，讓蟋皇帝開心的把這些東西拿去奉先殿供奉。不僅一般官員如此，連已經復職的內閣大學士張璁也寫了〈嘉禾頌〉進獻，頌揚都是因為皇上德政才會出現祥瑞之兆。兵部主事趙時春看不慣這種逢迎虛偽的歪風便上疏抨擊，但卻被皇帝反過來責備他胡說八道，並要求他逐條寫出治國良策。趙時春見皇上翻臉動怒，只好承認自己有錯，但朱厚熜卻仍堅持要他據實回答。

我還是讓鼻子變長一點比較安全

官員們竟然因為說了真話而受到嚴懲

最後趙時春只好硬著頭皮，上疏寫出當今政務最大最急的幾件事。不寫會出事，寫了一樣出事，惹怒皇帝後果然被關到獄中嚴刑拷打並罷黜為民。除了趙時春之外，兵科給事中（國防科政風監察官）高金，也在日前因上疏建議削奪邵元節真人稱號，而被正熱衷於學習長生術的朱厚熜給打入詔獄嚴刑拷掠。

張璁清查全國莊田 非法侵奪歸還業主

■近幾十年來，社會上最嚴重的問題，就是因貴族勳戚佔有大量莊田，所引發的貧富不均現象。土地的兼併不但造成國庫稅收已經短少一半，更使得大批喪失耕田的農民必須離鄉背井討生活，最後成為流民。據估算，目前流民總數已經超過六百萬人，佔全國總人口數十分之一，也難怪正德年間流民暴動接踵而起。嘉靖初年，為了改革此項弊端，朝廷曾兩次清理京畿莊田，只不過因宦戚從中阻撓，朱厚熜本身也猶豫不決，以至於沒有什麼成效。張璁雖然是因議禮得寵而入閣，但對於這一重大社會問題的改革，卻是令百姓稱許。他下令查勘京城附近五百二十八處，總計五萬七千四百餘頃的貴族莊田，發現其中二萬六千餘頃是非法佔奪。便要求將土地歸還受害者，並嚴定禁革事例，不許再侵佔或投獻民田，違者問罪充軍，連勳戚大臣也同樣參究定罪。評論家認為，張璁這些作為，對於緩和因土地兼併造成的衝突有極大的效果。雖然不能一舉掃清百年來的積弊，但卻能使社會秩序更趨向穩定，對帝國統治有極大的貢獻。

譏諷皇帝生不出兒子！？
薛侃上疏涉謗 夏言疑為主使

■正因沒有子嗣而苦惱，並一直為此齋戒祈禱的朱厚熜，在看到行人司正（傳旨使者課課長）薛侃請求依據舊典，選擇賢能的親王留在京師以待皇嗣出生的奏章後，大為憤怒，下令將他關入獄中嚴刑拷問。由於太常寺卿（國家祭祀署署長）彭澤向皇帝透露，夏言就是指使薛侃上疏諷刺皇帝生不出兒子的背後主謀，所以夏言也因此遭到逮捕審訊。目前全案已交由郭勛、翟鑾及司禮監會同廷臣偵審。

更名啟事

本人因原名張璁與當今皇上神聖高貴且不可侵犯的名字過於接近，深覺惶恐不妥而自請改名。蒙皇上御筆親書賜名孚敬，字茂恭，即日起正式變更，特此聲明。

張孚敬

內幕追追追!!

張孚敬害人反燒自己

薛侃一案經調查後出現大逆轉，原來一開始奏疏寫好時，他也因害怕觸犯大忌而不敢上呈，便先把草稿拿給彭澤過目。彭澤知道此疏一入必定犯忌，便把草稿拿給張孚敬看，兩人打算以此陷害近來漸受皇帝信賴的政敵夏言。於是彭澤便慫恿薛侃上奏，還說張孚敬會給他暗中協助。但張孚敬所謂的協助其實就是先抄一份副本給皇帝，然後說此疏是出於夏言之意，並讓皇帝先不動聲色。果然不久之後，此疏真的呈上，也才引發此案。拷訊過程中，彭澤不斷暗示薛侃把責任推給夏言，但就算用盡所有酷刑，薛侃還是瞪著彭澤說：「這奏疏是我寫的，催我上奏的是你，還說張孚敬會暗中相助，這與夏言有何關係？」真相大白後，皇帝斥責張孚敬嫉妒欺騙令他致仕，薛侃被罷為民、彭澤則是發邊充軍，夏言被釋放後升任禮部尚書。只是張孚敬下臺後沒多久，就又被召回內閣，看來他雖然沒辦法再像以往那樣專橫，但依然受到皇帝眷顧。

彭澤與張孚敬故意慫恿薛侃上疏以便激怒皇帝，達到陷害夏言的目的

官員對於皇帝齋醮求子的行為紛紛上疏勸諫，但結果反而忤上受懲

皇帝齋醮求子 官員勸諫下獄

■朱厚熜苦於沒有皇嗣，在真人高士的指點下於欽安殿設立齋醮祭壇，令文武大臣每天輪流一人進香行禮。御史喻希禮為此上疏勸諫，表示天降祥瑞不能只靠齋醮修戒，而是應該將當初因禮議及李福達案遠戍邊境的官員，酌量遷移到比較近的地方或是加以寬免，如此太子星座自會大放光明。朱厚熜看到奏疏後大罵：「這是說朕治了官員的罪，才導致皇嗣出生延遲嗎？」便下令將喻希禮逮捕下獄拷訊。

皇嗣議題敏感 石金邊地充軍

■御史石金日前也因皇嗣問題上疏，建議皇帝避免操勞過度，只要無為而治自然能生育百子。同時建請平反王守仁之功，並寬宥因爭大禮及各大獄受貶斥的官員。朱厚熜認為石金要他無為而治，就是在誘導皇帝不要親理政務，因而讓石金到獄中與喻希禮做伴。夏言等為他們求情，也遭皇帝痛斥並要求寫書面報告。夏言等人只好趕緊認錯，可憐的喻希禮及石金就這樣被罰到邊遠之地充軍。

星象變異 依詔直諫

眞言一吐爲快 結局竟是……

■不久前因為星象異變，朱厚熜便依慣例下詔要臣下直言朝政缺失。翰林院編修楊名率先上疏，直言皇帝喜怒無常，用人與處罰不當。但這話實在太直白，朱厚熜聽到後心中冒火，但表面上表揚他的忠心，還鼓勵他把話說完，不要有所隱諱。於是楊名就再次直指吏部尚書汪鋐是奸險

說得好...
你就把話全部說完，
千萬不要有所顧忌喔

太好了

氣到發抖

嘉靖表面上對楊名的發言表示讚許，但實際上卻想痛加處罰

小人，武定侯郭勛邪僻狡詐，並直接指出皇帝寵信真人邵元節是一件嚴重的錯誤。結果朱厚熜看完後氣得噴火，馬上命錦衣衛將楊名逮入獄嚴刑拷問。

直言忠臣紛落難 馬屁諸官得歡心

■汪鋐在楊名那份直言無諱的奏疏中被直接點名是奸險小人，為了替自己辯護，便請皇帝徹底追查是否有人在暗中指使。然而，徹底追查的方法就是用盡各種酷刑逼人開口。只不過楊名雖然被打到幾乎死去，卻什麼也沒有承認，只說他曾將奏疏草稿給他的同年同學程文德看過。不過就因為這句話，程文德就馬上遭到逮捕。連上疏為楊名求救的侍郎黃宗名等人，也被皇帝遷怒關入獄中。司法機關幾次擬定了楊名的罪刑，結果都因罰則太輕被皇帝打槍，到最後朱厚熜索性直接頒詔，將楊名發往邊境充軍，程文德

貶為邊境雜官，黃宗明也貶調外任。不過倒楣的可不只這些人，御史郭弘化也是因星象異變，上疏諫停廣東採珠而遭禁錮並罷黜為民不再起用。南京御史馮恩同樣是照皇帝要求上疏直言，結果竟被銬上刑具械送至京。南京副都御史（副監察總長）萬鏜因為勸皇帝去虛文、崇實政，也同樣被罷黜為民。只有巡撫四川（四川省級總督導官）都御史宋滄因為拍馬屁進獻了罕見的白兔，並說這是全是因為皇上德政才出現的祥瑞，而官員們也紛紛跟進呈獻詩賦稱頌皇上的萬古未有的功德，才讓皇帝覺得開心。

徐元祉疏浚河道 河間、保定免受水患之苦

■被派往河間、保定（皆河北境內）賑濟災民的工部郎中（司長）徐元祉，在抵達災區後，發現饑荒問題的根源在於河流之患，因為下流淤塞，導致湖水向上漫溢。於是他便具體規畫疏浚的六項工程，在朝廷批准後實施。學者認為，這一項疏浚工程，將可以有效解決水患，讓鄰近災民暫時免受水淹之苦。

發現傳說中的黃金國……
西班牙人征服印加帝國

■1526年時，西班牙人從中美洲南下，發現了傳說中的黃金國——印加帝國（位於南美洲）。之後得到西班牙國王批准以武力征服。雖然只有一百六十八個人，外加二十七匹馬及一門炮，但由於印加帝國已因歐洲人帶到美洲的傳染病損失大部份戰士，裝備也極為原始，加上爆發內鬥，所以很快就被打敗，印加國王也遭俘虜。

修道反被激怒?
左副都御史遭嚴刑拷打 禮科給事中罰半年薪俸

■潛心修道的皇帝卻越修越容易被激怒。左副都御史王應鵬不久前僅因為上奏時遺漏職名，被關到詔獄中嚴刑拷打。禮科給事中（教育科政風監察官）魏良弼為此上諫，表示不應該因小失誤就囚禁大臣。但朱厚熜還是以不敬之罪撤銷王應鵬職務，還罰了魏良弼半年薪俸，連為他們上疏求情的御史陳邦敷也被貶為貴州驛丞（驛站站長）。

白鹿呈祥 百官祝賀

■巡撫河南（河南省級總督導官）都御史吳山，因為進獻白鹿博得皇帝歡心。禮部馬上請求將此事祭告太廟、世廟，官員們也紛紛上表祝賀。看來以後只要進貢珍奇玩物，百官們就跟著上表祝賀的情形，應該會變成常例。

汪鋐受命審馮恩 四鐵御史心無懼

■之前因星變直言被下旨鎖拿的南京御史馮恩，一回到北京便被關進錦衣衛獄中，每天嚴刑拷打，非得追究出幕後主使者姓名不可。刑部尚書王時中認為其罪只應充軍，便馬上被撤職查辦，相關承辦人員也遭到嚴屬的處份。據了解，朱厚熜之所以想置馮恩於死地，是覺得他因議大禮爭議不服，才膽敢直言謗上，根本就是死有餘辜。改由汪鋐主審的消息流出後，馮恩年僅十三歲的兒子，聽到父親即將被處死，便在宮門前泣訴。他日夜伏在長安街前，只要見有大官經過就攔車呼號求救，但卻沒有人敢替他說話。正式審問時，主審汪鋐面東而坐，馮恩則堅持面宮門而跪。汪鋐命隸卒強按馮恩面向他跪下，但馮恩不但立而不屈，還以大義怒叱汪鋐。後來當他被押出長安門時，圍觀的群眾都說馮恩是個「四鐵御史」，不但嘴巴堅硬如鐵，他的兩膝、肝膽，連骨頭都是鐵打的，完全無懼死亡威脅。

游泳、自行車、馬拉松也只有三樣而已啊，還是我比較厲害...

不懼權勢的馮恩被譽為「四鐵御史」

支付億萬黃金贖款　印加國王反遭撕票

■征服了印加帝國（位於南美洲）的西班牙人，俘擄國王之後要求以天價的贖金換回人質。印加人為了把國王救出來，湊足了滿滿一倉庫的黃金交給這些侵略者。但沒想到這些殘忍的歐洲惡徒根本毫無誠信，在收了贖金之後還是被殘忍的把印加國王給撕票了，而傳說中的黃金國，自此以後也悲慘的淪為西班牙的殖民地。

管理不當　大同守軍釀成兵變

■由於韃靼屢屢入侵，造成極大的損失，讓各邊境守將也都十分緊張。十月時，大同總兵（軍長）李瑾得知敵軍又屯兵塞外，便加緊督促役卒挖浚濠溝做好戰備工作。但因為管理過於嚴酷，受到不人道對待的役卒們便群起反抗，把李瑾給殺了。朝廷收到通報後，命總制大同、宣府（河北境內）等處軍務的兵部侍郎劉源清，會同總兵郭永率兵征討。大軍到達之後，叛軍原本有意歸降，但因為郭永違反雙方已經達成的協議，把出來採集柴薪的叛軍全都抓起來，因而導致再次騷動。叛卒們不但引導數十個韃靼騎兵入城，還殺了千戶張欽，把關押在獄的軍官黃鎮、馬升、楊麟等人放出，並推舉為統帥，目前雙方正在激烈的戰鬥中。

大同總兵因管理不當而激發兵變

給我重重的打!!
張選受杖皇帝監聽　打斷三杖昏死削籍

■原本應該親自主持太廟祭典的朱厚熜，今年又指派武定侯郭勛代理。給事中張選為此上言，表示皇帝不該耽於遊樂或修鍊道術而荒廢大事。朱厚熜看完後大發雷霆，要禮部對此奏發表看法。禮部尚書夏言也認為派人代理祭祀在古代《周官》就有記載，並無不妥，但也同時替張選請求寬赦。皇帝見禮部這樣答覆更生氣，便怒責夏言等人黨比相護，還直接下令將張選押到殿前廷杖八十。而且還親自到文華

啊！
啊！
啊！
這聲音實在太美妙了

殿監聽行刑過程，每一杖打下去都要大聲數報。由於皇帝親自監督，所以打得特別用力，一共打斷了三根紮實大杖才結束。張選被拖出去時早已昏死過去，之後他的家人找到很好的藥來醫治傷口，他才撿回一條命。之後，皇帝餘怒未消，還下令將張選削籍（在官籍中除名，不再具有候選任官之資格）逐出政壇。

官軍使用生化武器!!　劉源清手段過激遭徹換　大同叛將倒戈擒斬主謀

■受命前往大同（山西境內）平亂的劉源清，決定採取最激烈的手段對付叛軍。他下令挖上百條通道入城，然後向裡面施放毒煙，又接著灌水，造成叛軍嚴重死傷。但消息傳回京師後，這做法並未得到皇帝認同，朱厚熜認為這些被殺的人也是祖宗留下的百姓，而且不是每個人都參與其中，所以便以擴大事態解除劉清源職務，另以張瓚代替。這時在大同督餉的郎中詹榮，暗中探得被拱出來的馬升、楊麟兩人並無反意，便暗中命二人擒斬判軍領袖領黃鎮，以換取免罪。等張瓚來到時，兵亂早已平定，風光的敲鑼鼓吹入城，然後集合文武將吏置酒慶功，獎賞有功人員。

孝子血疏願意代父受死　皇帝動容馮恩死裡逃生

■因直言獲罪的「四鐵御史」馮恩，因為皇帝執意要將他處死而在獄中等候行刑。他的兒子馮行可之前曾經上疏請求代父受死，但沒有得到批准。等到時序入冬之後，因為事情已經更為急迫，眼看父親隨時都會有喪命的可能，馮行可便刺臂寫了血疏，捆綁自己來到宮前，再次重申願代父一死。這個年輕小伙子的孝行，這次終於感動朱厚熜，在看過這封血跡斑駁的奏疏之後，下令司法機關重新討論此案，最後馮恩終於得以免死。

遼東再度驚傳兵變　曾銑擢升大理寺丞

■大同（山西境內）兵變才過沒多久，遼陽（遼寧境內）也跟著爆發部隊搗毀官署、囚禁朝廷命官的事件。據了解，激發兵變的巡撫（省級總督導官）副都御史呂經到任後，一反之前每位軍人有三個僕役名額，以及每匹馬撥給五十畝牧地的規定，將僕役名額縮減一名並收繳所有牧地，還苛虐軍士修築城牆。軍士們受不了，便請求呂經恢復舊制，但呂經不但不接受陳情，還下令杖打那些來訴願的人，

因而激起兵變。失控的兵士們不但搗毀府門，還撕裂呂經的衣服，把他關在官署中。朝廷得知後，馬上派人入城重申規定，並命各軍歸隊，同時召呂經回京。當呂經要收拾行裝時，素來就諂媚他的都指揮使袁璘，便扣部隊應發的草錢月餉為其治裝，結果又再次激起軍士因不滿而嘩變。暴走的兵卒們又將呂經、袁璘抓了起來，然後火燒官署、搶軍械庫，將庫銀發給眾人，並脅迫總兵劉淮上疏彈劾呂經、袁璘

之罪。撫順（遼寧境內）地區的部隊，因為平時也一直被上級剋扣搜刮，見到遼陽部隊叛亂，便也跟著仿效。由於東北防區接連發生兵變，巡按御史曾銑便上言力主重治，在探知叛變者姓名後，暗中將名單交給各單位將領，然後在同一天採取行動，火速捕斬數十個叛軍主謀並懸首邊城，才將這場動亂壓制下來。事後，曾銑被擢為大理寺（最高法院）丞（主任），激起軍變的呂經則貶謫戍邊。

皇帝無照行醫
張璁抱病值班昏倒　張孚敬因病致仕

■一直受到皇帝寵信的內閣大學士張孚敬（張璁），因為健康情形況不佳，已經數次申請致仕。但朱厚熜卻沒有批准，還親自為他調配藥劑。只是不知道張孚敬是本來就身虛體弱，還是服用了無照藥師所調配的藥方，以至於在朝房值班時突然昏倒，一天多之後才清醒過來。由於病情急劇加重，朱厚熜不得已，也只好准他致仕回家調養。

加這個好了

嘉靖親自為張孚敬調配藥劑

大善殿改建太后宮　金銀佛像全遭銷毀

■皇帝打算將元朝時在宮中所建的大善殿改建為皇太后的宮殿，便命郭勛、李時、夏言等人前往現場堪察。之後禮部尚書夏言建議將寺中供奉的佛骨等物加以掩埋，以杜絕愚民之惑。篤信道教的朱厚熜雖然信神，但對佛像佛骨這類東西完全沒有興趣，甚至還認為這些都是邪惡汙穢之物，便同意夏言之議，將一百六十九座的金銀佛像全都融毀回收，一萬三千餘斤的佛頭牙骨等佛教聖物，也都加以銷毀掩埋。

夏言入閣預機務　嚴嵩禮部任尚書

■禮部尚書夏言日前被拔擢入閣參預機務，在他引薦下，近來深得皇帝信任的嚴嵩，也被提拔為禮部尚書接替夏言之位。較早之前，嚴嵩見到同鄉的夏言受寵，便盡其所能的討好他，但其實夏言並不太想搭理他。有一次，嚴嵩在家中設宴特別邀請夏言，沒想到夏言卻辭不赴宴，是嚴嵩跑到他家門前長跪，夏言不好意思再三謝絕才只好赴宴。但經過這件事之後，嚴嵩竟然就變成了夏言的知己，所以才能步步高升，並在此時接任要職。不過，同時當上禮部尚書的可不只嚴嵩一人，真人邵元節也因皇儲誕生，而以祈禱祭祀之功，被授與禮部尚書的頭銜。

嚴嵩特地長跪在夏言家門口邀宴，十足的誠意最後終於感動了夏言

大禮議最終章 明睿宗入祔太廟

■朱厚熜在嘉靖三年（1524年）尊生父朱祐杬為皇考恭穆獻皇帝之後，又於五年（1526年）在太廟左側另建世廟崇祀其父，去年（1537年），朱厚熜又提出要將父親牌位祔於太廟的想法。禮部尚書嚴嵩，一開始還與群臣合議打算諫阻，但得知皇帝態度堅決後，居然見風轉舵，反而將整個禮儀規畫的極為詳備。最後將太宗（明成祖朱棣）加廟號為成祖，獻皇帝為睿宗，神主牌安放於太廟武宗朱厚照之上。多年以來的大禮儀之爭，終於以朱厚熜的意願得到完全的實現而結束。而善於討好奉承的嚴嵩，在禮成之後，更得到金幣的賞賜以及皇帝的信任。

夏言獲寵升首輔 換了位置換腦袋？

■夏言入閣之後，由於得到皇帝極度信任，所以在內閣中的地位，便逐漸壓過首輔李時，新入閣的顧鼎臣更是不敢與之抗爭。等李時去世，夏言接任首輔之位後，居然一改之前順上悅下，博取皇帝及群臣好感的做法，開始專橫用事。據聞，他還因為收了不少賄賂，而累積了驚人的財富，堪稱當今政壇最具影響力的人。

嗯，該是換上這顆馬克3.0的時候了，都還沒用過...

夏言接任首輔以後，一改以前那種順上悅下的態度，行事風格宛如換了一顆腦袋

神乎其技！
方士鍊銀 皇帝醉心成仙
楊最力諫 受杖難耐而死

■朱厚熜對於方士道術越來越沉迷。之前有個叫段朝用的術士，自稱有會燒鍊仙丹而結識翊國公郭勛。郭勛為了取寵，便將段朝用鍊製出來的百餘件銀器，拿去進獻給嘉靖皇帝。並說這些銀器都是仙物，拿來當作盛食物的容器，吃了就可以有不死之身，如果拿來齋醮祭拜，神仙就會降臨。朱厚熜認為這就是他誠心祈天的結果，便增加郭勛的俸祿。於是段朝用又進獻以道

> 這是我用法術燒鍊出來的，拿去裝食物吃了可以成仙喔

> 哇！太好了

IKEA
$99

方士段朝用自稱有鍊化之術，可以燒鍊仙丹及銀器

術鍊出的一萬兩白銀贊助修壇的經費，朱厚熜也開心的賜他「紫府宣忠高士」的稱號，並宣召面聖。段朝用入宮後，建議皇帝應獨自居於深宮，不要與外人接觸，如此則黃金可成，不死藥可得。朱厚熜對他的話深信不疑，便諭命廷臣令太子監國，並表示他只要潛心修練一兩年，之後便可親政如初。舉朝官員聽到這消息無不驚駭，卻沒有人敢出面

反對，只有太僕寺卿（國家馬政管理署署長）楊最為此抗疏力諫。但皇帝竟然大怒，立刻將楊最打入詔獄並下令重打，後來該罰的杖數都還沒打完，楊最就活活被杖死。雖然之後朱厚熜也沒有再說要太子監國，但評論家認為，不管有沒有人監國，朱厚熜都還是會把大部份精力放在齋醮修道，群臣以後想見皇帝一面，恐怕是難上加難。

皇帝一年不上班!!

楊爵直言被杖血肉模糊　周天佐浦鋐搭救遭杖死

■自從朱厚熜沉迷修道，至今已有一年多沒有上朝。一心只想著討皇帝歡心的內閣大學士夏言與禮部尚書嚴嵩，不但沒提出勸諫還作頌稱賀。御史楊爵認為這種讒諂面諛的官風不可取，便上疏直諫。一向只喜歡人家歌功頌德的皇帝，看到奏疏後勃然大怒，立刻下令將楊爵關入獄中，打得血肉橫飛，幾度昏死過去。戶部主事周天佐、御史浦鋐上疏替他求情，竟也被皇帝怒罰廷杖。身體本來就虛弱的周天佐被杖六十後關入獄中，又被獄吏斷絕飲食，不到三天就殞命。浦鋐被押入獄中打了一百杖，然後用鐵桿禁錮起來。這時同在獄中的楊爵邊哭邊爬著過來看他，已經被打得昏死過去的浦鋐也慢慢的張開眼睛，還反過來安慰楊爵，說這只是他的職責。七天後，浦鋐在獄中氣絕，自此再也沒有人敢再上疏直言。

周天佐、浦鋐為救楊爵而先後被杖死

寵臣也有賞味期限　郭勛驕慢被責下獄

■之前深受朱厚熜倚重，以左軍都督（左軍總司令）權掌京禁軍團營，並時常代理皇帝主持各項祭祀大典的翊國公郭勛，因為長期挾恩攬權，逐漸失去戒心，忘了伴君如伴虎這條自古不變的明訓，最終惹禍上身。之前朱厚熜命郭勛會同兵部尚書（國防部長）王廷相一同清查軍役，但郭勛過很久都沒有去領取這份敕書。素來與他不和的首輔夏言，便授意言官上疏彈劾。郭勛為此上疏申辨，卻在疏中寫了一句「有何事，還要勞煩聖上賜下敕書？」讓朱厚熜非常生氣，認為他怎麼膽敢驕慢無禮。一向善於觀察風向的官員們嗅出血腥味，便交相提出彈劾，告發郭勛擅作威福，罔利虐民等十幾件貪縱不法情事。於是曾經風光一時的郭勛，此刻也被打入詔獄中，更被議處死刑。

沒有永遠的朋友 夏言落職嚴嵩入閣

■權傾一時的首輔夏言，日前在與禮部尚書嚴嵩的權力鬥爭中敗下陣來，被令落職閒住。據了解，原本攀附著夏言的嚴嵩，在逐漸得寵之後，便開始拉攏御用術士陶仲文，打算進讒言以取代夏言首輔之位。夏言知道後開始反擊，授意言官多次彈劾嚴嵩。善於心計的嚴嵩沒有正面回擊，反而是跑到皇帝面前去哭訴，說夏言如何霸凌他，還講了一堆壞話。最後皇帝果然下令夏言落職閒住，由翟鑾繼為首輔之位，並讓嚴嵩升入內閣。

內幕追追追!!

夏言拒戴香冠　嚴嵩擅寫青詞

夏言與嚴嵩二人在皇帝面前受寵程度的消長，有兩個即重要的轉折點。首先是沉迷於齋醮的朱厚熜，曾心血來潮訂製了五頂沉盾香冠送給夏言、嚴嵩等大臣。夏言可能得勢太久失去戒心，便認為堂堂首輔不應戴這種奇形怪狀的帽子。反觀嚴嵩，他不但戴著這頂帽子去見皇帝，還刻意在帽子上套了層輕紗，一來增加其飄逸的美感，二來也表示對這帽子的呵護。另一件事，就是當慈慶、慈寧兩宮皇太后去世，郭勛曾建議讓太子住其中一座宮殿，當時夏言為了迎合皇意，便反對郭勛的提議。但後來有一次朱厚熜忽然問太子應該住在哪裡時，夏言忘了以前自己說的話，便回答了和郭勛相同的意見，因此又再次減損皇帝對他的信賴感。加上嚴嵩近來以擅寫「青詞」受寵，也讓他有了取而代之的機會。

衣服不用也換成薄紗啦

相較於夏言拒戴香冠，嚴嵩還特地在帽子上套了輕紗

名詞解釋
青詞

青詞，就是在齋醮儀式上要敬獻上天的奏表，是一種以四字、六字相間，形式工仗、詞藻華麗的駢儷文體，用硃筆寫在青藤紙上的駢儷文。由狀元出身的顧鼎臣首倡，並因此得以進入內閣。之後許多大臣為了要討皇帝歡心，都費盡了心血撰寫青詞以爭寵。而其中的佼佼者，就當嚴嵩莫屬，只有他寫的青詞，才能完全符合嘉靖皇帝的要求，讓他可以更虔誠的齋醮羅動以祈求長生不死。

女僕的復仇!! 壬寅宮變 皇帝險遭宮女勒死

■日前宮中竟發生謀刺皇帝事件，朱厚熜差點被人勒死，幸得皇后及時趕到才避免此一悲劇。據了解，當天嘉靖皇帝夜宿端妃曹氏寢宮。半夜時，金英等十六名宮女趁皇帝熟睡之際，用繩子套在朱厚熜脖子上企圖將他勒死。但可能是過於緊張，所以誤打死結，朱厚熜才沒有完全氣絕。事發後，同謀的宮女張金蓮非常害怕，便跑去向皇后密告。皇后連忙趕到將套索解開，並令太醫給藥，才把一度昏厥的朱厚熜從鬼門關前救了回來。事發次日，受到驚嚇的嘉靖皇帝便移居西苑萬壽宮，表示從此不再回大內，也不再臨朝聽政，要專心日夜禱祀以得長生。此案審結之後，以寧嬪王氏為首謀，端妃曹氏與涉案宮女，包括因事蹟敗露才舉發的張金蓮，全部不分首從，一律於市街凌遲處死並鈸屍示眾。

沒問題吧

死亡一瞬

我記得以前童軍課好像教過是這樣綁

宮女們因為誤打死結而讓嘉靖皇帝逃過被勒斃的命運

內幕追追追!!

宮女不堪長期受虐？ 西苑宮變原因成謎

雖然壬寅宮變已經結案，但對於宮女為何想要勒死皇帝，官方卻一直沒有提出解釋，所以也引發各界揣測。有人認為這是深宮怨婦失寵所引發的報復事件；也有人說是因為宮女們把嚴嵩進獻的五色龜給養死了，害怕被追究責任的臨時起義。有一說是宮女受到寧嬪王氏指使行兇，還有一說是皇后嫉妒端妃曹氏得寵，所以趁機將她打成主謀之一。但最得到多數人支持的，是朱厚熜貪戀女色，縱欲無度，為了增強自己的體能以及修道成仙的需求，所以聽了方士之說，每天都要採集甘露飲用。可憐的宮女們凌晨就要頂著刺骨冷風在御花園中採露，導致大量宮女因此累死。加上朱厚熜動不動就因為小事，嚴酷體罰宮女，有許多人都這樣被活活打死。不堪長期受虐的宮女，才想要玉石俱焚。不過，事實真相到底為何，可能再也無法查證，依朝廷一貫的手法，資料證據早已被消除的一乾二淨。

具有迷幻作用 菸草東傳中國

■西方國家在麥哲倫（Fernão de Magalhães）環繞地球一周後，紛紛沿著他開發的新航路來到亞洲進行殖民侵略，所以世界各角落的東西，也隨之在全球流通。許多前往菲律賓一帶進行非法貿易的船隻，不久前帶回一種叫做「菸草」的東西，並在福建一帶登陸傳入中國。這種由西班牙人傳過來的菸草，是由一種原產於美洲的植物曬乾而成，當地的印地安人會點燃再吸食產生的煙霧，達到興奮神經的迷幻效果。雖然菸草含有許多有毒物質，但在西班牙人帶回歐洲後卻大為流行，如今又傳到大明帝國，想必今後必定有許多人會在吞雲吐霧中賠上了健康。

以土鍊銀？ 騙局一場！
擄人又害命只為謀財 段法師道術終被揭穿

■郭勛失勢下獄之後，號稱可以鍊土成銀的術士段朝用，還把郭勛的一個家奴抓來拷打，要他回去轉告主人只要以十萬金當做謝禮，就可幫郭勛免於追贓破產之禍。不過由於郭勛沒有同意，所以那位可憐的家奴便又再次被綁架然後拷打至死。事後，他家人一狀告上朝廷，而這時段朝用的鍊銀騙術也被識破，只好承認之前進獻的數萬兩銀子都是郭勛拿出來的。但對於拷打郭勛家奴至死的部份，則強辯說是那家奴想要行刺他，才碰巧被打死。不過這樣的說法當然欺瞞不了朱厚熜，段朝用在被投入詔獄嚴刑拷訊後，也和郭勛一樣，來不及等到行刑處決就因受不了折磨死在獄中。

你看到IKEA的標籤了喔...

惹聖怒周怡廷杖入獄　忤逆嚴嵩葉經竟被杖死

■內閣大學士翟鑾及嚴嵩二人，因為收了太多私人的賄賂請託，所以便常常對吏部尚書許贊進行人事關說。許贊受不了，便上疏揭發，但因朱厚熜正寵信他們兩人，所以反而受到嚴厲斥責。吏科給事中（文官考核任免科政風監察官）周怡因而上疏批判二位輔臣，同時言及皇帝日夜祈禱但四方災荒仍未消除之事。朱厚熜最討厭別人對他潛心齋醮的事說三道四，便怒將周怡逮至宮門前行杖，打完了之後又關入獄中，繼續施以慘無人道的酷刑。連替他求情的十三道御史，也都被罰扣薪俸當做警告。而之前曾經彈劾過嚴嵩的御史葉經，則是今年巡按山東鄉試時，被嚴嵩逮到小辮子報復。嚴嵩發現鄉試試題中有一句語病可以大作文章，便授意他人上疏彈劾，說今年虜寇沒有進犯內地，但考試官卻說他們已經搶掠滿足，分明是語含嘲諷，要求逮捕出題官。雖然考題跟葉經沒有直接關係，但嚴嵩卻告訴朱厚熜說御史才是鄉試真正的主導者，而成功激怒皇帝，害葉經被廷杖後傷重而死。

國際要聞 地球繞著太陽轉
哥白尼出版《天體運行論》

■波蘭天文學家哥白尼（Nicolas Copernicus）在去世之前，出版了一本撼動全球宇宙觀的《天體運行論》，不但推翻目前被認為是真理的「地球為宇宙中心」假設，還動搖了歐洲宗教神學的理論基礎。據哥白尼的「日心說」，太陽才是宇宙的中心，所有的天體都繞著太陽運行。雖然哥白尼在將近三十年前就已經提出這套理論，但因為怕教廷及社會無法接受會讓自己身處險境，所以一直等到了生命快走到終點時，才敢公開發行這本著作。不過，評論家也認為，由於此書過於專業且深奧，一般人接觸的機會不多，所以在短時間之內可能還不會引起羅馬教廷的注意。但是隨著時間的發酵，天體運行的理論勢必會危及教廷的統治，到時這本書就可能會被列為禁書了。

我一直以為自己是老大的說...

呿！

兒子考太好惹禍!!
翟鑾丟官削籍　嚴嵩晉升首輔

早知道就不讓他們去補習了

■由於嚴嵩進入內閣後，表現非常勤勉，每天都留值在西苑加班待命，甚至都沒有回家洗澡，所以朱厚熜對他印象越來越好，比對首輔翟鑾還要信任，精於算計的嚴嵩便開始找機會排擠翟鑾。今年八月，這個大好時機終於出現。由於翟鑾兩個兒子與他們的老師，以及一個姻親，都同時金榜題名中了進士。於是嚴嵩便暗中授意給事中對此事提起彈劾，朱厚熜也隨即命吏部詳加調查。翟鑾一急便上疏辯解，卻反而激怒嘉靖皇帝，最後慘被削籍，嚴嵩也順利成為內閣首輔。

國際要聞　初見美麗之島 驚呼福爾摩沙

■葡萄牙籍的商船在不久前要駛往日本貿易途中，於大明帝國東南海外，偶然發現一座面積很大的海島，因為島上綠意盎然、山林青翠，所以船員們都驚呼「Ilha Formosa」（美麗之島）。這個被稱為「福爾摩沙」的海島（臺灣），由於位處海上交通要衝，成為連接著日本、大明帝國，以及南海諸國間的樞紐，所以未來勢必成為荷蘭、西班牙、葡萄牙等海權強國必爭之地。

神功退敵!? 韃靼入寇京師戒嚴 敵軍退去功在修玄

■十月時，韃靼部大軍進犯萬全右衛，總兵卻永擋不住敵軍攻勢，讓蒙古鐵騎摧毀牆蜂湧而入，不但在蔚州大肆劫掠，甚至推進到完縣（皆河北境內），朝廷也因受到嚴重威脅而立刻宣布北京城戒嚴。朱厚熜急命宣府（河北境內）、大同（山西境內）各鎮兵馬緊急赴京師周圍，隨敵所在位置加以阻擋。過沒多久，韃靼因為搶到的財物，已經比原先預估的還要多多上好幾倍，於是便心滿意足的帶著戰利品，自行退兵回到大漠之中，京師之危也因此不戰而解。自從上次差點死在宮女手中，之後就移居西苑，已經許久不視朝的嘉靖皇帝，因為長期與真人陶仲文研修道術，便認為敵軍退走是他自己修奉玄道之術，而得到神明庇祐之故。於是便歸功陶仲文，加他少師（榮譽虛銜），也讓圍在真人旁邊的政治蒼蠅也越聚越多。

空歡喜一場
楊爵三人獲釋不久　惹怒皇帝再回牢籠

■日前有一位道士在起乩之後，告訴朱厚熜之前被關押在獄的御史楊爵、給事中周怡、工部員外郎劉魁三人是冤枉的，朱厚熜聽了之後便馬上把他們從獄中釋放。只是過沒多久，吏部尚書熊浹便上疏，說這些都是術士妄誕之說根本不可信，結果又惹怒皇帝，把奏疏丟到一邊生氣的說：「我早就知道只要放了楊爵等人，你們這些人又會上疏，把錯誤全都歸到我頭上！」於是便又下令把三個人一一追捕回籠。

剛進門快吃碗豬腳麵線壓壓驚

好久沒吃到家裡煮....

且慢！又要回去吃牢飯了

夏言回鍋閣揆　嚴嵩備受壓制

■嚴嵩成為內閣首輔之後，逐漸現出專橫的本性，連朱厚熜都開始有所察覺。為了加以制衡，嘉靖帝又把夏言召回來出任首輔。夏言復出之後，對嚴嵩一直有恨，更氣他居然淩駕在自己頭上，所以全部的票擬批示，都完全不徵求嚴嵩意見。嚴嵩在這種情勢下也只能閉上嘴巴，連吭都不敢吭一聲。除了對內壓制嚴嵩之外，夏言對外也開始擴張自己的權力，並想要好好的再幹一番大事業。便開始嚴懲違法官吏，那些經由嚴嵩引用薦任用的官員，也都一一遭到斥逐。

票擬與批紅

自從朱元璋廢除宰相，收回政權之後，因為皇帝一個人要處理的業務量實在太大，便漸漸的形成具有祕書性質的「內閣」來協助皇帝。一開始內閣成員的品秩並不高，只充做顧問、祕書之用，手上並沒有什麼權力。但隨著時間的演進，到了宣德時期，官員上疏已經變成都要先送內閣，由內閣大學士做出初步建議，然後把建議寫於小票浮貼在原奏疏上頭，供皇帝參考之用，就叫做「票擬」。送入宮中之後，皇帝再用紅筆於奏疏上批示，也就是「批紅」。由於大部份情況下，皇帝通常都會以內閣票擬做成最後裁示，所以內閣的權力便由此建立。一開始，內閣並無首輔、次輔之分，票擬是由閣臣一起討論處理，共同商議。但到了弘治、正德時期，便開始由資深居首的閣臣來執筆，而首輔與其他閣臣的重要性及地位也就開始有所差異。另外，要是皇帝怠政的話，便會直接交由司禮監的秉筆太監代為批紅，而讓太監有矯旨的機會，藉著代行皇權來箝制廷臣，釀成不少的禍患。

收買不成長跪謝罪　錦衣衛指揮使不好惹

■近來朱厚熜極為信任的錦衣衛指揮使（錦衣衛指揮官）陸炳，因為犯了許多不法之事被御史彈劾，於是回鍋後正想有所表現的夏言，便擬旨要盡速加以懲治。為此陸炳嚇得拿了三千兩黃金想要買通夏言，但夏言卻不買帳。最後陸炳只能採哀兵之姿，去向夏言長跪謝罪，最後夏言終於心軟，這件事也就此作罷。不過，由於之前夏言已經得罪了許多官員，又對皇帝身邊的宦官擺出一付瞧不起人的樣子，嚴嵩更是視之為眼中釘，加上陸炳這次雖然表面上搖尾乞憐，但心裡卻也因此記恨，難保不會和夏言的死對頭嚴嵩聯手大演復仇戲碼。

杜絕韃靼犯邊 曾銑議收河套

■由於蒙古韃靼部屢次犯邊，不久前數萬騎兵又進襲三原、涇陽（皆陝西境內）等地，總督陝西三邊軍務的兵部侍郎曾銑，便上疏建議收復河套（黃河中上游兩岸地區，分屬寧夏、內蒙古、陝西境內）之地並修復邊牆。此議不僅得到內閣首輔夏言的大力支持，連朱厚熜也雄心勃勃嘉許此議，要曾銑悉心規畫整體戰略，並答應撥款二十萬兩做為維修邊城的經費。戰略專家認為，明軍如果真能如曾銑所言收復河套的話，將使得韃靼無法再輕易入寇大同、宣府，也將為邊境地區帶來長時間的和平。

賄賂小宦鑽研青詞 嚴嵩迎奉勝過夏言

■自從夏言回任內閣首輔後，雖然與嚴嵩之間的政治鬥爭在表面上看似居於優勢，但其實兩個人的政治走勢正在呈現黃金交叉。據聞，先前皇帝曾數次派遣小宦官到夏言住處交待事情，但夏言卻擺出官威，氣勢凌人的把他們看作奴才吆喝。而相同的情形發生在嚴嵩身上時，他則是像接待貴客般請他們坐下，然後親自把一些金錢塞進他們袖管中。因此這些宦官回宮後，便天天在皇帝身邊說嚴嵩多好多好，然後把夏言批評的一文不值。而且，近來夏言可能太專心處理政務，所以沒花多少時間幫朱厚熜撰寫齋醮所需要用到的青詞，因此獻上的青詞往往都不合皇帝的心意。嚴嵩在得知這種況狀況之後，已經把全部的精神都賭在青詞上面，絞盡腦汁就是要寫出一篇篇讓嘉靖皇帝滿意的祝禱之詞。

天青色等煙雨 而我在等妳

炊煙裊裊昇起 隔江千萬里

在瓶底書漢隸仿前朝的飄逸

就當我為遇見妳伏筆

不是這個青花瓷啦...是「青詞」！

防倭寇勾結奸民 朱紈任提督海防

■沿海倭寇在一些在地奸民的帶領下，從一開始只是在沿海劫掠船隻，然後開始登陸騷擾，到現在變成經常性的深入內地搶奪。寧波、台州（皆浙江境內）等地，許多大宅都被洗劫一空，連專門對抗倭寇的指揮官也都被擄去。不久前倭寇猖獗的情況，終於引起朝廷不安，右副都御史朱紈因此被任命為浙江巡撫，提督浙閩海防軍務。朱紈到任後仔細研究，發現禍害的根源不只於倭寇，而是在閩浙等地的豪強大戶與倭寇之間的勾結。所以他一方面加強海防，日夜操兵，一方面實施海禁，嚴明保甲，並搜捕與倭寇私通的奸民，讓東南沿海地區得到暫時的安定。

曾銑用兵如神 仇鸞失職下獄

■正當除夕夜邊防軍圍爐飲酒時，總督陝西三邊軍務兵部侍郎曾銑忽然下令，要各部將領立即率軍出擊。由於當時並未傳出任何邊警，加上又天寒地凍，正在歡聚飲酒的將領們根本不想出戰。於是便賄賂曾銑身邊的傳令兵，要他想辦法向曾銑求情。沒想到這個傳令小兵收了錢卻丟了命，開口說沒幾句當場就被拖下去問斬，諸將不得已只好披甲連夜出戰。就在大家在心中發著牢騷時，果然碰見打算前來襲擊的敵軍，並順利將之擊敗。第二天，諸將問他為何料事如神，曾銑則笑著表示是看到烏鵲在不尋常的時間啼叫，所以知道有敵寇潛入，準備趁除夕之夜發動奇襲。諸將聽了無不深感佩服，從此後對曾銑的調度再也不敢存疑，之後果然將士用命，屢屢擊敗敵軍。聽說，他還發明了一種可以延遲爆炸的火器，以及能埋於地下引爆的火藥，多次炸得韃靼軍直呼他「曾爺爺」。而像總兵仇鸞那些貽誤戰機、貪婪放縱、不聽調遣的軍官，則是都被治軍嚴格的曾銑給彈劾入獄。

火神顯靈⁉ 皇宮大火隱神諭 楊爵三人終獲釋

■之前因直言進諫被關入詔獄五年，釋放後沒多久又再次被逮入獄的楊爵、周怡、劉魁，在被關押了三年之後，終於獲得釋放。這次他們可以重獲自由，據說是因為皇宮發生了大火，朱厚熜在露臺上虔心靜禱時，彷彿聽到有人在火光中呼喊說楊爵、周怡、劉魁三人是忠臣。一向對道術、徵兆這類東西著迷的朱厚熜，便當場傳下詔諭將三人釋放。沒想到朱厚熜一直被官員詬病的迷信惡習，這次竟然發揮正面的力量，令人哭笑不得。

皇意有如天上月 初一十五換圓缺

曾銑收復河套冤死 夏言亦遭誣陷棄市

■原本有壯志雄心，完全支持總督曾銑收復河套（黃河中上游兩岸地區，分屬寧夏、內蒙古、陝西境內）的嘉靖皇帝，不久前竟然一反先前的態度，開始對此計畫表示疑慮，令官員懷疑是不是忽然想起「土木堡之變」，怕這次行動沒弄好，自己會被抓走。因此原本看皇帝贊成就大聲喊好的官員們，發現風向已經轉變，竟然全都開始上疏大肆批評收復河套的計畫，而曾銑也這

樣莫名其妙被逮捕下獄。最早表態支持曾銑的內閣首輔夏言，在嚴嵩主導下也受到強烈非議，最後被下令強迫致仕。由於收不收復河套只是政策不同，不至於構成什麼罪責，但為了把夏言拖下水趕盡殺絕，嚴嵩竟然硬是將曾銑給套上「結交近侍」的大罪。他與之前被曾銑彈劾入獄的仇鸞勾結，無中生有指稱曾銑掩蓋敗績不報，克扣巨額軍餉，以及派兒子曾淳搭上同鄉蘇綱，透過蘇

綱女兒是夏言繼妻這層關係去賄賂首輔。而領兵在外的軍事統帥，私下和近侍要臣聯絡，可是得殺頭的重罪。雖然仇鸞的指控完全沒有證據且前後矛盾，但朱厚熜卻完全聽信他的片面之詞，馬上下令將曾銑殺了，而且是即刻處死。正在歸鄉途中的夏言，聽到曾銑被安上罪名，嚇得從車上摔了下來。果然沒多久，夏言就被牽扯進去，難逃斬首棄市的命運。

當初皇上自己也贊成的啊！

有這回事嗎？我不記得了…

嘉靖一反之前贊成的態度，並在嚴嵩的操弄下將暢議收復河套的戴銑及夏言給處死了

嘉靖第一鬼才
嚴嵩年邁由子代勞　二代世蕃權傾天下

■去年（1548年），嚴嵩鬥倒夏言，再次回任首輔，但已經年近七旬，逐漸開始出現年邁體衰，精神倦怠的現象。加上他還得日夜隨侍皇帝左右，根本沒有多少時間和精力處理朝廷政務，所以便依賴兒子嚴世蕃代為裁決。他總是說「等我與東樓小兒計議後再定」，甚至私下讓嚴世蕃直接入值內閣代替他票擬。嚴世蕃雖然短項肥體、又有一目失明，但卻奸猾機靈，通曉時務，熟悉國

> 就全交給你了，呵呵...

> 放心吧，老爸，這對我來說簡直是易如反掌

嘉靖第一鬼才嚴世藩藉著代父親嚴嵩票擬而權傾天下

典，還頗會揣摩別人的心意，而素有「嘉靖第一鬼才」之稱，所以由他擬定的建議多能迎合皇帝的心意。深受父親倚重的嚴世蕃，目前已是權傾天下的官二代富家公子。

紫砂壺　泡出雋永醇厚茶湯

製作紫砂壺最好的材料是江蘇宜興所產的紫砂礦土，所以又被稱為「宜興紫砂」。茶道家表示，由於紫砂壺在窯燒的過程中會形成雙氣孔結構，能產生活性轉換水質，改變茶的味道，因此泡出來的茶味雋永醇厚。當代最富盛名的製壺大師為有宜興妙手之稱的龔春，相傳他原本是一個官員的書僮，陪同主人在宜興金沙寺讀書時，偷偷觀察老和尚製做紫砂壺的過程，然後用老和尚洗手沈在缸底的陶泥，以寺中銀杏樹的樹癭為靈感，燒成一把十非古樸可愛的樹癭壺，從此走上專業之路，他所作的「供春壺」也成為各家競相仿製的對象，更是茶道家及收藏家眼中的極品。

明軍大敗 俺答領兵掠北京 仇鸞臨危拜大將

■蒙古韃靼部的俺答汗今夏興兵南下，對大同（山西境內）發動攻擊，而大明邊防軍竟然一觸即潰，總兵張達、林椿相繼陣亡。得到首勝之後，韃靼軍士氣大振，又轉移戰線由古北口入犯。都御史王汝孝率領薊鎮兵馬抵禦，但雙方才一接戰，明軍便又在第一時間大敗潰散。於是俺答汗長驅直下，如入無人之境，大肆劫掠懷柔、順義、通州（皆河北境內）等地，接著更進犯天子所在的北京城。由於京師守衛部隊不到五萬人，其中大半是老弱，部隊中更有一大堆人早就被各大臣借調去供差役使喚，根本毫無戰鬥力可言。朱厚熜只好緊急調動諸鎮兵馬入援，任命剛鬥倒曾銑而翻身的仇鸞為大將軍，與兵部尚書丁汝夔、右侍郎楊守謙協同提督內外軍事。

殺太多倭寇獲罪 朱紈遭革職自盡

■強力整頓海防的浙江巡撫朱紈，不久前在一次危險行動中，成功俘獲海盜李光頭等九十六人。為了殺雞儆猴壓制倭寇的氣燄，他便下令把這些被捕的海盜全都殺了。雖然倭寇氣勢因此受到重創，但朱紈也為此遭到御史陳九德彈劾，最後這個勦倭大功臣居然遭到革職。朱紈不甘受此屈辱，便憤而自殺，朝野為之嘆息，倭寇奸民則是拍手叫好。預料朱紈死後，海防必將廢弛，倭寇也勢必更加猖獗。

北京城內吃到飽……
放任韃靼劫掠北京城外 丁汝夔楊守謙究責遭斬

■由於帶兵入援的仇鸞怯懦不敢接戰，而北京城守軍在兵部尚書丁汝夔的的率領下，也想不出有效的退敵之法，於是只好閉門堅守，放任韃靼部隊在城外燒殺搶掠。對此也一籌莫展首輔嚴嵩為了保住權位，向皇帝表示俺答汗只是個搶食賊，搶夠、吃夠了便會自己離去，不會對京師真的造成什麼威脅。因此敵軍如入無人之境，在城外肆意搶掠八天之久，找得到的東西全部搬個精光，抓得到的婦女及小孩也一個不放，最後滿載而歸。而大將軍仇鸞所率領的十幾萬大軍，在整個過程中居然連一枝箭都沒發，只敢在遠處眼睜睜的看著蒙古軍隊蹂躪自己的家園。等到敵軍要離去時，才帶兵遠遠跟著，表示有在追擊。這時俺答汗冷不防回軍一擊，仇鸞部隊嚇一跳，瞬時兵潰四散，死傷竟然高達數千人。最後俺答汗在充滿輕視的大笑聲中，從古北口出塞，收穫滿滿的回到大漠之中，北京城附近及邊境百姓的生命財產受到嚴重的摧殘。事後嘉靖皇帝追究責任，將堅守無策的兵部尚書丁汝夔，以及率軍入援但被要求不可輕率接戰的右侍郎楊守謙，先後問斬。砍下八十幾顆死人頭拿來假報戰功的仇鸞，卻被加封為太保（榮譽虛銜），還賜予金幣做為獎勵。

這樣也可以問斬!?
仇鸞設陷害 商大節死得冤枉

■數度領兵成功抵禦韃靼入犯，去年（1550年）升任左副都御史的商大節，因為在外獨領一軍，不必受到新崛起的大將軍仇鸞節制，因而遭致仇鸞算計，終於在日前被下令處死。據了解，作戰老是畏懼不前的仇鸞，為了除掉商大節，腦筋可是動得飛快。他故意建議嘉靖皇帝畫地分守，讓商大節率領的獨立部隊負責防衛京城四郊。但由於商大節手上的兵力根本不可能負擔得起這麼重的防務，他也知道這是仇鸞想加害於他的詭計，便上疏抗辯，陳述他雖然經略京城，但他手下的巡捕部隊兵力不足，根本不可能獨立負擔這麼重的防務，而且仇鸞又頻頻調遣，到時候有突發狀況，便完全無法保障京師安全。雖然戰略專家都認為商大節這篇報告分析的很清楚，也詳細回報真實的狀況，但由於朱厚熜正對仇鸞寵信有加，便責備商大節懷奸避難，而把他給逮入詔獄。而司法機關竟然為了迎合皇上的意思，昧著良心就將商大節擬罪問斬。

你負責守一、三壘...還有外野

這樣是要怎麼守啦？

要是有人上壘你就完了

仇鸞為了陷害商大節，故意分配不可能完成的守備任務給他

高層惡鬥　嚴嵩身陷生涯最大危機？

■仇鸞日漸受寵後，不甘處處被嚴嵩掣肘，便上密疏揭發嚴嵩與嚴世蕃（嚴嵩之子）收賄枉法的骯髒事。朱厚熜因此開始疏遠嚴嵩，閣臣入值時，身為內閣首輔的嚴嵩竟然有四次沒被宣召入侍，甚至與其他閣臣一同要進入西苑時，還被衛士擋了下來。據聞，深深感受到危機的嚴嵩，回到宅中甚至與嚴世蕃相對而泣。

陸炳發威　仇鸞病死戮屍

■錦衣衛指揮使陸炳因為仇鸞近來迅速走紅，因此深感威脅，便決定與嚴嵩聯手，除掉這個共同敵人。而仇鸞的好運似乎也在此時用盡，竟然在關鍵時刻生了重病。陸炳憑著母親是皇帝奶娘，自小就在宮中行走的優勢，仗著皇帝的信任，將刺探到關於仇鸞的不軌行為，一一向朱厚熜詳細彙報。一向容易被激怒的嘉靖皇帝，果然馬上下令收回仇鸞的大將軍印信，已經病重的仇鸞也因此憂懼而死。但是人死了，並不代表事情可以一筆勾銷，仇鸞最後還被定罪戮屍並傳首九邊。

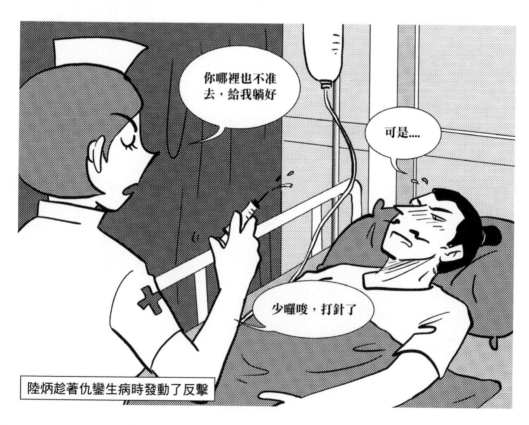

你哪裡也不准去，給我躺好

可是....

少囉唆，打針了

陸炳趁著仇鸞生病時發動了反擊

椒山自有膽　何必蚺蛇爲
楊繼盛上疏彈劾嚴嵩　遭廷杖既刮肉又斷筋

■之前俺答汗數度入寇，而咸寧侯仇鸞建請開馬市議和時，兵部員外郎楊繼盛便上疏批判仇鸞之舉有「十不可五謬」，結果被貶為狄州（甘肅境內）典史（低階官員）。而馬市實施一年多之後，韃靼部依然擾邊，馬市全遭破壞，這時朱厚熜才想起楊繼盛，認為他有先見之明。於是便再度起用，連遷山東諸城縣令（縣長）、南京戶部主事、刑部員外郎等職位。當時嚴嵩正忌恨仇鸞在背後捅刀，所以對於楊繼盛首攻仇鸞，覺得十分欣賞，便想賣個人情將他收為同道中人，便將他改調到兵部。沒想到，楊繼盛憎惡嚴嵩的程度遠超過仇鸞，他才上任剛一個月，就上疏歷數嚴嵩「五奸十大罪」。嚴嵩為此氣到臉色發白，便假傳聖旨將楊繼盛投入獄中廷杖一百，將他打到血肉模糊。這時有朋友緊急送來一副號稱可解血毒的蚺蛇膽，但楊繼盛骨子裡是條鐵漢，當場便拒絕並回答說：「椒山（楊繼盛號椒山）自己就有

真的不用我幫你嗎？
手術費我會算便宜一點的

我自己來就好

楊繼盛自行割下腐肉斷筋，連吭也不吭一聲

膽了，不必用到蚺蛇的。」然後連吭也不吭一聲，就自行用碎掉的碗割下身上的腐肉三斤，還咬牙截斷自己兩條壞死的筋。原本嚴嵩還想用盡各種方法把楊繼盛弄死在獄中，但錦衣衛指揮使陸炳欣賞他的為人，所以下達保護令，讓他在獄中得以保全性命不死。

大過年新春見紅？
區區小錯 六科給事中殿堂廷杖

■正月初一，正是全國歡慶的日子，百官也因此上疏朝賀。不過，六科給事中張思靜等數十人，卻僅僅因為奏疏中「萬壽」兩字忘記抬到奏章最上面，就被皇帝下令在殿堂上各罰廷杖四十。政治評論家認為，長久以來，朱厚熜就一直對言官們沒好感且特別嚴苛，加上嚴嵩常常在旁邊煽風點火，才會引發這起事件。朱厚熜的用意，無非是想藉此警怵人心，鉗制人口，但因為大過年就以小事廷杖言官，這樣的做法令輿論無法接受。

媽咪，今天老師好過份喔！我才寫錯一個字，就罰我抄一百遍...

老師是為你好啊，不然長大以後就麻煩了！這跟你老爸今天受到的處罰比起來實在是太輕了...

啊...痛死人了....

邊境警報 倭患延燒東南 韃靼大軍壓境

■倭寇之患越演越烈，不但蘇州、松江（皆江蘇境內）等地飽受搶掠之苦，倭寇甚至搶奪民船入海北行，登岸逼近通州、泰州、徐州（皆江蘇境內）、青州（山東境內）等地。各部官軍對戰時紛紛敗退，南北各處都傳出文官武將陣亡，成千士兵死於敵手，還有上萬百姓慘遭虐殺的消息。日前，朝廷終於決定任命南京兵部尚書張經為右副都御史，總制東南六省軍務，並徵調兩廣土狼兵聽用，專責剿倭討賊事務。

韃靼百道並進 京師宣布戒嚴

■在東南頻拉倭寇警報的同時，韃靼俺答汗對大明帝國的侵擾仍然沒有絲毫放鬆。不久前又領大軍犯邊，這次他發動了極為可觀的軍力，然後分兵百道，同時對薊鎮（河北境內）展開一波波猛烈攻勢。明軍雖然奮力抵抗，但目前的情況非常緊急，光是發往朝廷的警報一天就有數十封之多，北京城也因此宣布戒嚴。

懼敵不戰!? 趙文華銜恨彈劾張經

■由於東南倭寇為患的情形至今尚未獲得控制，所以嚴嵩便推薦他的心腹兵部侍郎趙文華，南下祭海並督師剿倭戰事。趙文華抵達後，自恃與嚴嵩關係良好，對總制剿倭軍務的張經不但頤指氣使，還向他索要萬兩賄賂。但張經根本不吃他這一套，趙文華也因此懷恨在心，就想要找機會伺機報復。這時因為從兩廣徵調來的土狼兵尚未抵達，張經認為時機尚未成熟，所以就算趙文華屢次催促出師，但他仍堅持要等狼兵到來之時，再一舉盡殲倭寇。於是趙文華便用這個理由，與巡按浙江御史胡宗憲上疏彈劾張經，硬說他糜餉殃民，因懼敵不戰而延誤戰機，建請朝廷予以嚴懲。

抗倭立下第一功 張經反受誣下獄

■張經期待已久的兩廣土狼兵終於抵達，於是便分遣俞大猷、盧鏜、湯克寬等將領，分率水陸軍聯合進擊。在王江激戰數日後大敗倭寇，斬敵首一千九百餘顆，另外被燒死溺死的倭寇數量更是多到無法計算，立下了抗倭以來曾有過的大功。不過就在此時，趙文華彈劾張經的奏疏也送抵京師，嚴嵩更指稱蘇州、松江等地的百姓，都對張經放任倭寇害民恨之入骨，朱厚熜因而下詔將張經逮捕至京問罪。不久，浙江剿倭大捷傳回，給事中李用敬等人上奏表示官軍大勝而倭寇的氣焰正被壓制住，此時不宜更換主帥。結果反被朱厚熜罵說是結黨回護，而被廷杖後削職為民。更誇張的是，趙文華居然上疏表示此次大勝，都是他和胡宗憲的功勞。而嘉靖皇帝為此詢問嚴嵩時，他也指證歷歷的說此役確實是趙文華與胡宗憲謀畫進剿，張經才是虛報冒功的人。就算張經提出數據為自己申辯，皇帝還是聽信嚴嵩的讒言，將張經下獄論死。趙文華則是因此受到嘉勉，胡宗憲也連跳三級，升為兵部左侍郎兼左僉都御史。

Curry, You're fired.

!?

NBA

GOLDEN STATE 30 WARRIORS

立下抗倭以來最輝煌戰功的張經，竟被下獄論死

臉腫腫的... 誇大口自稱有功　趙文華剿倭挫敗

■向來不懂軍事的趙文華見到官軍取得空前大捷，想乘勢擴大戰果，藉以誇耀自己的戰功，便下令大規模集結浙江、南直隸（江蘇、安徽境內之中央直轄區）的軍隊，與胡宗憲、曹邦輔一同在松江（江蘇境內）夾攻倭寇。但沒想到倭寇這次卻集中精銳，直接對趙文華及胡宗憲帶領的浙江軍團發動猛攻，官軍無法抵禦，最後各營盡皆潰散。另一路由曹邦輔率領的南直隸軍團，也在進擊時遭遇埋伏而失敗。此役中，官軍喪失多名高階將領，原先已被壓制的倭寇，氣燄反而又重新高漲起來。

嚴嵩的死亡筆記本？
張經有功遭到處決　楊繼盛無故被判死

■打了勝仗卻反而被捕論死的張經，與浙江巡撫李天寵、蘇松副總兵（副司令）湯克寬等九人一同遭到處決，並棄屍於市。雖然輿論一致認為這是件世紀大冤案，卻無法在嚴嵩的惡勢力下回天救命。這次一同被處決的人當中，竟然還有一個跟此案毫無關聯的楊繼盛。他當初因為上疏論劾嚴嵩之罪被投入詔獄，嚴刑拷掠後，雖然在獄中受盡凌虐，但因為錦衣衛指揮使陸炳刻意維護而得以不死。對他恨之入骨的嚴嵩這次逮到機會，趁著皇帝想斬張經等人，就故意把楊繼盛的名字加在執行死刑的奏疏之後，朱厚熜果然也沒看清楚就直接批准。據聞，楊繼盛在臨刑之前，將自己寫的年譜交與其子，並做了一首慷慨激昂的絕命詩：「浩氣還太虛，丹心照千古。生前未了事，留與後人補。天王自聖明，製作高千古。生平未報恩，留作忠魂補。」之後從容就義。他的妻子在上疏試圖伸冤卻被嚴嵩截下後，也殉夫自縊而死。

只要把名字寫上去，這也太方便了

嘿嘿嘿...

嚴嵩為了除掉楊繼盛，竟然將他的名字偷加到死刑名單之中

超級變態!! 皇帝淫行採補之術 少女初經提鍊丹藥

■對於方術越來越沈迷的朱厚熜，據傳除了設壇齋醮之外，更常用來修練長生不老的方法，而且居然是藉著與未成年少女發生性關係，進行所謂的「採補之術」。為了滿足這種變態的行為，已經不知道有多少少女慘遭蹂躪。在方士陶仲文建議之下，嘉靖三十一年（1552年）冬才剛從京師內外選了三百位八至十四歲的少女入宮，今年九月竟然又挑了一百六十個十歲以下的少女。這些少女入宮後的第一件任務，就是等著被採取第一次來臨的經血，來當做煉製丹藥的原料。甚至有些少女還被迫吃下有催經效果的藥物，以便讓初經提早到來。採了初經後的少女，接下來過的便是被當作性玩具的痛苦生活。在皇帝滿足淫慾及遂求長生的同時，這些少女們卻受到慘無人道的遭遇，甚至是飽受摧殘而提早結束生命。

你要不要也來一顆？
讚的啦

不用了.....
我只吸新鮮的...

嘉靖為了滿足個人淫慾，竟將少女的初經製成藥丸

舉國哀慟　華州超級大地震　超過八十三萬人死亡

■十二月十二日深夜，華州（陝西境內）發生八級以上強烈地震，造成有史以來最嚴重的破壞及傷亡。受災範圍波及陝西、山西、河南三省九十七個州及一百多個縣，災區面積廣達三十萬平方公里，鄰近五省均感受到地震造成的晃動。這次地震不只震垮無以數計的建築物，更使當地人慣於居住的黃土窯洞大量坍塌，並造成嚴重的黃土滑坡。地震後也導致黃河淤塞逆流，崩裂的地面、液化的土壤，以及地下水系統的毀壞，都使災情進一步擴大。根據各地回報的資料，被壓死、溺死、燒死，以及事後餓死的災民，竟然高達八十三萬人，方圓二千里內的百姓有六成死亡。如果數字屬實，這次華州大地震將成為人類史上死亡人數最多的可怕地震。而災害造成的損失，加上未來朝廷投入救災的經費，也將造成大明帝國財政上的巨大負擔。

官場鬥爭再起 嚴嵩趙文華整死吏部尚書李默

■一直不肯同流合汙而被嚴嵩銜恨的吏部尚書李默，日前又因拒絕工部侍郎趙文華求官，而得罪另一個小人。於是趙文華便與嚴嵩聯手，參奏李默曾說過「漢武征四夷而海內虛耗，唐憲復淮蔡而晚業不終」，硬是誣奏他誹謗皇帝好大喜功、虛耗國力。朱厚熜最恨人家批評他，所以便怒撤李默官職並關入獄中，李默也因而病死。告發者趙文華則被大讚有忠君愛國之心，升職為工部尚書。

趙文華二度督軍東南 胡宗憲強壓兩浙倭亂

■由於倭寇持續進犯，官軍不敵節節敗退，所以朝廷急覓督師人選。趙文華在嚴嵩示意之下毛遂自薦，嚴嵩也向皇帝表示江南子民無不翹首盼望趙文華到來，於是朱厚熜便命其兼任右副都御史，總督東南剿倭軍務。被戲稱為軍事白癡的趙文華一到江南，剛好碰上想透過他跟嚴嵩攀關係的胡宗憲。

胡宗憲雖然一直想靠關係升官，但他的戰略規畫能力其實還是有兩把刷子。在他的指揮調度下，俞大猷、盧鏜等將領不但多次擊退入犯的倭寇，還成功誘捕了徐海、陳東、汪直(並非之前的宦官汪直)等令官軍頭痛已久的亂黨首腦，再次將倭寇的氣燄壓制下去，趙文華也因此更得皇帝的寵信。

極欲升官的胡宗憲搭上了趙文華這條線，他的戰績也讓趙文華在皇帝面前更為受寵

風向變了 權貴失帝寵 趙文華遭罷黜

哈哈哈...

■工部尚書趙文華擠身權貴後，常在無意間跩了起來。據聞，有一次朱厚熜派人賜他獎賞，他正好喝得大醉，便沒有照應有的禮數跪拜謝恩。另外，之前他曾經進獻過一些祕藥，朱厚熜在吃完後覺得效果不錯，便派小宦官再去索要，但他卻完全沒有回應。之後，朱厚熜有一天登高時發現京城有座高樓豪宅，得知趙文華借職務之便，把要替皇帝建西苑新閣的名貴大木都挪去蓋私宅，導致工程嚴重落後。一連串的事情讓皇帝對趙文華十分不滿，便向嚴嵩抱怨趙文華表現大不如前。嚴嵩沒料到此時皇帝已想把他弄走，還替他辯解說是因為南征染疾，應該再增派一位侍郎來協助督辦工程。趙文華也依嚴嵩指示，立即上疏稱疾請假，沒想到皇帝就直接批示讓他回鄉休養。原本嗅覺都很敏銳的言官們，沒人猜到皇帝想要「處理」趙文華，因而無人加以彈劾。就在朱厚熜為此快快不快時，趙文華的兒子上疏請假說要送父親回鄉。皇帝便以此事為爆發點，將趙華罷黜為民，命其子充戍邊衛。禮科都給事中（教育科政風監察長）謝江等人，則以失職未糾之罪廷杖削籍。

沈鍊被誣指為白蓮教徒 直言喪命

■之前上疏揭發嚴嵩父子十大罪狀，因而遭到廷杖並遠斥的前錦衣衛經歷（低階官員）沈鍊，不改其直言的個性，在得知總督宣府（河北境內）、大同（山西境內）軍務兵部侍郎楊順與韃靼交戰，一連丟失四十餘座城池，還殺害無辜百姓冒功後，便給寄了兩首措辭嚴厲的詩譴責楊順。楊順因此展開報復，趁被捕亂黨招出白蓮教同謀的機會，把沈鍊的名字也寫上去。沈鍊被害死後，楊順還把他兩個兒子也抓來杖打至死，並派人前往浙江將長子沈襄也抓回來嚴刑拷打，以此討嚴嵩父子歡心。

新聞快報

被罷官的趙文華於回鄉途中，在小船上忽然腹部劇痛，最後居然腹部爆裂，內臟瞬間噴出，經急救後仍不治死亡，目前法醫初步懷疑是細菌感染所致，但確實的病因仍有待進一步釐清。

人物速寫　嚴氏父子賣官收賄　窖藏金銀富可敵國

■內閣首輔嚴嵩專權的這些年，與兒子嚴世蕃兩人極力排斥異己，利用朱厚熜久不視朝且剛愎自用的個性，把一些不肯附和的官員全都罷遣，甚至還想辦法激皇帝怒奪其命。結果朝中官員現在都只能乖乖的歸附到嚴嵩陣營，各部會機關凡事都必須先請示嚴嵩，然後才依其意上疏請旨。文武官員也紛紛以鉅款賄賂嚴嵩買得更好的官職，然後再想辦法從百姓身上撈回來。據聞，七品州判（低階官員）要價三百兩、六品通判（中階官員）五百兩、都指揮使七百兩，貢士潘鴻業花了二千二百兩當上臨清（山東境內）知州（州級行政長官），已被奪職的總兵李鳳鳴出銀千兩起補薊州（河北境內）總兵，因老廢被解職的總兵郭琮則是以三千兩的代價得以總督漕運，刑部主事項治元更以一萬三千兩的價碼轉任油水更多的吏部主事。連要提撥給邊防軍的軍餉，百分之六十也都進了嚴嵩家的金庫。光是嚴世蕃家裡的金銀財寶，就多到倉庫塞不進去，他老婆還得請人在院子

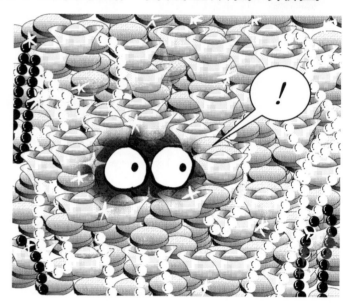

裡，掘出深一丈、方五尺，四周及底部砌以紋石的地窖，然後連續搬三天三夜才把地窖裝滿。這還不是唯一個藏寶庫，嚴家在外地的產業中，更是弄了好幾個容量比京邸大上數倍的金銀地窖。也難怪嚴世蕃要狂妄的在家中寶庫內大笑，戲稱連朝廷都沒他富有。

總督諉過冒功　楊順撤職下獄

總督宣府（河北境內）、大同（山西境內）軍務兵部侍郎楊順丟失城池，還殺害無辜百姓冒功的事被刑科給事中（司法科政風監察官）吳時來舉發，同案還一併彈劾巡按御史路楷及兵部尚書許論，指控路楷收受楊順七千兩黃金後為其諉過邀功，許論只會雷同附和而提不出有效的整體國防規畫。此疏呈上之後，朱厚熜為此詢問內閣首輔嚴嵩的意見。雖然這三人都是嚴嵩黨徒，但由於吳時來指證歷歷，所以嚴嵩也愛莫能救。最後楊順、路楷被逮捕至京，許論削職為民。之前被楊順逮捕拷掠欲置之死地的沈鍊長子沈襄，則是因為楊順被捕而逃過一劫。

官軍戰線開漏洞 倭寇突圍竄閩粵

■浙江地區幾位倭寇頭子雖然被陸續捕殺，但流竄的餘黨卻很快又集結在舟山、岑港（皆浙江境內）一帶，俞大猷、戚繼光等人在胡宗憲指揮下領兵前往追剿。但由於倭寇居高臨下，官軍仰攻困難，僅能用嚴重傷亡換取零星的小勝利，而整體戰局卻始終僵持不下，包圍也沒有任何進展。俞大猷、戚繼光因此遭到彈劾罷免，被要求暫時保留職務帶罪立功，兩人只好更奮力的發起攻擊。但最後倭寇還是突破官軍的包圍，流竄到福建、廣東繼續作亂，事後俞大猷因承擔作戰不力的最大責任而遭到逮捕。

老師！小憲每次都把垃圾掃過來人家這邊啦⋯⋯

掃！

掃！

胡宗憲故意留下缺口讓倭寇逃到別人轄區

內幕追追追!!

胡宗憲縱倭卸責 俞大猷無辜代罪

據報官軍在浙江圍勦倭寇時，原本倭寇防線已經崩潰在即，但胡宗憲竟然為了減輕自己轄區內的壓力，而故意留下一個缺口讓倭寇脫身。雖然俞大猷、戚繼光見狀馬上全力追擊，還擊沉一艘敵船，但最後還是讓倭寇脫圍而去。事後御史李瑚為此提出彈劾，但身為長官的胡宗憲竟然將責任全推到俞大猷頭上，害先後斬殺四五千名倭寇，幾乎將海賊剿滅的俞大猷遭到逮捕懲戒。

天降神兵!! 戚家軍戰力超群 改造戰艦及火器

■朝廷於日前褒獎擒獲海盜汪直（非之前的太監汪直，純屬同名同姓）之功，除了胡宗憲被升為太子太保（榮譽虛銜）左都御史外，之前被問罪的俞大猷、戚繼光也免罪復職，得以繼續投入剿倭戰事。受命調防台州、金華、嚴州（皆浙江境內）的戚繼光，見到當地衛所兵紀律鬆弛戰鬥力低落，但民風卻十分剽悍，便請求招募三千民兵，然後授與擊刺之術，讓他們長短兵器輪番使用。又因地制宜的規畫了許多利於沼澤作戰的陣法，連戰艦、火器、兵械都進行改造，大大提升了這支「戚家軍」的戰力。

狼筅

專題報導

戚繼光的裝備發明

戚繼光為了有效的與倭寇作戰，在操練、陣法、防禦工事等各方面都有獨到創新之處，就連武器裝備他都做了改良。戚繼光發現，首要解決的問題是如何對付又長又利的日本刀（武士刀）。因為明軍在與倭寇作戰時，刀劍常常被日本刀砍斷，使得士兵們一見到日本刀就懼戰不前。於是他便仿照日本刀的樣式，把刀刃弧度加大、寬度縮小，刀尖加上弧度，刀尖保留和刀身相同的厚度，達到可以減輕刀刃重量卻不減其強度的效果。配備了這種新的「戚氏軍刀」後，在拔刀相向時便不再居於劣勢。其次，他在長約一丈五尺的毛竹頂端裝上鐵槍頭，兩旁的枝刺不但保留還用火拗出有直有勾的形狀，然後再灌入桐油及毒藥，以提升韌性及殺傷力。這種被稱為「狼筅」的新式武器在戰鬥時，藉著層層的茂盛竹枝卡住日本刀，在衝陣時發揮極大的殺傷力。另外，由於傳統鳥銃雖然精準但殺傷力不夠，佛朗機（葡式火炮）雖然有殺傷力但卻過於笨重不易攜帶。於是他便發明了克服兩者缺點的「虎蹲炮」，成為剿倭作戰的一大神兵利器。

還不是靠戚家軍！

鴛鴦陣建奇功 連九勝平浙東

■大舉入侵浙東的倭寇來勢洶洶，但在寧海（浙江境內）卻被戚繼光打得七零八落。尤其是矛與盾、長與短相互配合的「鴛鴦陣」，更是日本戰法的最大剋星。倭寇見情勢不對，轉掠台州（浙江境內），但戚繼光仍緊追不捨，先後九戰皆捷，共砍下了一千餘顆敵人首級，焚溺而死的倭寇多到無法計算，大底平定了浙東的動亂。

兒子啊！你在哪裡…
嚴世蕃母喪忙淫樂 嚴嵩對答誤漸失寵

■不久前嚴嵩之妻病故，原本身為人子的嚴世蕃應當回鄉料理母喪，但因為朱厚熜的詔示大多艱澀難懂，只有嚴世蕃能輕易的知道皇帝意圖，所以嚴嵩不能一日沒有他在旁協助，便奏准讓兒子留在京師，改派孫子回去辦理喪事。但嚴世蕃因為服喪無法進入西苑，所以嚴嵩常常在收到皇帝手詔時不知如何回答，只能叫人趕緊拿回家給他看。偏偏嚴世蕃在母喪期間還出入聲色場所尋歡，根本找不到人。在小宦官多次催促後，嚴嵩只能硬著頭皮自己對答，但往往寫出來的都不是皇帝想要聽的。加上他因年邁無法再像從前那樣耗盡心神撰寫青詞，找人代打寫出來的東西也讓朱厚熜越來越不滿意。看來，已經專擅十幾年的嚴嵩，在皇帝心中的地位，可能正在快速消退當中。

戚繼光蕩平閩廣倭寇 俞大猷擒殺飛龍皇帝

■倭寇在浙東被戚繼光擊敗後，又重新整合，在福建地區引起極大的騷動。戚繼光在胡宗憲調度下，引兵再度大破倭寇，斬首兩千二百餘級。之後又乘勝追擊，一連蕩平六十幾個倭寇據點。另一方面，俞大猷則是趁自稱為飛龍國皇帝的盜賊頭目張璉出外征戰時，直接攻其巢穴。然後在張璉回兵救援時大破匪兵並生擒張璉，斬首一千二百餘級。不過此役俞大猷所立的戰功，最後都被廣東的將領們侵奪，並未受到太大獎勵。

災情特報

泉州爆發瘟疫

泉州（福建境內）府城日前爆發瘟疫，受到感染的人相繼死亡。據初步統計，當地人口已經有將近十分之七死亡，所有的公共場所都堆滿死屍，甚至還有整個家族無一倖免。目前所有街道家戶都已門窗緊閉，沒有人敢踏出大門一步。

成於青詞 敗在扶乩

嚴嵩倒臺致仕　徐階終成首輔

■經由內閣大學士徐階引薦而深受皇帝寵愛的道士藍道行，不久前在扶乩時表示「今日有奸臣奏事」，嚴嵩剛好在此時進來，朱厚熜心裡開始有了疙瘩。之後藍道行又利用神仙附身的方式，揭露許多嚴嵩父子的罪行，更讓皇帝心生厭惡。加上之前朱厚熜居住的永壽宮失火時，嚴嵩建請皇帝移居南宮（當初被稱為太上皇的朱祁鎮被軟禁之處）讓朱厚熜大為不滿，徐階則是請重建永壽宮讓龍顏大悅，便讓嘉靖帝興起想換掉嚴嵩的念頭。御史鄒應龍在一名內侍家中避雨時偶然得知皇帝動向，便上疏彈劾嚴嵩父子，其他官員在察覺風向已變後也紛紛跟進。前後執政十五年的嚴嵩終於倒臺，被勒令致仕。不久前還意氣風發的嚴世藩則被充軍邊防，為此事謀畫已久的徐階，則是如願代嚴嵩之位而成為內閣首輔。

YES！

……

官軍收復興化城　戚繼光升任總兵

■戚繼光返回浙江之後，福建的殘餘盜賊又與日本剛到的倭寇重新集結，於去年（1562年）攔截官軍信使，喬裝改扮騙開城門，一舉攻陷興化府（福建境內），並將府城焚掠一空。由於興化是極為繁榮的都市，而且之前倭寇也未曾拿下過府城，所以淪陷的消息一傳出，便馬上引起各界恐慌。今年二月，平海衛指揮官歐陽深因為輕敵中伏而死，平海衛也落入倭寇之手。臨危受命的巡撫福建（福建省級總督導官）右僉都御史譚綸，在做好準備之後，以劉顯為左軍，俞大猷為右軍，再加上由浙江前來支援的戚繼光率領中軍在前衝鋒，圍攻倭寇佔領的平海衛。經過幾場漂亮的戰役，順利收復興化，

我有代言「繼光餅」和「繼光香香雞」，都很好吃喔…

砍下了敵首二千二百級，並救回被俘擄的男女三千多人。此役立功最多的戚繼光，也取代俞大猷福建總兵官之位。

北寇破牆入侵　京師再次戒嚴

■之前因北寇屢次犯邊，總督薊州（河北境內）、遼東軍務的楊選認為一定是「朵顏三衛」（又稱兀良哈三衛，即泰寧衛、福餘衛、朵顏衛等位處東北的蒙古部落）引敵入境，便將三衛的首領囚禁起來，要他的兒子們輪流來當人質，希望以此牽制北寇。沒想到此舉反而激起對方的仇恨，並揚言要舉兵進攻遼東，楊選聞訊只好率兵向東防禦。兵部尚書楊博認為這是對方的調虎離山之計，便緊急傳令制止，但連續三次楊選都拒不從命。不久後，敵軍果然衝破邊牆而入，在順義、三河（皆河北境內）等處大肆殺掠，楊選回防不及，京城也因此宣布戒嚴，並急命宣府（河北境內）、大同（山西境內）等處兵馬立即入援。朱厚熜見到城外起了火光，嘆息：「嘉靖二十九年的局面又要再次重演」。在總兵孫臏力戰而死之後，敵軍在內地駐留八天，搶盡所有看得到的東西，直到大同總兵姜應熊來援，才向北退去。之後楊選等失職官員被逮斬首，嘉靖帝在獎賞有功人員時，也刻意漏掉兵部尚書，以表達對楊博的不滿。兵科給事中邱上疏陳說善後事項，並彈劾楊選挑激事變，結果反而被嘉靖皇帝認為又是在放馬後炮，而遭到廷杖六十、革黜為民的處分。

貴族如細菌分裂激增　財政嚴重入不敷出

■大明王朝自開國以來，供應皇帝及宗室的費用就不斷激增，從一開始僅有四十九位親王、郡王、將軍，一直到現在貴族總人數已經將近三萬人，歲支俸祿也高達八百多萬石，佔全國總田賦收入的三分之一。朱厚熜也因沉迷齋醮祭祀，每年必須花費兩三百萬，並動用數萬名役匠建齋宮、祕殿。經費不夠用時，就下令讓臣民獻助，再不夠的話，便又巧立各種名目向百姓要錢。據財政單位統計，自嘉靖中期開始，財政已常常是入不敷出，就算朝廷用各種加派把壓力轉嫁到百姓身上，也沒有辦法彌補這個財政大洞。預估，

細菌分裂的過程很快，一個變兩個，兩個變四個，一直擴展下去，很快身體裡面就充滿細菌的毒素了...

再不出兩三年的時間，歷代以來所積存的銀兩便會用盡，到時如果不能提出有效的改革措施，只怕就要宣告破產。

天上掉下來的桃子!?
天降吉兆 嘉靖帝眉開眼笑

■嘉靖皇帝因為居然在座位後面揀到一顆桃子高興得不得了！左右隨侍的人都說是天上掉下來的，所以朱厚熜認定此為上天所賜，還下令舉辦五天恩醮。第二天，又再撿到一顆桃子，連宮中的白兔、白鹿也相繼產下雙胞胎。廷臣為此上表祝賀，朱厚熜也滿心歡喜的特別親筆手諭褒答廷臣的祝賀。不過，當隨侍宦官們被問起桃子的來源時，只得到笑而不答的回應，將答案留給讀者自行想像。

這一定是神仙送給皇上的禮物！

哇！太幸運了，神仙還幫我裝成一整罐呢

被論罪事涉繼盛沈鍊　嚴世蕃即將全身而退

■之前嚴世蕃被論戍雷州（廣東境內）後，未到戍所報到便自行折返，同黨羅龍文也是到戍所後便逃回，並繼續與嚴世蕃密切往來。去年（1564年）十一月南京御史林潤上疏揭發此事，朱厚熜大怒下令將嚴世蕃二人逮捕至京，要刑部加以定罪。但聰明絕頂的嚴世蕃卻老神在在，還要羅龍文安心，表示一切都在他掌握之中。原來，嚴世蕃早就派人散播消息，請司法機關一定要為楊繼盛和沈鍊申冤，說他們就是被嚴世蕃害死的。依據嚴世蕃對朱厚熜的了解，這樣的奏疏一旦呈上去，必定會被打槍。因為當初給楊繼盛和沈鍊定罪的，其實就是皇帝本人。偏偏朱厚熜又是個剛愎自用且極愛面子的人，絕不可能承認自己的錯誤。到時，不但嚴世蕃可以全身而退，連承審官員都有可能為因為激怒皇帝而反遭重懲。據聞，刑部果然以楊繼盛和沈鍊之事做為主攻理由，而嚴世蕃與羅龍文則是已經在對飲慶祝了。

閣揆徐階老謀又深算　重寫獄詞咬死嚴世蕃

■刑部尚書黃光升等人日前親自將獄詞送給內閣首輔徐階過目，徐階看了之後先是稱許說寫得很好，之後便要其他人退下，然後低聲說如果真要致嚴世蕃於死地的話，獄詞絕對得改，否則必會激怒皇帝而達到反效果。於是他便親筆重寫狀子，刪去涉及楊繼盛和沈鍊那段，只提嚴世蕃同黨羅龍文與倭寇私下交通。還特別強調嚴世蕃取南昌（江西境內）一塊有王氣之地興建宅第，並暗中與謀反的伊王朱典楧交往。奏疏送入之後，果真戳中倭寇與謀逆兩個必死之穴，將嚴世蕃、羅文龍斬首棄市。據聞嚴世蕃聽到這消息時嚇到大哭，連家人要他寫下遺言時也一個字都寫不出來。而北京居民則是聞之大快，相約持酒到西市觀看行刑。

嚴府查抄清單
黃金三萬二千九百六十兩、白銀二百零二萬七千零九十兩、房屋大宅六千六百餘間、田土二萬七千三百餘畝、十八萬兩受寄於他人或供借貸、珍珠寶物數量仍在統計中…

這樣一定沒問題

早就料到了…

221

內容超級大膽直白……
戶部主事海瑞上諫 自備棺材與妻訣別

■由於朱厚熜已經很久很久很久沒有上朝，只專心於修道齋醮，督巡在外的地方大員為了迎奉拍馬，便紛紛獻上代表祥瑞的白兔、白鹿或是多穗的稻麥，廷臣則是爭先上表祝賀做為呼應，彷彿天下太平無事一般。戶部主事海瑞看到居然沒有人敢為此上疏進諫，便獨自上了《治安疏》，嚴厲批評嘉靖帝妄想長生，無父子、君臣、夫婦之情，並超級直白的點出朱厚熜的錯誤「很多」，但主要的根源則是在齋醮一事。還直指陶仲文號稱是修行極高的真人，自己還不是死了；宮中撿到仙桃更是大笑話，難道桃子有長腳會自己走到宮中？毫不掩飾的指出了皇帝荒謬愚蠢之處。朱厚熜在看到這份奏疏之後，氣到當場就把它扔在地上，並要左右馬上去把人抓住，不要讓他跑了。這時一旁的太監黃錦回答說：「此人一向有癡名，聽說他要上疏時，早就知道觸忤皇上當死，所以已經買了一口棺材，與妻子訣別，然後自己到朝堂外等待處罰，連家中的僮僕也早已逃散一空，我看他是不可能會逃走的。」朱厚熜聽了以後一陣默然，又自己把海瑞的奏疏拿來反覆閱覽，喃喃自語的說：「這人可與比干（傳說中被商紂王處以剜心之刑的忠臣）相比，但朕並非紂王（商朝最後一位君王，被後世醜化為無惡不做的暴君）……」而最後這份奏疏竟然就這樣留在內廷沒有發下去做任何處置。過了幾個月，朱厚熜的身體狀況越來越不好，也知道自己可能時日無多，便召見內閣首輔徐階商議傳位之事，並交待說：「海瑞說的都沒錯，但是朕久病在身，又如何能處理政事？這都是朕自己不愛惜身體，所以才會為病所困，如果朕能上朝的話，也不用被此人這樣詬罵了….」接著下令將海瑞逮入詔獄，以追究有無主使之人，之後又將此案轉給刑部擬定死罪。不過，刑部上報之後，朱厚熜仍然將刑部的奏疏留在內廷沒有批覆。戶部司務（低階官員）何以尚聽到消息，揣測嘉靖皇帝並無殺海瑞之意，於是便上疏請求釋放海瑞。心裡相當矛盾，既自責自憐但又拉不下面子認錯的朱厚熜，大概是因為心中所想的事被看穿，因此大怒將何以尚廷杖一百下，並囚禁於詔獄中晝夜刑訊。

駕崩 朱厚熜服丹藥登仙 朱載垕奉遺詔繼位

■朱厚熜自從開始服用方士們所煉製的各種長生不死丹藥之後，不但體力沒有增強，健康狀況還頻頻亮起紅燈，最後終於在十二月十四日這天，他的修道齊醮發揮最大功效，讓他真的登上仙班之列。內閣首輔徐階隨後草擬並發布遺詔，停罷一切齋醮，將方士交付刑部治罪，並召還或撫卹因直言上諫而獲譴的官員。由於在嘉靖二十八年（1549年）太子朱載（朱厚熜次子）去世之後，朱厚熜便堅信術士「二龍不相見」的說法，認為太子與皇帝都是龍，碰在一起太子會殞命，所以便一直沒有讓裕王朱載垕（明穆宗，朱厚熜三子）坐上太子之位。直到現在朱載垕才奉詔即位，並將明年定為隆慶元年。

我這樣算成仙了吧？

也是啦，我們三兄弟已經成仙好久了…

捷報！ 俞大猷討平廣東盜賊

■廣東一帶盜賊近來氣燄猖獗，巡撫吳桂芳便徵集十萬兵馬，派俞大猷前往征討。俞大猷先設計擒獲賊首，然後解散部份的脅從者，最後再親自督兵直搗巢穴，前後共俘斬一萬四百餘人，救回了八萬多位百姓，再次為朝廷立下大功，升任廣西總兵官。

君臣情深 海瑞聞皇帝死訊大哭不止

■朱厚熜去世後沒多久，主管獄政的刑部主事知道海瑞一定會被新皇帝重新起用，就準備了酒食到牢裡款待他，打算跟他套套關係。海瑞這時還不知道外面發生了什麼事，看到有酒有肉，以為自己馬上就要被押赴刑場問斬，而這就是他的最後一餐，於是就神情自若的大吃大喝起來。這時主事才湊到他耳邊悄悄告訴他皇帝已經駕崩，並恭喜他馬上就可以出獄並獲得重用。海瑞聽了之後大吃一驚，連忙問：「這是真的嗎？」然後便大哭不止，哭到剛剛吃的東西也全部都嘔吐出來，最後還因悲傷過度昏了過去，半夜醒來之後也是泣不成聲，令人聞之鼻酸。

萬曆怠政
東北龍興

明穆宗隆慶元年～明熹宗天啟五年

1567-1625

從小被壓抑成乖乖牌的神宗，
在首輔張居正死後居然變得又懶又貪錢，
連續幾十年不上朝，奏摺連看都不看，
如此奇葩的行徑讓萬曆朝變得……

做生意比較好賺!! 戰爭勞民傷財 韃靼有意談和?

■之前由於內閣大學士（皇帝高級祕書官）高拱較注重邊防建設，同時又任用有才能的將領，使邊防得到加強。而韃靼則是因多年用兵及內部紛爭，導致整體力量損耗下滑。最近進犯遼東時，因明軍頑強的抵抗也折損了不少兵力。今年雖然仍騷擾防禦力較弱的大同（山西境內）等處，並造成當地數萬百姓死亡，財產被劫掠一空，但其內部也開始出現另一種聲音，認為如果與大明帝國保持友好互通貿易，所得到的好處可能比發動戰爭搶來的更多。如果明廷能抓準此一時機，透過外交手段取得和平，不但是邊境百姓的一大福音，也將創造雙贏的局面。

裕王舊臣張居正入閣 資歷淺卻有宰相威嚴

■裕王（即皇帝朱載垕）舊臣吏部（文官考核任免部）侍郎（次長）陳以勤、禮部（教育部）侍郎張居正，二月時分別被任為禮部尚書（教育部長）兼文淵閣大學士，以及吏部左侍郎兼東閣大學士，進入內閣（皇帝高級祕書處）參預機務。據聞，當今內閣中，自首輔徐階以下，都能禮賢下士，對其他官員十分溫和。唯獨資歷最淺的張居正，在面對各部門首長時，態度總是特別高傲，也從來不做迎送人情。不過，由於他提出的見解都十分中肯，常一語點出問題所在，所以頗有宰相威嚴，因此與其他閣員相比，朝臣們更懼怕張居正。而一向與徐階不合的高拱，則是在新一波政治鬥爭中敗下陣來。不久之後，彈劾高拱的奏疏還牽扯到另一閣員郭樸，最後兩人都先後被罷免了官職。

新入閣的張居正已樹立威望

我要成為航海王!! 朝廷解除東南海禁

■之前由於倭寇不斷侵擾沿岸，所以朝廷便一直採取海禁的方式企圖解決這個問題，但卻反而讓沿海居民無以營生，轉而與倭寇勾結，讓局勢更加惡化。雖然在戚繼光、俞大猷等名將力戰下，倭患目前稍微緩解，但如果不能根絕此一問題，只怕過不了多久，同樣的事又將再次重演。在巡撫福建（福建省級總督導官）都御史（監察總長）塗澤民的建議下，朝廷終於決定開放海禁，有條件的允許人民從事海上貿易。藉著讓從事海上買賣的人繳稅取得合法地位，來禁絕沿海奸民與倭寇結合的機會

冤死!!
石星受杖險亡 老婆殉夫枉死

■朱載垕（明穆宗）才剛繼位沒多久，就開始長夜飲酒、縱情聲色，太監滕祥也因為善於製造奇巧物品供皇帝娛樂而受到寵愛。給事中（政風監察官）石星為此上疏直言勸諫，只是皇帝不但沒有聽進進這些逆耳忠言，反而還下令將他廷杖六十並罷黜為民。行杖時由於監杖官正是滕祥，而石星被打時還一直對他破口大罵，結果可想而知就是被要求重重的「往死裡打」，一度被打到氣絕休克，被當成死人拖出去一陣子之後才又醒過來。但令人惋惜的是，石星的夫人鄭氏因為聽人家說丈夫已經被當廷杖斃，竟然悲痛的撞柱白白枉死。

遊南海子敗興而歸　皇帝批准徐階退休

■朱載垕因左右之人說南海子（位於皇城之南，為北京最大溼地，被畫為皇家獵場）風景絕倫，不看此生必悔，於是便想前去遊玩。都給事中（政風監察長）王治率同官勸諫，內閣首輔（首席皇帝高級祕書官）徐階也一同勸阻，但皇帝還是執意前往，結果去了之後才發現南海子根本只是片荒莽潮溼的沼澤。徐階因建言不被接納而請求致仕，給事中張齊也在此時上疏彈劾徐階，朱載垕便順勢批准退休令，免得老傢伙一直在旁邊叨唸不停。但徐階退休之後勢力仍在，攻擊他的張齊也受到親徐階官員的反擊，揭穿他之前奉命巡邊犒軍時，收受鹽商賄賂的弊案，張齊因此被發往邊地戍軍。

是誰跟我說這裡比迪士尼好玩的..

高拱回鍋內閣 政壇再次洗牌

■徐階致仕之後，他的政敵高拱再次被召回內閣。他全然改變徐階的作法，那些在前朝直言獲罪但已重新錄用或撫卹的官員，又全都遭到罷除。親徐階的官員，都開始擔心會受到高拱報復，其中歐陽一敬、胡應嘉兩人，竟然因此過度憂懼而死。

麻雀變鳳凰? 三百名少女被選入宮

■最近京城內引起一股騷動，許多人家原本歡樂的氣氛一夕陷入愁雲慘霧之中。原來是朱載坖命禮部在京城內外及鄰近八個府挑選宮女，凡是年紀在十一歲到十六歲之間的少女，只要沒有缺損殘疾或外貌資質過低的，全都被列為挑選名單。雖然最後因各府路途遙遠，所以改成只選京城的三百名少女入宮，但此行動還是造成這些青春期少女們極大的震撼。一般認為，雖然朝廷表面話講得好聽，說是要預先教育她們讀書知禮，但就以前的經驗看來，小女孩們入宮後不是遭到虐待，就是淪為皇帝的性玩具，也難怪被選上的人沒一個有飛上枝頭變鳳凰的感覺。

強迫徐階歸還民田　百姓稱頌海瑞爲海青天

■徐階退休回鄉之後，雖然遠離政治核心，但也如同其他高官家族一樣在地方上會搞些特權。據聞，他們家族的田產中，光是侵占民地而來的就有二十四萬畝。之前地方官員寧可不理會百姓的告狀，也不願得罪這位重量級人物。但巡撫應天（南京區省級總督導官）右僉都御史（主任監察官）海瑞是個出了名的政壇怪咖，他根本完全不買帳，硬是要求徐階將不法田產吐還給民眾。原本徐階還想打迷糊帳，賣海瑞個面子，就隨便歸還一些打算就此了事。沒想到海瑞卻來真的，最後不但逼他退回一半的土地，還讓他那位當侍郎的弟弟徐陟被逮捕治罪，他的兒子徐璠、徐琨也都判充軍，讓徐階十分難堪，百姓們也因此把海瑞稱為「海青天」。

臭小子，不認識我嗎？我可當過首輔呢！

我管你是首輔還豆腐，把老百姓的田還出來再說

海瑞不懼前首輔徐階的權勢，硬是逼他吐還不法侵吞的民田

皇家奢華揮霍　甜餅、驢腸耗費千金

■明世宗朱厚熜崇尚道教，花了為數可觀的銀子齋醮修道，導致財政嚴重入不敷出。原本各界期望朱載垕接下爛攤子之後能力圖振奮，沒想到他反而更窮奢極侈。據說有一次皇帝只是說想要吃個甜餅，尚膳司及甜餅房便開出嚇死人的天價材料費。又有一次想吃驢腸，近侍們就打算要每天宰殺一頭驢以備不時之需。雖然最後驢腸沒有吃成，也有可能是底下的人浮報帳目從中侵吞，但揮霍的程度還是十分誇張，也難怪每年都要從國庫拿錢補貼，才能滿足皇室的奢華生活。

獨家公開　**宮廷菜單**

牛豬：清蒸牛白、燒豬肉、白煮豬肉、豬脊肉、灌腸、糟醃豬蹄豬尾豬耳豬舌、油渣滷豬頭、大小套腸、帶油腰子

羊兔：燴羊頭、冷片羊尾、爆炒羊肚、羊雙腸、黃顙管兒、迎霜麻辣兔、脆團子

禽類：燒鵝、燒雞、燒鴨、燒筍鵝、爆醃鵝、爆醃雞、爆醃鴨、雞肫、雞掌、鵝脆掌、煠鐵腳雀、滷煮鵪鶉。

魚鮮：酒糟蚶、糟蟹、鰣魚、煠銀魚、醋溜鮮鯽魚、柳蒸煎燠魚

湯品：雞醢湯、米爛湯、八寶攢湯。

點心：羊肉豬肉包、糊油蒸餅

甜食：棗泥卷、乳餅、奶皮、奶窩、酥糕

祖孫竟爲「三娘子」爭風吃醋!!
韃靼深陷分裂危機

■蒙古韃靼部不久前發生內鬨，俺答汗與孫子把漢那吉，因為爭奪一位女子而翻臉。這位引發家族惡鬥的「三娘子」本來是把漢那吉之妻，但因為長得太漂亮，俺答無法克制獸慾便動手將她奪為己有，把漢那吉一氣之下，便決定歸附大明帝國。總督北邊防務的王崇古和大同（山西境內）巡撫（省級總督導官）方逢時，便上書建議趁此機會拉攏把漢那吉，與之開市貿易，以緩和雙方的緊張情勢。王崇古的建議在朝廷引發激烈討論，雖然有許多大臣認為敵情叵測而堅決反對，但因為內閣大學士高拱及張居正都支持安撫，所以最後裁示外示羈縻，內修守備，盡量優待把漢那吉，進一步分裂韃靼，削弱俺答實力。

是我的！

你不會孝順爺爺嗎？

你們決定好再跟我說吧

這些給你，知道怎麼做了吧

包在我身上

徐階重金行賄，把海瑞給拉了下來

罷相？徐階展開反擊
清官海瑞失意下台

■徐階被逼還田之後，無法嚥得下這口氣，便以重金賄賂吏科給事中（文官考核任免科政風監察官）戴鳳翔，上疏將巡撫應天右僉都御史海瑞套上「庇護刁民，魚肉鄉紳」的罪名。並透過內閣大學士張居正，將他改調去總督南京糧儲。也有風聲傳出，說徐階不會就此善罷甘休，一定還會動用他的人脈與錢脈，再另找藉口把海瑞弄下台。令社會輿論不禁感嘆：「家居之罷相，能逐朝廷之風憲」。

俺答受封順義王　大明北境獲安定

■俺答汗見到歸附大明的把漢那吉受到極度優待，又發現自己已經勢孤而無可為，便遣使向明廷表達請和及互市貿易之意，更主動向北京進貢方物，以表示願意臣服。於是朱載垕下令敕封俺答為「順義王」，連同其手下也都依階級封給官職，並依據總督（戰區總司令）王崇古的建議，恢復雙方貢市交易，讓蒙古與內地的經濟可以正常往來。專家表示，這項協議一達成，將為北境帶來長期的和平與繁榮，不但雙方互蒙其利，每年國庫也可以節省百分之七十的軍事支出，不失為一個兩贏的局面。

戚繼光鎮守薊州　戰鬥力大幅提升

■隆慶初年奉命改鎮薊州（河北境內）的總兵（軍長）戚繼光，自到任以來便嚴整軍容，加強戰備，還獲准修建「敵台」以增強防禦能力。連綿二千里的工程在今年終於告峻，防地內共修建一千二百座空心敵台，每座高五丈，分為三層，每台駐一百人，並儲備充足的兵器糧食。另外，由於邊軍軍紀渙散，所以另從浙江招募三千名士兵嚴加訓練。這三千精銳到達薊州後，先在郊外列陣等候檢閱，當時忽然下起大雨，但部隊卻從早晨到傍晚一直在原地佇立不動。紀律一向散漫的邊軍見到這種情景，都十分驚駭，從此以後才知道什麼叫做軍令。之後戚繼光又設立車營，製造可以抵禦戰馬的器械。還制定接戰準則。規定部隊在遭遇敵軍時應先發火器，稍近時以步兵持拒馬器排列前進，間雜使用長兵器，等敵軍逃竄時再以騎兵追趕。在配置上，以輜重營為後，南兵精銳為先鋒，衛所兵做為策應，本鎮士兵則專門戍守。種種的措施及規畫，已使得薊門軍容成為各邊之冠。

戚繼光在校閱部隊時突然下起大雨，但軍士們卻沒有半點騷動

隆慶駕崩 十歲太子朱翊鈞繼承大位

■年僅三十六歲的朱載垕日前忽然駕崩，在各界驚愕之時，內閣大學士高拱、張居正、高儀三人以及司禮監（宮廷禮儀署，為內廷之首）太監馮保依遺詔，顧命輔佐年僅十歲的皇太子朱翊鈞（明神宗）繼承皇位。值得注意的是，之前一直受到高拱壓制的東廠提督兼御馬監（皇室馬匹管理署）太監馮保，竟然也以內監的身份位在顧命大臣之列。平心而論，馮保算是太監裡面學識及文化水平較高的，依其資歷，也早該接下司禮監掌印太監一職。只不過高拱就是看他不順眼，硬是推薦其他資歷較淺的太監接任，馮保因此也對他心生怨恨。這次馮保藉著皇權更替的機會，取得太后懿旨終於登上內廷首位，進一步鞏固了自己的權位。不過，由於登基大典時，馮保始終侍立在小皇帝身邊沒有退下，宣示權力的意味極為濃厚，所以也引起高拱及眾廷臣不滿。看來，內外廷之間的鬥爭隨時有一觸即發的可能。

內幕追追追!!

皇帝三十六歲駕崩 死因竟是……？！

朱載垕對色情及性愛有著戒不掉的癖好，整天在後宮裡忙來忙去，還被人比喻是後宮中辛勤的小蜜蜂。宮中的用品，小到茶杯，大到龍床，全部都是春宮雕刻和彩繪。他為了每天日以繼夜的應付眾多美女，只好服用大量的春藥，但也因此把身體搞壞了。雖然很多大臣都曾為此上諫，但他卻依然故我，成天縱情聲色，最後終於因縱慾過度而在精壯之年倒下去。

張居正陰結馮保 高拱失策被驅逐

■馮保接任司禮監掌印並成為顧命大臣後，一向看他不順眼的首輔高拱更想除之而後快，便授意言官（御史、給事中等監察官員）們彈劾馮保，而張居正等內閣成員當然也都態度一致，表示力挺高篔。只不過在政治的世界中，檯面下的動作永遠比檯面上多。誰也沒想到張居正早就想要取高拱而代之，於是便私下與馮保結盟，還把消息事先透露出去。於是馮保抓住高拱曾在先帝駕崩後說過「十歲太子如何治天下」這句話當做把柄，去向太后告狀說高拱獨攬大權，蔑視年輕幼主。當太后召集群臣入宮時，高拱原本還以為是要宣旨將馮保趕出宮去，結果沒想到逐條唸出的卻是他自己的罪狀，還被下令驅逐出宮。高拱嚇到腿軟伏在地上起不來，最後是張居正把他架了出去。之後張居正還假意上疏請求留用高拱，但沒有得到允許，高拱於是被革職回家閒住，而張居正也以全勝之姿順利成為首輔。

張馮連線成形!! 內監外廷大結盟 張居正放手改革

■張居正結納司禮監馮保的力量，成為內閣首輔後，又取得兩宮太后（朱載垕皇后及朱翊鈞生母）的信任，以及小皇帝朱翊鈞的尊重敬畏，獲得大展抱負的機會。首先，他認為要樹立朝廷權威，就必須革除歷代皇帝荒嬉乖戾的風氣。所以除了把握每個時機勸勉小皇帝之外，也讓小皇帝每天日出就到文華殿聽儒臣講讀經書，然後只稍憩片刻，又繼續講筵上課，一直學習到過午後才下課休息。每個月三、六、九日要上朝理政，其餘每天不管隆冬或酷暑都得按照時間表上課，沒有什麼寒暑假或週休二日。張居正對於朱翊鈞的輔導和關懷可說是無微不至，除了充實的日課表之外，大至朝廷用人之道，小至宮中末枝小節，他都會仔細且不厭其煩的解說。而在內廷，被皇帝稱作「大伴」的馮保，也花了很大的精神在導正小皇帝的思想及行為。每次朱翊鈞在和小太監玩的時候，只要看到馮保來了，便會緊張的說「大伴來了！」然後趕緊正襟危坐。馮保不僅負責小皇帝的日常起居及生活教育，有時還要代小皇帝「批紅」。由於分居內外廷的馮保及張居正兩人不但在政治上結盟，對小皇帝未來的期望也都一致，所以兩人非常有默契，也讓張居正可以放手實施新政，準備大刀闊斧改革多年沉痾。

萬曆首輔施新政 張居正制定考成法 督核各級官吏

■由於嘉靖以來吏治敗壞，吏部也沒有落實考核，使得行政效率低落成為嚴重問題。因此內閣首輔張居正決定實施「考成法」，恢復六科給事中（吏戶禮兵刑工六科政風監察官）的職權，一改嘉靖、隆慶年間名存實亡的情況。以六科督促六部，以六部督促諸司及地方縣衙，最後再由內閣直接控制六科，透過這套系統，直接督核各級官吏。同時，也要求各部必須建檔追蹤，依事情輕重緩急訂定完成期限，並要求在期限前結案註銷。然後分層由六部舉報稽遲延誤的各司及地方官員，各部在注銷文冊時有容隱欺瞞的，亦由六科負責舉報。六科有容隱欺瞞者，則由內閣直接向皇帝舉報懲辦。專家認為，此法實施之後，從中央到地方的行政效率將大為提升。

無賴入宮行竊 誣指高拱指使

■流浪漢王大臣偷取內宮宦官的衣服牌帽，打算混進皇宮偷盜，但卻被當場識破並交由東廠審訊。因王大臣供稱是受高拱及太監陳洪指使，於是提督東廠的馮保便派人逮捕高拱的僕人並將他家包圍起來。但因事涉前首輔，吏部尚書（文官考核任免部長）楊博、左都御史葛守禮等人便緊急請託張居正上書奏緩其事。最後經過再次詳查，才證明高拱是被誣告，王大臣也迅速移送司法單位並閃電問斬。不過，本案卻有許多疑點，首先是高拱被誣告一事，應該要反過來追查是誰教唆王大臣做偽證，但後來卻不了了之。再者，王大臣問斬效率出奇的快，是否有黑單位想要殺人滅口。更可疑的是，據監所人員指出，王大臣在移監後居然變啞失聲，顯然有人從中動過手腳，不讓他有透露實情的機會。

內幕追追追!!

教唆偽證 馮保事敗狠手滅口

高拱被誣案的真相原來是東廠抓住王大臣後，馮保想借機置高拱於死地，便讓家奴送衣食刀劍給王大臣，教唆他編造謊言陷害高拱。原本和馮保同聲一氣，主張應追究幕後主謀的張居正，因受迫於廷臣一面倒的壓力，才不得已上書奏緩。承審的錦衣衛指揮官朱希孝受到楊博囑託務必查出實情，便將高拱的僕人混在人群中讓王大臣指認。茫然莫辨的王大臣一聽到要重刑逼供，便嚇得把所有事情都抖了出來。馮保見陰謀暴露，趕緊命人用生漆酒弄啞關鍵證人，並施壓迅速問斬。司法單位懼於馮保及張居正的權勢，自然也不敢繼續追查，全案就此不了了之。

馮保見事跡敗露竟然將犯人弄啞

……

師生鬥法 張揆以退爲進 劉台落敗杖黜

■由於內閣首輔張居正近來對各御史在外巡按時盛氣凌人，甚至欺凌地方首長的情形感到不滿，決定加以抑制，所以只要御史奏報的事情稍有疏漏，他便會馬上毫不留情的加以痛批。不久前，御史劉台奏報遼東大捷，於是張居正便以巡按御史不得奏報軍功為由而嚴加指責。劉台不服也上章抗辯，還反過來彈劾張居正獨擅威福。奏疏呈上後，張居正大怒，便在朝廷上自我辯護，指稱：「劉台違反制度妄自上奏，本來就應該按規矩懲處，他卻因此心生不滿而反過來報復。況且劉台是我錄取的進士，二百年來也沒有發生過門生彈劾老師這種事情，現在我唯一能做的事就是辭職謝罪。」隨後便伏地痛哭不起，朱翊鈞見狀也走下御座用手拉他並再三勸慰。張居正一再表示不肯再執掌政事，直到皇帝派太監宣讀親筆詔書才站起身來。劉台因此被逮捕至詔獄嚴刑拷訊，並罰廷杖一百下，打完後還要發配邊境充軍。張居正表面上疏營救，但在暗地裡卻落井下石，將劉台除去官籍，貶為平民。

張居正與劉臺師生激鬥，最後劉臺仍然不敵遭到杖黜

父喪守孝需二年餘　張居正奪情不回繼續供職

■今年九月，內閣首輔張居正的老父在家鄉去世。依照慣例，官員必須回鄉守喪二十七個月，等期滿之後再重新起用。但此時才剛展開新政改革的張居正，一來知道此時離開必使之前的努力功虧一簣，二來也害怕自己一離開權力中心便再也回不來，於是表面上寫了奏疏請求回家守制，私底下卻給太監馮保使了眼色，要他想辦法留人。馮保便以皇帝旨意要求吏部尚書張瀚留人，而張居正自己也一再暗示張瀚出面請願要他留下。但張瀚雖然是張居正一手提拔，甚至還被批評是張居正同路人，但這時他卻不為所動。不過，等著想要抱張居正大腿的隊伍可是早就排得好長，戶部侍郎（財政部次長）李幼滋抓準時機首先提出「奪情」之議，請求張居正放下親情之小孝，不回鄉而留在原職，以報國家之大忠。接著許多官員也跟著上疏建請奪情，最後由朱翊鈞降詔命張居正留下視事。但由於身為首輔卻未能遵守古制，所以也在第一時間引發朝廷內外議論紛紛，甚至批評他「貪位忘親」。最後在杖打好幾個上疏批評的官員後，才把非議強壓下來。

考成法有成效 財政轉虧為盈

■萬曆四年（1576年）時，內閣首輔張居正曾要求地方官員在收稅時要達到九成的績效，同年底十幾個未達標準的官員也都分別遭到降級或革職。官員們因此都不敢懈怠，強力督責戶主完納當年稅糧。據戶部（財政部）統計，今年全國錢糧歲入已達四百三十五萬餘兩，比數年前增加百分之七十，在收支相抵後，還結餘八十五萬餘兩，已經扭轉了長期財政虧損的狀況。專家表示，就是張居正強力推行「考成法」，提升了行政效率及命令貫徹性，才能有這樣的成果。

無懼廷杖力批奪情 吳中行等五人直聲震天下

■為了抗議首輔張居正奪情戀位，翰林院編修吳中行不但寫奏疏上呈，還特地親自將副本送去給張居正。張居正看到後驚訝的問：「章疏已經呈上去了嗎？」吳中行則是冷靜的回答說：「沒呈上我也不敢給您送來副本了。」第二天，趙用賢也跟著上疏，第三天，艾穆、沈思孝也跟著行動。被惹怒的張居正便暗中與馮保串聯，打算用廷杖好好教訓這幾個不長眼的傢伙。期間雖然眾廷臣上疏論救，但吳中行等四人最後還是遭到重杖。次日，進士鄒元標上疏批判，也同樣受到重杖。目擊者指出，吳中行等人被打完後，錦衣衛校尉以布曳出長安門，然後扔在門板上逐出都城。其中吳中行被打到氣絕休克，經過投藥急救才甦醒過來。但傷口卻已壞死，挖出的爛肉多達數十碗，一整隻腳幾乎全被挖空了，再也無法復原。

艾穆

沈思孝

趙用賢

吳中行

氣死我了，居然利用我出名…

鄒元標

張居正回鄉葬父 人事安排妥當權力無損

■在父親棺木擺放許久後，內閣首輔張居正終於申請回鄉葬父。只不過他怕這段期間，萬一死對頭高拱再被召回內閣，或是徐階又復出的話，辦完事回來自己反居於其下，於是便請求添置閣臣協助處理政務。接著推薦素有直名的禮部尚書馬自強，以及與他頗有交情的吏部右侍郎（文官考核任免部次長）申時行入閣，然後才回鄉辦事。平時常違逆張居正之意的馬自強，因意外獲得舉薦入閣，所以竟然也把此事當作是張居正的恩澤，一直到他回朝為止，都與申時行謹守職位。在居喪期間，湖廣地區（湖南、湖北境內）大小官員全都前來致意，唯有巡按御史趙應元未到。等到辦完父喪回朝任職後，趙應元果然就被人以其他理由彈劾去職。戶部員外郎（中階官員）王用汲為此不平上疏，結果也被張居正削籍（在官籍中除名，不再具有候選任官之資格）為民。

求職看這邊!! 3570個太監工作職缺 欲報名從速

■日前朱翊鈞下令司禮監會同禮部挑選三千五百七十名宦官以供使用。這已經是萬曆年間第二次大規模進用宦官，相較於嘉靖年間的撤抑，在馮保當權吹噓引進下，宦官黨羽勢必蔓延滋長而難以約束，最終可能再次釀成禍患。禮科給事中（教育科政風監察官）李天植為此上疏力言其弊並請求收回成命，但萬曆皇帝也僅批說知道了，並沒有任何改變的意思。有興趣參加甄試者，請向禮部報名並參加體檢。

用螢火蟲根本照不亮啊，我眼睛都快要瞎了...

這...我記得明明有一個故事是這樣教的啊...不然我們改成白天上課好了

張居正為了節省燈燭的錢，便把皇帝的課都改到白天

省錢達人張居正 力壓皇室奢華惡習

■由於後宮規模越來越大，宮中小金庫的支出也倍感吃力，朱翊鈞便下詔想從國庫中徵用十萬兩白銀以補不足。但內閣首輔張居正並不認同這樣的做法，於是便上疏據理力爭。他經過精算後，列出實際的收支數據當參考，表示必須國庫必須留下固的費用以因應各種緊急狀態，不可以毫無顧忌的隨意使用。他還反過來要求皇帝節省一切不必要的開銷，經過重新規畫之後，不但這十萬兩的開支可以免去，連上元節佈置花燈的錢、修繕宮殿以及購置御用服飾的費用也都被他省了下來。據聞，張居正甚至為了節省燈燭的錢，還特別將皇帝在晚上的課程都改到白天。而自己因為纂修先皇實錄，依照慣例賜宴一次的機會，他也主動辭免。宮中歷朝以來浮誇奢華的種種惡習，在張居正主導下，已經開始有很大的改變。

清丈全國土地 落實賦稅公平

■為了根本解決國家財政問題，內閣首輔張居正除了建請皇帝節約開支以外，更重視經濟改革。張居正認為要提高朝廷對賦稅的控制能力，以及落實賦稅的公平性，最重要的工作便是清丈土地。雖然在嘉靖年間桂萼便已提出清丈土地的構想，也有少數地方試行過，但張居正認為應該要擴大全國施行。但因為清丈田地是件極為複雜的工作，為了得到實務經驗，他便在萬曆初年以福建為實驗點，並在今年福建巡撫勞堪完成任務之後，依其報告把福建的丈量經驗推廣到全國。專家表示，這樣的改革一定會剝奪豪強權貴的不法權益，預計將會得罪一大批貴族縉紳。然而，有些官員為了邀功，竟然使用比較短小的弓尺丈量以增加田畝的數字，讓許多百姓必須多負擔不實田土的稅糧，使這項政策的美意大打折扣。

首輔插手宮內事 皇帝雖准心生怨

■日前朱翊鈞在乾清宮宴飲時，受到近侍孫海、客用蒙惑，下令杖打兩名內使，還差一點把人打死。慈聖皇太后（朱翊鈞之母）知道後，便命馮保追捕孫海、客用，痛打一頓之後驅逐出宮。事後朱翊鈞對此頗覺懊悔，特別告諭內廷將二人遠放南京，並指示以後再有這種小人都要舉報嚴懲。內閣首輔張居正認為這樣還不足以抵兩人之罪，便奏准將他們改發淨軍（加入全由宦官編成的部隊當兵）。第二天，張居正特別上疏，除了對皇帝多所規勸之外，也表示自己將仿照諸葛亮「宮中府中具為一體」的做法，以後凡是皇帝起居或內廷之事，只要他聽說又有奸佞之徒誘惡諂媚，就會舉出祖宗之法請皇帝究治。政治評論家表示，內閣首輔主動表示將不分內外廷介入宮中之事，難免有獨攬大權挾制皇帝之嫌。況且懲治宮內宦官聽起來雖然很好，但實際上也可能變成張居正用來附和馮保好惡，把他所討厭的人給汰除的手段。萬曆皇帝雖然對張揆的建議大多言聽計從，但卻是迫於來自太后的壓力，其實心中早已對張居正老是以皇師自居，對他多所箝制及要求的態度開始感到厭煩。

以後不能再這樣了

好啦好啦...

國際要聞　織田信長命喪本能寺

■近來橫掃日本，掌控了以京都為中心的最富庶地帶，大有統一全國態勢的織田信長，在不久前準備進行最後掃蕩時，遭到下屬明智光秀反叛，命喪京都本能寺。事發之後，織田集團大將羽柴秀吉（豐臣秀吉）立刻回師東向，擊敗叛軍並殺死明智光秀。雖然羽柴秀吉在隨後織田的主要家臣會議上，強力主張擁立信長幼孫為織田家的後嗣，但事實上卻早已掌控了整個集團的權力，織田信長「天下布武」的旗幟到此也畫下句點。

災情特報

淮安、揚州等地海水倒灌，淹沒沿海三十個鹽場，造成二千六百多人被溺斃的慘劇。不過到目前為止，朝廷似乎尚未擬出具體救災辦法，百姓們只能靠自己的力量，從一片荒蕪的廢墟及失去親人的痛苦中慢慢爬起來。

一條鞭法!! 稅賦科派力役折收白銀

■在下令清丈全國田地的同時，內閣首輔張居正積極將嘉靖時期在某些地方試行過的「一條鞭法」推廣到全國實施。由於國內銀礦開採量激增，以及對外貿易時輸入巨額白銀，大大的增加白銀的儲藏量及流通範圍，也具備將各項稅糧改為徵收白銀的本錢。此法綜合了各地經驗，把以往名目繁多的各種差役歸併，取消力役改成徵銀，再由朝廷雇人工作。同時，也改變以往田賦以徵收「本色」為主的習慣，除了江南各地供應宮廷的「漕糧」外，其餘田賦都折算成白銀繳納。以往以糧區做為徵收單位的制度，也改成以州縣為單位，由地方官直接徵收解運。不過，雖然一條鞭法是全國性實施，但也在各地保持換算白銀的比重、丁役銀的分攤比例等差異性。專家指出，一條鞭法的施行，改善了混亂且嚴重不均的賦役問題。也減輕了農民不合理的賦役負擔，使農民有較多時間可以從事農業生產。據統計，隨著清丈田畝的完成和一條鞭法的推行，朝廷的財政狀況已經好轉，國庫存銀也已多達七、八百萬兩，連存糧都可夠十年之用。不過，由於一條鞭法簡化徵稅手續，把以前各項合法或是不合法的加徵雜派全都變成正稅，又為以後的額外加派製造了機會，一旦遇有特殊狀況，可能又要民眾多負擔額外之後又再額外的稅。

終結強人政治 張居正病逝 馮保失援被逐

■當國十年，任內大刀闊斧改革的首輔張居正於六月病逝。朱翊鈞特別輟朝一天，追贈為「上柱國」（榮譽虛銜），給諡號「文忠」，並蔭一子為官，賞喪銀五百兩。不過，在張居正死後第四天，他病危時指定的接班人禮部尚書潘晟，便遭到言官彈劾而在上任前遭到罷黜。由皇帝對這件事的處置看來，似乎已經標示張居正時代的正式結束。

失去張居正在外廷的支持，太監馮保的地位也跟著不保，幾個月後便被之前驅逐的太監張誠反咬一口，與東宮舊官張鯨盡掀馮保惡行。說他家中金銀財寶超過內府積蓄，言官也相繼揭露其黨羽，並彈劾馮保利用權勢侵吞大量財寶等十二條罪狀。最後馮保被發往南京閒住，預計不久之後，大概也難逃被抄家的命運。

國際要聞 消失的十天!!

■由於西方曆法是以太陽運行做為依據，自從羅馬時期以來，就是以一年為三百六十五天，然後每四年增加一天成為閏年。但其實這樣每年還是有十一分十四秒的誤差，所以從西元前四十五年一直累積到現在，曆法已經有了足足十天的誤差，這對要確定西方基督教世界極為重視的「復活節」是在哪一天，也產生很大的麻煩。為了根本解決這個問題，教宗額我略十三世（Gregorius XIII）在耶穌會數學家克拉維斯（Christopher Clavius）建議下，宣布將今年（1582年）西曆的10月5日至10月14日這十天抹除，也就是在萬曆十年九月十八日這天過完，西曆便直接從10月4日跳到10月15日。雖然這方法會讓有些人今年沒生日可過，也會引發工資或利息計算的爭議，但卻能夠將曆法重新校正。為了更進一步解決這個誤差仍然可能會造成的問題，教廷對每四年一閏的曆法也做出修正：除了維持四年增加一個2月29日的規定之外，以後每逢世紀交替的100年就仍維持三百六十五天不閏，等到每四個世紀交替，即400年的倍數時才會是閏年。雖然這個曆法在羅馬天主教範圍內的推行不會是問題，但據說英國方面已經明確表示拒絕接受新的曆法。

遼東新勢力崛起　努爾哈赤只憑十三副遺甲起兵

■遼東地區出現新興勢力，二十五歲的努爾哈赤因為祖父覺昌安、父親塔克世，在遼東總兵李成梁攻破古勒寨（遼寧境內）時被明軍誤殺。所以他便在「兵百人，甲十三副」的基礎下起兵，追殺導致其父祖身亡的尼堪外蘭，攻克了圖倫城（遼寧境內）。明廷為了緩和東北局勢，隨後也頒給敕書，並賞了三十匹馬，讓努爾哈赤就地合法，承襲建州左衛指揮使（建州左衛司令官）之職。

靠爸?實力? 輔臣之子登進士 偏私歪風受抨擊

■今年的科舉結束後，由於內閣張四維之子張甲徵、申時行之子申用懋都名列進士，因而遭到批評。御史魏允貞不客氣的指出，自從張居正的三個兒子接連登科之後，這種馬屁文化便沿續至今。因而建議以後凡是輔臣子弟通過會試，都必須等輔臣退休才可參加廷對，以杜絕此等偏私歪風。奏疏呈上之後，張四維十分生氣，不但為他的兒子辯白，還力請辭官，申時行也為此上疏抗辯。由於兩位內閣成員的反應十分激烈，所以朱翊鈞趕緊跳出來安撫，將魏允貞及聲援他的戶部員外郎李三才都處以降級外調的懲罰。資深分析師指出，雖然魏允貞等人為此遭到貶謫，但相信此後當權者應該會自己避嫌，不至於再出現輔臣之子登第的現象。

死後被清算!! 張居正遭奪銜並抄家

■雖然張居正生前極受朱翊鈞敬重，死後也得到「上柱國」（榮譽虛銜）並諡「文忠」的殊榮，但由於他長期壓制皇權，所以其實最後幾年萬曆皇帝心中也頗為不滿。他當權時刻意打壓的言官，此時也大爆發，開始彈劾他侵權擅政等諸多罪狀。最後朱翊鈞下令抄家，削去上柱國及太師之銜，奪回諡號，家屬也遭罷黜或流放，連生前進用的部份官員也陸續遭到清算，甚至還差一點慘遭開棺戮屍。

家破人亡……
張居正長子自縊而死 全家十幾口活活餓死

■負責查抄張居正家產的官員，為了迎合政治風向，竟然枉顧人命，演變成滅門慘案。據了解，由於執行官查抄時不顧一切的把大門封死，還派人嚴密看守，就算屋裡有人哀嚎求救也不理會。以至行動結束後，張居正無辜的家人子女，竟有十幾人被活活餓死。官員從張居正諸子及兄弟家中查抄了一萬兩黃金及十萬兩白銀後，張居正在禮部擔任主事的長子張敬修，也因經不住嚴刑拷問自縊而死。這些事情傳出之後，終於引起輿論注意，諸位大臣也一同上疏請求稍緩懲處。刑部尚書（司法部長）潘季馴更是悲憤的表示，張居正的老母親已經年愈八旬，沒有必要這樣趕盡殺絕，這才讓朱翊鈞稍微心軟，下詔留下空宅一所、田十頃做為瞻養張家老母之用。經此慘案已家破人亡的張家遺族，還得為此跪下大謝皇恩。

張居正死後遭到清算查封，家中竟有十八個人被活活餓死

聽説這裡鬧鬼，我們進去瞧瞧...

看起來好恐怖喔...

哥就是狂!!
努爾哈赤戰鬥力驚人
四勇士擊退八百敵軍

■近來在東北崛起的努爾哈赤逐漸展現野心，開始征討鄰近的部落。在對蘇克蘇滸部、董鄂部取得勝利後，又將目標指向哲陳部。不過這次因為對手準備充分，努爾哈赤的兵力只有二十五個披甲兵，及五十個步卒，所以在這次對戰中並未占到便宜。就在他下令撤退並行至半途時，之前曾經交過手的界凡、薩爾滸、東佳、巴爾達四城之主，也率領四百名兵士追趕而至。努爾哈赤命部下往前布下疑兵，然後自己單騎迎敵以爭取時間。他雙腳一夾，跨下駿馬急馳狂奔，在閃過對手迎面一擊後，回馬揮刀將敵人劈為兩段。然後如行雲流水般彎弓拉箭，轉身放倒另一位敵軍首領。追兵見到兩名主帥在眨眼間喪命，一時之間全都嚇到不知道要如何反應，只能看著努爾哈赤呼嘯而去。這時他的部屬早已做好隱蔽，並僅露出頭盔假裝有埋伏，最後終於成功的騙過追兵，安然脫身。不久後，努爾哈赤又捲土重來，再次親率棉甲兵五十、鐵甲兵三十出征哲陳部。不過才走到一半，便又遇到了界凡等五城的八百名聯軍。面對人數近十倍於己的敵軍，他

手下許多人便打算丟盔棄甲先逃再說。但努爾哈赤可不想就此認輸，在怒斥想要逃走的人之後，便與二弟穆爾哈齊、近侍顏布祿，兀凌噶四人策馬出擊，一口氣射殺二十幾個敵軍。雖然敵軍有數量上的絕對優勢，但見到努爾哈赤等人如此勇猛，誰也不想成為下一個箭下亡魂。於是每個人便不知不覺的向後退了幾步，退得慢的見到自己突出在部隊之前，也嚇得再退更多步，到最後竟演變成全軍潰逃。努爾哈赤也趁勝追擊，最後竟然大獲全勝，寫下了以四人擊敗八百人部隊的驚人紀錄。

天一閣閣主范欽辭世

藏書七萬卷 方志、政書、詩文無所不包

■曾在嘉靖晚期擔任兵部右侍郎（國防部次長）的范欽，因為喜歡讀書和藏書，所以在退休回老家寧波（浙江境內）後，便以一開始的藏書樓「東明草堂」為基礎，採「天一地六」的格局，花了好幾年的時間擴建成「天一閣」。樓外築水池防火，並採用各種防蛀、驅蟲措施保護書籍。天一閣藏書共達七萬餘卷，為全國之冠，所收圖書以方志、政書、科舉錄、詩文集為特色。而范欽因曾為朝廷高官，所以有一部分藏書是普通藏書家無法取得的官署內部資料。今年范欽以八十高齡辭世，去世前他將家產分為藏書和其他家產兩部分。

長子范大沖自願放棄其他家產，選擇繼承父親的藏書，並訂下天一閣「代不分書，書不出閣」的祖訓。也規定藏書歸子孫共有，今後若非各房齊集書櫥鑰匙，不得私自開鎖。學者表示，天一閣的藏書不但為文化保存做出最大貢獻，也將對後世藏書樓的興修有著重大影響。

特別版 民間與宮廷菜色大對決

料理東西軍

江湖菜 V.S. 宮廷菜

神祕主廚終極對決!!

餛飩雞

先將全雞收拾妥當，稍微調味後，放入砂鍋以中火加熱。待煮沸後撈去浮沫，密緊鍋蓋，改以微火炆二個小時，軟爛後加入餛飩和隨意青菜，至煮沸即可食用。

蟠龍菜

將瘦豬肉、肥肉膘、鮮魚片剁成肉餡，加上蛋白、綠豆粉伴和，以蔥白、胡椒、食鹽調味。整型後將煎好的蛋皮包裹其上，擺成蟠龍造型入籠蒸製，熟透後切片食用。

皇三子出世 鄭氏受封皇貴妃
真愛不被祝福 群臣力阻廢長立幼

■日前朱翊鈞因為冊封貴妃鄭氏為「皇貴妃」（位階僅次於皇后），引發朝臣激烈反應。正宮皇后於萬曆九年（1582年）生下一女之後，便一直沒有再生育，所以恭妃王氏於萬曆十年（1582年）生下的長子朱常洛，如果按照長幼有序的原則，沒有嫡子的話理應冊立為皇太子。但朱翊鈞最寵愛的鄭貴妃生下皇三子（皇二子亦為鄭氏所生，但出生便夭折）後，就馬上要頒詔冊立為皇貴妃，以突顯其地位高於恭妃，很明顯是要為將來廢長立幼鋪路。廷臣為此深感不安，內閣首輔申時行也上疏，要求正式冊立皇長子朱常洛為太子。在萬曆皇

帝以長子幼弱為由，表示要再等兩三年之後，更加深群臣的疑懼之心。於是戶科給事中（財政科政風監察官）姜應麟、吏部員外郎沈璟等人又再次上疏請立東宮，其

中姜應麟因措詞激烈，還讓皇帝氣到把奏摺丟在地上，並降旨表示立儲會按照長幼之序，不用群臣多言，然後把姜應麟以疑君賣直的罪名降調極邊雜職。

內幕追追追!!

皇長子受冷落 真相只有一個

自皇長子朱常洛出生以來，就倍受父親冷落。其中的原因就是皇長子的母親王氏出身卑微，只是皇太后的宮女。據了解，有一次朱翊鈞去慈寧宮向太后請安，趁著太后不在的時候，一時「性」起，便與宮女王氏發生關係。之後王氏肚子漸大才被太后發覺，原本朱翊鈞還不想認帳，最後是在太后命人取出記錄著皇帝每天言行的《內起居注》來證明，皇帝不得已才承認並冊封王氏為妃。皇長子出生後，便因此一直得不到朱翊鈞的關愛，甚至還叫他「都人子（「都人」即是宮女）」，心中根本一點也不想立他為接班人。

皇長子因為是宮女所生，所以備受皇帝的冷落

我的新娘是奶奶!!

祖孫三代共娶一妻　三娘子成北境安定力量

■俺答汗的孫子扯力克接受明廷冊封，成為第三代「順義王」，其妻三娘子也同時受封為「忠順夫人」。「三娘子」這名字並不陌生，其實就是之前差點引發韃靼大分裂，最後俺答汗搶來的孫媳婦。萬曆九年（1581年）俺答汗去世後，掌握北方實權的三娘子便立即上告明廷並進貢白馬九匹、鍍金撒袋各一幅、弓一張、箭十五支，以表示繼續忠順臣服之意。大明朝廷深知三娘子的動向將影響北境安定，所以也立即遣使攜帶厚禮前來祭弔，並對她大加賞賜。當時俺答汗的長子黃台吉（台吉有貴族之意）也想娶這一位美麗的繼母為妻，但三娘子並不同

意，便率領俺答汗生前賜給她的一萬精騎出走。明廷為免北方再陷動盪，便派大臣鄭洛前往勸說。當時已經三十二歲的三娘子為顧全大局，最後同意下嫁。隨後，黃台吉被封為第二代順義王，三娘子再次被誥封為忠順夫人。後來在黃台吉想要挑釁大明時，三娘子還對他分析利害得失，讓雙方免於戰爭之禍。前年（1585年）黃台吉病逝，長子扯力克自立為王，三娘子原本想把手中王印和兵符傳給自己的親生兒子，但在權衡利弊之後，為了族群的未來，還是將王印傳給扯力克，然後帶著自己的人馬另行築城別居。熟悉邊境事務的鄭洛知道三娘子的退隱必定不

利邊境安定，便在朝廷同意下，前往勸說扯力克，告訴他唯有繼娶三娘子為妻才有可能稱王，不然他只會是一個無關重要的小人物。扯力克聽明白之後，展現最大誠意，盡棄所有妻妾，然後向曾經是他爺爺及爸爸妻子的三娘子求婚，最後讓三十七歲的三娘子答應合帳成婚。今年，扯力克正式繼承順義王位，而實際掌權者三娘子也三度被詔封為忠順夫人，並給予豐厚賞賜。資深評論家表示，由於在蒙古草原上極有威望的三娘子堅持走友好路線，並多次向大明表示「子孫暨部族世為天子守邊」，有三娘子在，未來邊境將再沿續過去幾十年來長城內外蒙漢人民安居樂業的美好和平榮光。

窮到沒錢買棺材
海瑞病逝南京任上　家無餘財只留名聲

■一向與政治圈格格不入的南京右都御史海瑞，日前病死任上。由於他沒有兒子，所以便由僉都御史王用汲代為主持喪事。之前朱翊鈞聽聞海瑞的名聲，曾經多次想要召用，卻一直被當權者暗中阻擾。後來海瑞重新執掌南京都察院（中央監察院）時，有一個御史在飲宴時搞了一些雜耍音樂，便被海瑞建請照太祖（朱元璋）之法給予杖刑。因此官員們對他一板一眼的行事風格都十分驚懼，還有人因為害怕被海瑞糾舉，所以便先發制人上疏詆毀他，海瑞也因此多次上疏請求致仕（退休）。王用汲在辦理海瑞喪事時，看見他的住處空無一物，只有些連貧寒文人都不願用的爛布幃帳和破舊竹器，因此也忍不住哭了起來，只能東湊西湊才把他的後事辦好。海瑞的死訊傳出後，南京百姓主動為他罷市，靈棺用船運回家鄉時，穿著白衣白帽的人站滿兩岸，祭奠哭拜的人是百里不絕。看來海瑞雖然沒有留下什麼錢財，卻給自己留下了萬世敬仰的名聲。

戰無不克努爾哈赤　費阿拉築城建衙門

■東北新星努爾哈赤近來可說是戰無不克，先在前年（1585年）創下四人擊敗哲陳部八百人的記錄，接著又攻陷渾河部的鵝爾渾城，擒斬仇人尼堪外蘭。不久前，又在費阿拉（遼寧境內）築起三座城，興建衙門，成為他發展志業的第一個根據地。

國際要聞 無敵艦隊沉沒!! 英國取代西班牙成爲海上霸主

■去年（1587年）英國女王伊莉莎白（Elizabeth I）處死信奉天主教的原蘇格蘭女王瑪麗（Mary Stuart）之後，羅馬教皇便頒布詔書，號召歐洲各國對英國進行聖戰。長久以來一直稱霸海上的西班牙，因為與剛興起的英國之間的矛盾日益尖銳，為了爭奪海外利益，便以響應聖戰為名，組織了擁有一百多艘各式戰艦及三萬名兵士的「無敵艦隊」（Grande yFelicísima Armada），直直駛向英吉利海峽。原本完全不把英國海軍放在眼裡的無敵艦隊，沒想到英艦配備的砲火射程早已超越他們的舊式加農砲，英軍搶佔有利的位置順風砲轟並派出火船進擊，無敵艦隊受到重創，在損失三十二艘戰艦及一萬多名士兵後，才勉強從戰場狼狽脫逃。在英軍追擊和風浪摧殘下，這支號稱幸運且無敵的艦隊回到西班牙時，只剩下四十三艘破船，幾乎全軍覆沒，也等於宣告西班牙的海上霸權將由英國取代。

皇帝也愛錢$$$
宦官做惡皇帝收賄!? 馬象乾質疑反遭重懲

■宦官張鯨自從鬥倒馮保，成為內廷最有勢力的太監之後，行事便越來越專橫而肆無忌憚。御史馬象乾因此上疏加以彈劾並痛批當權者，結果竟因此惹怒皇帝而被投入詔獄，被彈劾的張鯨卻只受斥責而未加懲處。對於這樣的結果，外廷紛紛傳說是因為張鯨向皇帝獻上大批金銀珠寶，所以才獲得赦免。吏科給事中李沂也對皇上擁天下之富卻愛戀金銀錢財，甚至收受賄賂這件事提出質疑。一向視財如命的萬曆皇帝，被這麼一戳破，便惱羞成怒的下令將李沂打入錦衣衛獄嚴刑拷打。就算廷臣紛紛上疏求情，但朱翊鈞仍然不為所動，下令將李沂廷杖六十，並罷黜為民。

看來得設個海外洗錢帳戶比較方便…

據說萬曆皇帝竟然因為自己收了賄賂而赦免違法宦官

群臣不惜請辭力爭 朱翊鈞同意冊封皇太子

■廷臣因為太子遲遲未定，而皇貴妃鄭氏所生之皇三子朱常洵則是越來越受寵愛，於是紛紛上奏請求冊立東宮，甚至連內閣輔臣都聯合上疏以請辭做為抗爭手段。朱翊鈞為此很不高興，便下了數百字的諭旨切責廷臣沽名吊譽，擾亂君心，並指這些請求是悖逆的行為。首輔申時行等人只好閉門不出，然後各自上疏力爭，只留王家屏在內閣請皇帝速定大計。朱翊鈞在群臣壓力下只好妥協，表示將於明年（1591年）春夏冊立太子，只要群臣不再上奏干擾，便在今年冬季開始商議冊立儀式，否則就要等皇長子過十五歲再說。王家屏想要皇帝正式頒詔做為憑據，但朱翊鈞不但不予理會，還再次傳諭將冊封延到萬曆二十年（1592年）春天。於是王家屏再也不敢多說什麼，便馬上將此事告知外廷諸臣，群臣有了確切日期後高興的像打場勝仗一樣。但當皇帝聽說王家屏自行宣布此事後很不高興，便傳諭加以責問，後來是申時行等閣臣一同上疏謝罪才不再追究。

老師說聯絡簿已經好久沒有簽了...

沒空！找你媽去...

同樣是親骨肉，萬曆卻寵愛鄭貴妃之子而對皇長子異常冷落

國際要聞 豐臣秀吉統一日本

■在「本能寺之變」後儼然以織田家繼承人自居的羽柴秀吉（豐臣秀吉），在打敗織田家的首席老臣柴田勝家後，織田信長次子織田信雄聯合了德川家康起來反對他，於是雙方在小牧山展開對峙。雖然在幾次交戰中都是德川家康占了上風，但羽柴秀吉最後憑藉著高明的外交手段，讓德川家康送出次子當人質並退兵臣服，之後更坐上「關白」（天皇攝政大臣）之位，並獲賜新姓氏「豐臣」。依目前的態勢看來，實質上已經統一日本三島（本州、四國、九州）的豐臣秀吉，下一步可能就是要出兵朝鮮（韓國）、打敗大明，然後稱霸亞洲了。

征服韃靼叛軍 李如松平定寧夏之變

■原已降明多年並被授命為寧夏副總兵（副軍長）的韃靼人哱拜父子，二月時與蒙古河套部落勾結發動武裝叛變，隨之連續攻克中衛、靈州（皆寧夏境內）、廣武（山西境內）等城，並數度擊敗前去平叛的官軍。朝廷於是命總兵李如松提督陝西軍務，統兵討伐哱拜，並令各軍赴援。入夏後，平叛大軍先後開到，先擊敗河套部落，將其盡逐塞外以剪除叛軍外援。接著，李如松在觀察地理形勢後下令決開黃河水攻。叛軍在糧絕又失去外援，李如松利用機會進行離間，讓叛軍內部自相殘殺。九月中，寧夏城防崩塌，李如松乘勢下令攻城，一舉平定寧夏之變。

豐臣秀吉進襲朝鮮 大明軍隊救援不及

■已將「關白」（天皇攝政大臣）之位讓給外甥豐臣秀次，並自稱為「太閤」（已退位的關白，仍為實際掌權者）的豐臣秀吉，為了平息統一日本後武士們對土地分封不均的情緒，決定對外用兵以獲取更多的土地。據聞，他已經計畫在打敗朝鮮（韓國）及大明帝國之後，遷都北京，將北京周圍獻為御用之地，甚至許諾要賜給部屬十倍於原來的領地。但豐臣秀吉可不是空口吹噓，他藉著新式火槍以及水陸軍二十餘萬人、戰船千餘艘的實力，成功對朝鮮發動奇襲，並在短短的二十天之內便攻下了王京（首爾）。明廷在接獲朝鮮緊急求援後，以宗主國的身份派遣遊擊將軍（中階軍官）史儒率二千餘人前往助戰。明軍跨過鴨綠江進抵平壤後，由於不熟悉地形又加上大雨，史儒因而遇伏力戰身亡，隨後由副總兵祖承訓率領的三千餘名增援部隊亦遭受重創。目前朝廷已命在寧夏之役中表現亮眼的遼東總兵李如松提督各省軍務，兵部右侍郎宋應昌為經略，率兵四萬餘人前往朝鮮抗擊日軍。

大明

朝鮮

日本

日本GG了!! 平壤大捷 李如松粉碎豐臣秀吉美夢

■正月七日，由遼東總兵李如松所率領的四萬大軍，對盤踞平壤的日軍發起總攻擊。明軍先以上百門佛朗機（葡式火砲）猛轟，再踏過結冰的護城河，於槍林彈雨中架梯攻城。在激烈對戰後搶得城北制高點牡丹峰，並全殲該處二千名日軍。李如松隨後傳令全軍：「午時之前攻不下平壤，前鋒營將領一律斬首。攻下城池，先登城者賞銀五千兩，臨陣怯戰者殺無赦！」於是全軍在火銃營和虎蹲砲近射掩護下，前撲後繼奮勇衝殺。作戰中李如松就算坐騎被火槍擊斃，也當下即刻換馬再戰，毫無懼色的指揮若定。到了正午，明軍攻上城南蘆門，砍倒日軍軍旗，插上大明軍旗，歡呼聲響徹雲天，其他各門日本守軍見狀意志瞬間崩潰。接著七星門也被轟塌，明軍騎兵湧入城中進行掃蕩，日軍殘餘兵力則倚靠火力據守在城內土堡中。李如松為免強攻傷亡過大，便採取圍三闕一的戰術，故意留出南面大道誘使日軍突圍。天黑以後，日軍果然借夜色掩護從城南逃出，爭先恐後踏上冰封的大同江逃命。此時埋伏多時的明軍砲火齊射，江面被轟出大洞，亂成一團的日軍成群溺斃或凍死在水中，僥倖上岸的也遭明軍無情追殺。明軍此役雖然陣亡七百九十六人，但卻殲滅一萬多名敵軍，徹底撲滅日本的囂張氣焰，粉碎了豐臣秀吉攻滅大明帝國的白日夢。明軍平壤大捷的消息傳出後，各地日軍聞風喪膽，一路後撤四百餘里。李如松也率軍向南推進，準備王京（首爾）的日軍主力進行決戰。

李如松砍倒日本軍旗，贏得平壤大捷

誰是接班人?
拖延立太子再出新招 朱翊鈞擬將三王並封

■去年（1592年）春季承諾要冊立太子的朱翊鈞不但跳票，還想出新的拖延手段，頒下手詔給內閣，表示要將皇長子朱常洛、皇三子朱常洵和皇五子朱常浩一起封王，等數年後如果皇后仍然沒有生下皇子，到時再冊封太子。首輔王錫爵既怕得罪皇帝，又怕被朝臣攻訐，便表示同意，但同時也請求由皇后撫育皇長子，以確定其嫡子的身份。不過朱翊鈞只將王錫爵已同意三王並封的部份告諭朝臣，而刻意忽略另一部份。消息傳出後，廷臣知道這是皇帝為了以後要立鄭貴妃之子為皇儲預作的準備，便紛紛上書質疑並指責王錫爵阿諛順上。在群臣的非議下，三王並封這項決定最後也不了了之。

萬曆不願冊封太子，一直想盡辦法拖延

夜燒敵糧建立奇功　明軍收復平壤三都

■在平壤大捷後繼續向朝鮮（韓國）王城（首爾）推進的明軍前鋒部隊，在距離王城以北不遠的碧蹄館遭到日軍伏擊。原本日軍打算以優勢兵力在短時間內將明軍全面殲滅，但沒想到這支由副總兵查大受率領的遼東鐵騎，竟然持續激戰一晝夜之久。一直撐到第二天李如松率援軍趕到，向日軍側翼發動猛攻，日軍誤以為明軍主力軍團發起總攻，便倉皇退入王城堅守。雖然此役明軍傷亡慘重，甚至可說是吞下一場敗仗，但日軍卻也被明軍奮戰到底的氣勢震懾，以至於十二萬大軍面對四萬明軍，卻不敢採取任何行動，戰局也就此僵持不下。不過李如松很快就打破對峙局面，在探得日軍軍糧儲存於龍山大倉後，便命查大受和其弟李如梅率領七百名敢死隊發動奇襲，一夜之間將日軍數十萬石的糧食全部燒個精光，將原本占盡優勢的日軍逼入絕境。失去儲糧的日軍進退無據，最終只好與大明議和停戰，交還俘擄的朝鮮王子並答應撤軍。明軍留下一萬人駐守，於七月底班師回國，完成收復平壤、開城、王京三都的任務。

東林論壇

歡迎大家收看我們的新節目，我是主持人顧憲成，先來介紹我們今天的來賓，首先是...

反對「三王並封」還歸故里
顧憲成開創「東林書院」

　　■一向直言敢諫的吏部員外郎顧憲成，在去年（1593年）因「三王並封」一事堅持反對立場，並多次上書據理力爭而惹惱朱翊鈞。不久前，廷臣共同推薦內閣大學士人選讓皇帝欽點時，顧憲成又推舉了支持冊立皇長子為太子的前閣員王家屏，以代替因為三王並封事件遭群臣攻擊而下台的王錫爵，因而被皇帝下令削籍。顧憲成在接受訪問時表示，等他回到家鄉之後，將與與弟弟顧允成好好整頓家鄉的「東林書院」，然後再號召一些名士學者於此講學。雖然離開政壇核心，但還是會以在野的身份對時政發表意見，盡到一個知識分子對國家社會該有的責任。

「礦監」四處勒索 百姓怨聲載道

■為了供應內廷揮霍，朱翊鈞於萬曆二十年（1596年）便開始派出大批太監為「稅使」，到全國以各種名目徵稅。不久前，他又同意一些腦殘官員的建議，以太監為「礦監」在各處

去吧！

開坑採礦，負責將錢弄進內府。評論家指出，稅使、礦監到處橫行勒索，勢必導致百姓怨聲載道。這些貪奸無比的太監，之後恐怕假藉開採之名行勒索之實，要是開礦無所得，勢必也會勒民償備。地方官員只要稍逆其意，便可能被整到家破人亡，富家巨室若不以重金相賄，也只怕難逃被誣上盜礦罪名。看到哪邊有良田美宅，一定又隨意指稱該處有礦藏而派卒役占奪，甚至擄去良家婦女。隨然廷臣多次上疏諫阻，但朱翊鈞始終充耳不聞，聽任礦監之禍愈演愈烈。

醫藥學當代鉅著問世
胡承龍私人出版李時珍《本草綱目》

■當代醫藥學權威李時珍，生前窮盡畢生之力，歷時二十九年，編成共有五十二卷的藥學鉅著《本草綱目》。書中載有一千八百九十二種藥物，其中新藥有三百七十四種，藥方多達了一萬一千零九十六劑。除了一百九十萬字的詳細說明外，還附有一千一百六十幅精美插圖。每種藥物分列釋名（確定名稱）、集解（敘述產地）、正誤（過去文獻的修正）、

修治（製造方法）、氣味、主治、發明、附方（民間藥方）等項。全書共收錄了八百八十一種藥用植物，以及附錄六十一種，具名未用的一百五十三種，共計一千零九十五種植物都清楚分類。當初《本草綱目》編成之後，李時珍為了早日出版而四處奔走，最後終於病倒在床，於萬曆二十一年（1593年）以七十六歲之齡去世。不久，因為朝廷要充實國家書庫，所以李時珍的

兒子便依照父親生前的交待，將此書獻給朝廷，希望藉由朝廷的力量讓這本書傳播於世，拯救更多性命。不過朝廷在收了書之後，只批覆「書留覽、禮部知道」七個字，便把書擱置到書閣中。一直到不久前，在南京私人刻書家胡承龍刻印之下，《本草綱目》才得以出版問世。學者表示，此書的出版，將成為中醫界的寶典，對從今爾後的醫學發展產生極大的影響。

國際要聞 女王失落的信件...

■英國女王伊莉莎白（Elizabeth I）擊敗西班牙無敵艦隊，成為新一代海上霸主之後，為了拓展商業，便於1583年寫了一封親筆信，打算派使者帶給大明皇帝，尋求兩國貿易往來的可能。但送信人卻在半路被葡萄牙人抓獲，並扣留在印度。但女王仍不放棄希望，再次派商人約翰·紐伯萊為信使者前往東方的白銀帝國。不過，根據最新的消息，特使乘坐的船又在半途中發生意外，信件仍然未能送到萬曆皇帝的手中。

呈上此信之吾國忠實臣民約翰·紐伯萊，得吾人之允許而前往貴國各地旅行

彼之能作此難事，在於完全相信陛下之寬宏與仁慈，認為在經歷若干危險后，必能獲得陛下之寬大接待，何況此行於貴國無任何損害，且有利於貴國人民。彼既於此無任何懷疑，乃更樂於准備此一於吾人有益之旅行。

吾人認為：我西方諸國君王從相互貿易中所獲得之利益，陛下及所有臣屬陛下之人均可獲得。此利益在於輸出吾人富有之物及輸入吾人所需之物。吾人以為：我等天生為相互需要者，吾人必需互相幫助，吾人希望陛下能同意此點，而我臣民亦不能不作此類之嘗試。

如陛下能促成此事，且給予安全通行之權，並給予吾人在於貴國臣民貿易中所極需之其他特權，則陛下實行至尊貴仁慈國君之能事，而吾人將永不能忘陛下之功業。吾人極願吾人之請求為陛下之洪恩所允許，而當陛下之仁慈及於吾人及吾鄰居時，吾人將力圖報答陛下也。願上天保佑陛下。

耶穌誕生後1583年，我王在位第二十五年，授於格林威治宮

藝文快訊 當代四大奇書票選出爐

■由藝文界票選出的當代四大奇書結果於日前出爐，分別是施耐庵的《水滸傳》、羅貫中的《三國演義》、吳承恩的《西遊記》，以及蘭陵笑笑生的《金瓶梅》。《水滸傳》講述北宋年間以宋江為首的梁山泊一百零八好漢，落草為寇至朝廷招安，東征西討的故事。《三國演義》是唯一根據歷史事實改編之小說，描寫東漢末年三國群英爭霸的歷史。《西遊記》是以孫悟空為主角，講述唐僧師徒四人前往西天取經，懲惡揚善的神話。《金瓶梅》則是史上第一部文人獨立創作的長篇白話世情章回小說，故事由《水滸傳》西門慶勾引潘金蓮一段引出，赤裸裸描繪情慾，以表現縱欲無度必然毀滅的主題，作者真實身份不詳。

日軍捲土重來 楊鎬領兵援朝

■萬曆二十一年（1593年）明軍打敗入侵朝鮮的日本軍後，內閣首輔趙志皋與兵部尚書（國防部長）石星等人，都認為戰爭會脫垮國家財政而力主和談。原以為一切順利妥當，但不久前，朝鮮又派使臣前來求援，原來當初日本撤軍的消息全是假的，一切只是為了爭取時間重整的手段。趙志皋為了脫罪，便將責任推到石星頭上，害他被革職下獄。朝廷也隨即命前軍都督同知（前軍副總司令）麻貴為備倭總兵官（備倭行動總司令），以楊鎬為僉都御史經略朝鮮軍務，命兵部侍郎邢玠為尚書，總督薊遼、保定軍務。而尚未到任的楊鎬，也立即對征倭之事洋洋灑灑提出十點意見。然而，楊鎬所提的這些建議，只提些無關緊要的事，還荒謬的想依賴朝鮮供輸軍餉及兵源，並彈劾朝鮮君臣。征倭大軍此行恐怕兇多吉少。

楊鎬對於征日大軍所提出的計畫毫無重點

這種話也說得出來!?
楊鎬棄逃 明軍大敗竟謊稱大捷

■在邢玠徵調的大軍集結完畢之後，明軍兵分三路對侵略朝鮮（韓國）的日軍發動攻擊，並發生激烈攻防。年初，另一隊日軍急援而至，各路明軍聽到消息後都十分恐懼，楊鎬更是害怕的還沒下令撤退，便自己狼狽的策馬而逃，麻貴也飛馬急走，各部隊看到主將全都閃人，便也跟著潰散奔逃。日軍見狀跟進追擊，造成明軍極嚴重的傷亡。這場傾全國之力，還聯合朝鮮所有兵力的戰役，就這樣在楊鎬一溜煙棄逃之下，以二萬多人死亡以及輜重全數喪失的難看敗績做為結束。更可恥的是，楊鎬與邢玠竟然還假造資料，說只有一百多人英勇戰死，然後向朝廷謊稱奪得大勝。

藝文快訊 《牡丹亭》首演 獲影評一致推薦

■湯顯祖在今年棄官返鄉後的新作《牡丹亭》（又名《還魂記》）日前首演，所有影評一律給予最高肯定，劇本受歡迎程度強壓名劇《西廂記》，還造成家傳戶誦的熱潮。原劇本共分五十五齣，取材於唐代傳奇中的故事，描寫南宋的南安太守杜寶獨生女杜麗娘，與一名年輕書生在夢中相愛，醒來之後卻因此抑鬱而終。杜麗娘臨終前將自己的畫像封存並埋入牡丹亭旁，三年後，書生柳夢梅赴京趕考，無意中發現畫像，杜麗娘的鬼魂要他掘墳開棺，她也真的復活。隨後柳夢梅高中狀元，又經歷一番波折，最後兩人終成眷屬。影評家認為，《牡丹亭》故事深切動人，人物栩栩如生，描寫細膩，以情貫穿全劇，在文學及藝術上有很高的成就。

【牡丹亭】

名劇作家 湯顯祖 一五九八年全新力作

盛大公演

太子遲遲不立 呂坤著書惹議

■按照慣例，今年理應為年滿十六歲的皇長子朱常洛舉行冠婚大禮，並冊封為皇太子，正式成為大明帝國的皇儲。朱翊鈞雖然早就已經下令讓禮部官員為此預做準備，但等到一切就緒後卻又遲不舉行。就算內閣首輔趙志皋一再率群臣上疏建議務必早定國本，卻始終得不到任何正面回應。評論家表示，真正的原因就是朱翊鈞寵愛鄭貴妃，偏愛她所生的皇三子朱常洵，所以打算使出「拖」字訣，想等到一向體弱的王皇后病死後，再冊立鄭貴妃為后，讓朱常洵順理成章成為「嫡子」而成為皇儲，如此一來便可不被扣上違反祖制的大帽子。然而，王皇后卻一直活得好好的，才使這件事一直耽擱下來，並造成國內政局的動盪不安。日前，刑部侍郎（司法部次長）呂坤呈上《天下安危疏》，結果遭到吏科給事中戴士衡彈劾，說他曾寫過一本《閨範圖說》逢迎鄭貴妃，現在又上此疏，有包藏禍心、結納宮闈的不良意圖。但因事涉鄭貴妃，所以朱翊鈞便對此裝聾做啞不加理睬，沒有任何反應。

妖書出現!! 立「朱」家「東」宮為太子

■呂坤上疏引發爭議後，又有一篇署名為「燕山朱東吉」所作的〈憂危竑議〉傳單，開始在京師廣為流傳。據了解，根本沒有朱東吉這個人，此名的寓意是指「立『朱』家『東』宮為太子一定大『吉』」，題目是指在呂坤《憂危疏》（即《天下安危疏》）的基礎上竑大其說。內容則是指控呂坤寫《閨範圖說》是想討好鄭貴妃，鄭貴妃重刊此書的用意則是想為自己的兒子奪取太子之位。而呂坤疏言天下憂危，惟獨不講立皇太子之事，其用意不言自明。這篇被稱為「妖書」的文章一出現，已使得官員人人自危，有的怕遭到指控，有的怕被誤認為是作者，目前政壇正呈現一種極為詭異的氣氛。

國際要聞 豐臣秀吉猝逝 日本侵略朝鮮受阻

■今年夏天，日本掌權者豐臣秀吉忽然去世，入侵朝鮮（韓國）的日軍接獲消息後喪失鬥志，急著想要撤退回國。十一月時，大明與朝鮮聯合部隊抓住日軍撤入海中的絕佳時機發動攻擊，先是在海面上進行阻擊，隨後又在陸上伏擊潰逃登岸的敵人。最後日軍在損失數百艘戰艦，多達數萬人死亡的慘痛代價下，殘餘部隊終於脫離戰場。由豐臣秀吉挑起，長達七年的侵朝戰爭，終於以日本完全失敗做為結束。此次戰爭大明帝國前後投入十幾萬軍力，並因沉重的軍費支出造成國庫赤字，使國家財政出現重大危機。朝鮮方面，由於受到日本大規模入侵，國土幾乎全部淪為戰場，不但人民流離失所，經濟也受到難以恢復的重創。另外值得一提的是，近年來於東北崛起的努爾哈赤，似乎也透過對這場戰爭的觀察，更進一步認識明軍的戰法，將來可能成為大明帝國的另一隱憂。

妖書風波不斷 政壇投震撼彈 《閨範圖說》作者呂坤稱病

■「妖書」出現後輿論一致批判《閨範圖說》原作者呂坤別有意圖，呂坤因壓力太大就稱病致仕。鄭貴妃的伯父鄭承恩也被點名而大為緊張，便懷疑此文是之前彈劾呂坤的吏科給事中戴士衡，或是曾上疏請立皇長子為太子的全椒（安徽境內）知縣（縣長）樊玉衡所寫。朱翊鈞雖然看到「妖書」後大為惱怒，但因事涉萬貴妃，所以也不好把事情鬧大。便親下諭旨，解釋說《閨範圖說》是他親賜給鄭貴妃，而不是萬貴妃有什麼特別的意圖。被指控結納宮闈重罪的呂坤，皇帝也因他已患病致仕不再追究。但是對於被懷疑是妖書作者的樊玉衡和戴士衡，則是雙雙遭到逮捕，並在嚴刑拷掠之後，以「結黨造書，妄指宮禁，干擾大典，惑世誣人」的罪名謫戍廣東。

內幕追追追!!

妖書案到底在吵什麼？

《閨範圖說》是呂坤在萬曆十八年（1590年）擔任山西按察使期間，選輯歷代賢婦烈女事蹟所著。宦官陳矩在一次出宮辦事的機會下偶然看到此書，為了討好鄭貴妃而買一本帶回宮中。鄭貴妃看到此書後如獲至寶，便命人增補了十二篇內容，以東漢明德皇后為首篇，她自己為終篇，並親自作序，然後指使伯父鄭承恩及兄弟鄭國泰重新刊刻新版《閨範圖說》，借以抬高自己的地位。儘管新版《閨範圖說》與呂坤版內容有許多相同，但因鄭貴妃另有意圖的做了更動，所以本質上兩書已完全不同。但在戴士衡大作文章下，許多不明究理的人卻將兩個版本混為一談。初版《閨範圖說》流到鄭貴妃手裡，到最後被改頭換面，並非呂坤所能控制，以此彈劾他企圖「結納宮闈」，更令人大聲喊冤。最後樊玉衡和戴士衡在拷打下被定罪謫戍，也是極度缺乏說服力。只能說這個「妖書案」，從頭到尾都只能算是個政治案件，完全和司法正義扯不上半點邊。

妖書案在京城引發軒然大波，目前已已是人人自危

中官四出徵稅 百姓叫苦連天

■常被外界批評視錢如命的朱翊鈞，為了開拓財源來填滿私用的口袋，又積極派宦官到各處去征稅、監礦、採珠。這些領著皇命的宦官每到一處，當然不可能單純的執行徵稅任務而已。他們不但會胡亂以各種名義強行收稅，還放縱下屬騷擾百姓，搶奪放火、殺人姦淫的案件更是時有所聞。地方官知道皇帝總是偏坦宦官，所以為了明哲保身，通常都視而不見的假裝沒有事發生，因而造成民眾嚴重的積怨與不滿。為此，內閣大學士沈一貫就在日前上言，表示每派出一位中官（宦官），就得花費鉅資在當地新建衙門。在宦官下面辦事的分遣官也不下十人，宦官自己和分遣官每個人都會各自帶約一百人的隨從前往，每位隨從又會帶上自己的家口。這樣算一算，每派出一位中官外出徵稅，實際上就會有一萬人得由公家供養，每天耗去數千兩白銀，一年下來就花費四十餘萬兩。而徵稅所得才不過數萬兩而已，怎麼算都划不來，所以請求朝廷下令將這些中官撤回。目前為止朱翊鈞已派出二十位宦官前往全國各地徵稅，對於沈一貫的建議也是完全不予回應，沒有要收回這項命令的打算。看來這項行動所能增加的不是財務上的收入，而是人民的痛苦指數。

四川動亂 楊應龍盡殲三千官軍 李化龍率援朝軍南征

■祖上歷代都出任播州（四川、貴州境內）世襲土官，在當地勢力早已盤根錯結的都指揮使（司令官）楊應龍，因為見到四川官軍弱不經戰，所以早就想要憑藉自己的軍事實力強據四川。於是從十年前開始，楊應龍便一直不甚安分，甚至與官軍發生流血衝突。後來雙方一度言和，楊應龍也縛獻十二人抵斬，並答應納銀四萬兩及採木贖罪，還將次子留作人質。但當他聽聞次子已死的消息後，便拒繳贖金，再次派兵襲掠四川、貴州、湖廣各地，引起朝廷震怒。不久前，貴州巡撫（省級總督導官）江東之奉命率三千兵馬前往征剿，卻遭到叛軍迎頭痛擊，部隊竟然無一生還。此時由於出援朝鮮（韓國）的任務已經完成，朱翊鈞也決定要徹底解決四川問題，便重新起用李化龍為兵部侍郎，

楊應龍見官軍太弱便起兵造反

！

吱

總督四川、湖廣、貴州三省軍務，命郭子章為右副都御史（副監察總長）巡撫貴州，同時急調剛結束東征任務的總兵官劉綎、麻貴、陳璘、董一元等率軍南征。

宦官徵稅又釀禍 爆發流血衝突 民眾慘遭屠殺

■不久前臨清（山東境內）才因中官徵稅不當引發暴動。十二月時湖廣地區便重演群眾衝入稅監衙門，拿瓦片石塊擊傷稅監宦官的事件。據了解，原本宦官陳奉只是受命徵收長江稅，但他卻故意將徵稅地移往集市，不但擴大徵收的對象還自行加倍徵收。任何人若稍有爭辯，就馬上被打得血流滿面，導致行商坐賈不敢開店，挑擔小販不敢出門。荊州（湖北境內）推官（中階官員）華鈺將此事上告御史要求嚴懲，陳奉便因此懷恨在心。之後陳奉到沙市又想強行徵稅，結果被當地民眾群起驅逐，就更懷疑是華鈺在背後指使。不久，陳奉又到黃州（皆湖北境內）團風鎮徵稅，也再次遭到鎮民所逐，因此又懷疑是黃州經歷（中階官員）車重任在從中作梗。於是便上疏誣陷華鈺、車重任阻撓徵稅，皇帝也因此下令將他們逮捕下獄。後來，陳奉的黨羽無端凌辱多位府學學生的妻子，群眾情緒終於為之爆發，一萬多人衝進官署砸傷陳奉。陳奉逃出後立即展開報復，下令一千多名武裝衛士用火箭焚毀民房，並屠殺手無寸鐵的民眾，還將屍體剁碎扔在街上。巡撫（省級總督導官）支可大平時就對陳奉唯命是從，此時更是嚇得不敢出聲，只有分巡僉事（分巡地方之監察官）馮應京一人上疏陳奏此事並條列陳奉九大罪狀。但陳奉也同時誣告馮應京阻撓朝廷使命及侮辱欽差。朱翊鈞聞訊後大怒，便下令將犯案者解職逮捕下獄。只是，被逮捕可不是陳奉，而是馮應京及其他得罪了陳奉的官員。

咚！

別...別...
不能用這麼大塊的啦...

宦官陳奉因欺凌百姓引發眾怒，被群眾用石塊砸傷

四川動亂 劉大刀神勇挫敵　楊應龍兵敗自盡

■坐鎮重慶（四川境內）的李化龍待兵馬齊集之後，下令三萬人為一路，分兵八路進剿楊應龍。其中劉綎出綦江，在叢山峻嶺間連破素有奇險之稱的三峒等地，楊應龍之子楊朝棟也親統苗兵數萬與明軍進行激戰。就在雙方鬥得難分難解的時候，苗兵忽然驚見劉綎在第一線揮舞著他那把白晃晃的大刀，「劉大刀來了！」的消息很快便傳開，苗軍也因此嚇得陣式崩潰而四散奔逃，連主帥都差點被明軍所俘。之後雖然各路明軍分傳捷報，叛軍也接連敗退，但苗兵仍乘隙出奇兵，一度造成明軍嚴重死傷。幸而劉綎在此役中表現實在過於勇猛，在兩個月之內連破易守難攻的龍爪、海雲兩大險囤，八路軍馬終於兵臨楊應龍的巢穴海龍囤，然後築起長圍，開始發動猛烈的攻城戰。楊應龍急了，便夜散數千金招募敢死隊作戰，但這時城破在即，哪裡還募得到人？最後明軍登囤而入，楊應龍見敗局已定，便與愛妾關門自縊，同時放火將一切燒個精光，他的兒子楊朝棟、弟弟楊兆龍則被明軍所俘，並在十二月時被磔殺於市。

大刀劉綎衝鋒陷陣，苗兵聞風潰散

國際要聞 日本關原合戰 德川家康勝出

■日本豐臣秀吉於前年（1598年）病逝後，由於幼子豐臣秀賴年僅六歲，所以內部很快便因權力分配問題陷入混亂。以毛利輝元為名義領袖的西軍，和以德川家康為首的東軍，在關原爆發大規模交戰。最初的形勢對德川軍不利，西軍還一度迫近到東軍本陣。但後來西軍的小早川秀秋在德川軍恐嚇射擊後倒戈支持德川軍，讓整個形勢逆轉，最後由德川家康在此役中取得勝利，消滅了敵對的勢力，成為當今日本最具影響力者。

誰來當太子？上疏爭國本 王德完被重打一百杖

■朱翊鈞對鄭貴妃的寵愛人盡皆知，為此他還疏遠皇后，刻意冷落皇長子朱常洛。而朱翊鈞之所以久久不立太子，也為的就是要等近年來身體多病的皇后病逝後，改立鄭貴妃為后，然後順理成章的讓鄭貴妃之子朱常洵成為嫡子（皇后所生之子），到時就可以不落人口實的讓他最愛的朱常洵成為帝國儲君。不久前皇長子的講官黃輝從宮中宦官那裡聽到這件事，便告訴給事中王德完說：「這是國家最重要的事，萬一真的立了鄭貴妃之子當太子，然後被記載在史冊之中，將使後人嘲笑當今朝廷中沒有半個正直的人。」王德完聽了之後，便讓黃輝起草一份奏疏然後呈上，對此事大加批判。朱翊鈞看到奏疏之後怒不可抑，便下令將王德完打入詔獄嚴刑拷問。官員們及請假在鄉的內閣大學士沈一貫接連上疏救解，不但遭到皇帝嚴厲訓斥，更讓王德完被重打一百廷杖。餘怒未消的萬曆皇帝接著警告廷臣說：「你們究竟是為了皇長子？還是為了王德完？如果是為了皇長子，就要謹慎為之不要再上疏擾瀆。如果只是為了王德完而爭辯的話，那冊立太子之事就再延遲一年。」此話一出，群臣也不便再講什麼。但王德完也不是就這樣白白被打，因為在此事件之後，朱翊鈞似乎也害怕再被外廷議論，所以便比以往更尊重皇后。

等待......

有傳聞說皇帝與鄭貴妃打算等皇后去世，然後再冊立鄭貴妃為后，讓朱常洵成為嫡子以繼承皇位

聖母馬利雅來了……
耶穌會傳教士利瑪竇赴京 獻上「天主與聖母圖」

■大西洋國（即對歐洲各國的統稱）耶穌會傳教士利瑪竇（Matteo Ricci，義大利人），於萬曆九年（1581年）由海路抵達中國，在廣州香山（廣東境內）居住宣教二十幾年後，終於在日前透過天津（河北境內）稅監馬堂的奏報進入京師，並以「天主與聖母圖」做為進貢之禮。朱翊鈞將馬堂的奏章交給禮部討論，禮部對利瑪竇的身份持懷疑態度，認為大西洋國在《大明會典》中並沒有記載，其真偽不可考察。而進貢的東西則屬荒誕凶穢之物，不宜進入宮禁之中，建議賜給他大明朝的冠帶服飾讓他回國，不過皇帝對此並沒有做出任何指示。

這什麼鬼？拿回去

者個是省目罵里訝海右省字耶穌...

利瑪竇進貢的聖母圖被禮部指為荒誕凶穢之物

武昌再現大暴動 陳奉夾尾逃回京

■在宦官陳奉誣告下，受命逮捕馮應京的錦衣衛馳抵武昌（湖北境內），當地百姓知道馮應京將受到嚴厲處罰後，一個個痛哭失聲。陳奉更是囂張的用大字報寫著馮應京的名字，然後列出羅織的罪狀張貼在鬧市街道。沒想到此舉惹火了民眾，數萬名氣憤難平的百姓自發性的圍攻陳奉官邸，叫囂著要把他活活打死。陳奉嚇得逃到楚王府躲藏，群眾找不到罪魁禍首，便將他的十六個爪牙扔進長江中餵魚，還打傷了錦衣衛。一向助紂為虐的巡撫支可大也因署衙轅門被焚毀而嚇得不敢出門。一直鬧到太陽快下山，坐在囚車中的馮應京對群眾曉以大義、安撫人心，聚集的人群才漸漸散去。陳奉就這樣在楚王府躲了一個多月，並急切的要求回京避風頭。最後朱翊鈞下令由另一位太監去接替，在官軍嚴密護衛下，陳奉才得以安然逃脫回京。

老娘也是宮女出身!!
太后出手干預 長子有望封儲?

■不久前朱翊鈞向皇太后請安時，太后忽然問起為何遲遲不立太子，朱翊鈞沒想到會被問，又不能說他早就答應鄭貴妃要讓她兒子當太子，所以驚惶之間就回答說因為朱常洛是「都人」（宮女）之子。太后聽到後勃然大怒，指著他說：「你

自己也是都人的兒子啊！」原來朱翊鈞在嫌惡長子出身卑賤時，竟然忘了自己的母親也是宮女出身。發現說錯話後，當今皇上驚恐的趴伏在地上久久不敢起身。經過這個事件之後，內閣大學士沈一貫再次上疏，才終於讓朱翊鈞下詔表示要為朱常洛

舉行冊封之禮。不過鄭貴妃聽到這消息後，又去哭訴說他自己立過誓說要讓朱常洵（鄭貴妃之子）當太子，還親筆寫下字據封存在玉盒中。被這樣一鬧之後，朱翊鈞的立場再次動搖，又頒下手詔告知內閣表示要延後冊立太子。

國本之爭落幕 皇太子終受冊封

■由於沈一貫堅定表示「臣萬死不敢奉詔」並封還皇帝手詔，終於讓朱翊鈞打消念頭。而原本以玉盒中皇帝親筆字條做為最後王牌的鄭貴妃，在發現紙條早已被

蟲蛀光後，也只能絕望的接受事實並歸還玉盒。十月十五日，皇長子朱常洛正式冊封為太子，朱常洵封為福王。歷時十五年，造成朝臣與皇帝激烈鬥爭，萬曆皇帝

荒廢朝政以示抗議的「國本之爭」，在逼退四位首輔、十餘位部級官員，牽扯三百多位中央及地方官員，其中一百多人被罷官、解職或戍邊之後，終於畫下了句點。

眾臣喊YA!! 皇帝染重病 傳諭大革新

■皇太子的婚禮才結束，朱翊鈞忽然身患重病，傳旨召集大臣到仁德門，要首輔沈一貫進入西暖閣，在皇太后、皇太子及諸親王的見證下，擬旨停辦礦稅、織造，並召回派遣各地的中官，釋放關押已久的罪犯，還讓那些因建言而受罰的官員都恢復原職。當天晚上，沈一貫便依照指示擬好草稿送入宮中，深夜時，僅做少部份改動的皇帝諭旨便由太監捧出交給內閣準備執行，預計此舉將有效革除諸多弊政，一新國內氣象。

眾臣說Oh...
皇帝病癒反悔 改革痛失良機

■朱翊鈞傳諭革弊的第二天，正當所有人都企盼著能一掃弊政，帶來新氣象時，居然接連二十幾位宦官到內閣要求索回諭旨。原來是朱翊鈞病情好轉，忽然覺得昨天自己話說太快而想反悔。司禮監太監王義見狀，在皇帝面前力爭說：「聖上說出的話豈能追回？」氣得朱翊鈞想把他親手殺了。王義非但不怕，反而更堅定的請求不要追回諭旨。可惜的是，太監能執義堅持，大臣卻立場軟弱。沈一貫竟然將諭旨交給宦官帶回，而失去改除弊端的大好時機。也難怪王義見到沈一貫，會不屑的朝他臉上吐口水說：「相公只要稍一強硬，萬惡的礦稅就破除了，是在怕什麼呢？」

快過來啊！
很安全的...

最好是啦...缺這麼多塊
板子一定會摔死的...

中央及地方缺官的情形都已經嚴重到影響朝廷運作，但萬曆皇帝卻仍然置之不理

宦官惹禍 各地稅監再起風波
皇帝怠政 官員遇缺不補

■派駐各地的稅監宦官，因橫行妄為而陸續激起民變，先是騰越（雲南境內）的楊榮貪暴不法激怒百姓，導致署衙被燒，收稅官吏也被殺死。江西稅使潘相因打傷遠支皇室宗親，使當地皇室宗族怒砸其府邸，接著廣東、廣西等地也都因礦稅引發群眾暴動。但就算這樣的事件層出不窮，官員們也一再上疏請求革此弊端，但朱翊鈞卻完全置之不理。不過皇帝怠政的情況也不只如此，據統計，今年度光是南京已經缺了三個尚書、十個侍郎、九十四個給事中及御史。全國各地一共缺三個巡撫，六十四個布政使（省級行政首長）、按察使（省級司法監察首長）及御史，以及二十五個知府（府級行政長

官），就算官員極力請求補足缺額以便政務順利運作，皇帝也完全不當回事，最勤奮的大概只有宦官到各地收稅吧。

【天變異象】
UFO?彗星?
常理無法解釋

九月初一，有許多民眾驚見一顆血紅色的大星從東南方升起，突然之間分解成五顆星。其中有一顆異常明亮，過了許久，五顆星又合而為一，令人嘖嘖稱奇。到了二十三日時，天空出現尾部有光的青白色流星，以及數百顆的大小星星在四面交錯運行，到目前為止，還沒有人可以對此做出合理的解釋。

太子竟受宦官氣 出閣讀書險遭凍僵

■朱常洛（朱翊鈞長子）太子的身份雖然已經確定，但因為鄭貴妃影響力還在，受封為福王的朱常洵（朱翊鈞與鄭貴妃之子）也遲遲不肯前往封地，使得皇太子的地位仍然極不穩固，感覺隨時有被拉下來的可能。也因此一些還在繼續觀望的投機份子，便想藉著討好鄭貴妃為自己謀點福利。之前正值寒冬時，朱常洛要出閣讀書，管事的宦官竟然不給太子生火取暖，凍得朱常洛渾身發抖。後來是講官郭正域發現太子已經凍到臉色發白，在發怒斥責下，宦官們才心不甘情不願動手生火。看來，太子朱常洛是否能順利繼承皇帝大位，可能還是充滿變數。

東北新星 努爾哈赤自稱建州國王

■東北新興勢力努爾哈赤近年來崛起速度驚人，不但在萬曆十六年（1588年）攻克完顏城，統一蘇克素滸、渾河、董鄂、哲陳、完顏等建州女真五部。又在萬曆二十一年（1593年）於古勒山大敗葉赫九部的三萬聯軍，之後還以保塞有功被封為龍虎將軍。萬曆二十九年（1601年）又趁哈達部大饑，領兵將其吞滅。據可靠消息指出，目前努爾哈赤已將根據地由費阿拉遷往赫圖阿拉（遼寧境內），還自稱為「建州等處地方國王」。看來野心勃勃的女真部落，日後勢必成為威脅大明帝國後背的一把利刃。

又見妖書……

京城廣為流傳　皇帝震怒徹查

■光棍節的一大清早，內閣大學士朱賡便在自家門口發現一張為《續憂危竑議》的傳單。內容則是假託「鄭福成」（意指「鄭」貴妃之子「福」王朱常洵將「成」為太子）的問答，指控鄭貴妃陰謀廢去太子，冊立朱常洵（鄭貴妃之子）為皇儲。文中也指出皇上冊立朱常洛（朱翊鈞長子）是出於不得已，日後一定會伺機更易太子人選，所以才會任命朱賡為內閣大臣，以「賡」與「更」同音，暗寓更易之意。這份又被稱為「妖書」的傳單，不只出現在朱賡家門口，其實京城中早就廣為散布，也立刻掀起軒然大波。朱翊鈞聞訊後震怒，立刻下令東廠、錦衣衛以及五城巡捕衙門全體動員，立即搜捕造書主謀。由於文中直接點名朱賡和首輔沈一貫是鄭貴妃陰謀廢立的幫兇，所以二人嚇得立即上疏為自己辯護並在家中避嫌。沈一貫為了轉移注意，還指使給事中（政風監察官）錢夢皋上疏，指控禮部右侍郎（教育部次長）郭正域和另外一名內閣大學士沈鯉與此案有關。由於此案所涉十分敏感，朱翊鈞又一直盯著破案進度，使相關單位承受巨大壓力。

妖書案開庭‼ 證人謊言指控 陳矩輕鬆破解

■二次妖書案發生後，在《續憂危竑議》文中被點名的首輔沈一貫等人，反過來藉此機會誣陷政敵禮部右侍郎（教育部次長）郭正域和內閣大學士沈鯉。但由於郭正域曾經擔任太子講官，所以太子朱常洛便多次託人請求掌理東廠的太監陳矩一定要秉公處理，千萬不可讓郭正域蒙受冤屈。行事一向公正的陳矩，研究完整個案情，馬上就掌握了來龍去脈，一見到指控郭正域的證人精神不太正常，知道這一定是被拉來做偽證的，於是便故意詢問有沒有親眼見到妖書的雕版，在證人回答「滿屋子都是」後，陳矩馬上打臉，以「妖書全文才三百多字，雕版不過一塊，怎麼可能堆滿整屋子」做為結論，破解了這項不實指控，還給郭正域等人清白。

二次妖書案終結　失意書生皦生光被迫頂罪

■因妖書案遲遲破不了案，而承受皇帝不斷施壓的東廠，在不久前逮捕一位形跡可疑的人，在嚴刑逼問下，嫌犯供稱他的兄長皦生光可能與本案有所牽扯。在很短的時間內，皦生光便被確認是妖書作者而遭到凌遲處死，本案宣告終結。但其實皦生光只是個專以「刊刻打詐」為業的狡詐生員（秀才），平時靠著假裝要幫人出版書籍，然後從中「加料」，再反過來恐嚇取財。雖然他作惡多端，但所有人都明白憑他一個失意書生，沒有辦法寫出《續憂危竑議》那種高層惡鬥內容。不過由於壓力越來越大，陳矩又不想牽扯過多無辜官員，所以便決定將所有罪責都推給惡徒皦生光讓他頂罪。

第二次的妖書案，最後找到一個不相關的人頂罪

至於妖書的真正作者是誰，恐怕得等皦生光到陰間以後再自己去查明了。

冒雨上疏廢礦稅　沈鯉動不了嗜財皇帝

■五月二十三日，雷火意外擊毀長陵明樓，朱翊鈞因此下詔諮詢實政。大學士沈鯉想利用這次機會廢除礦稅之弊，便聯合沈一貫、朱賡等閣員各寫一份奏疏。但皇帝向來不喜歡人家多說礦稅之事，所以他們也只能等待適當時機呈上。不久，京師忽然降下滂沱大雨，沈鯉認為可以藉此時機，冒雨素服到文華門上奏，以引起皇帝的注意。果然，朱翊鈞這次以為是有什麼急事，終於把三人的奏疏打開看了。此時戶部尚書趙世卿請廢礦稅的奏疏也同時呈上，朱翊鈞也因剛看完沈鯉等人冒雨陳上的奏疏心有所感，所以還對其表示嘉勉。只不過，奏疏是看了，但朱翊鈞還是沒有絲毫想要廢礦稅的打算。

東林書院正式開講　黨爭惡鬥逐漸變質

■顧憲成回到家鄉之後，便與弟弟顧允成忙著修復當地的「東林書院」，以便在此講學，同時宣揚他的政治主張。由於他在學術界名望很高，所以他一出來號召，馬上就得到許多響應與資助。不久前，這座書院修復完成，顧憲成便會同顧允成、高攀龍、安希範、劉元珍、錢一本、薛敷教、葉茂才等「東林八君子」，發起東林大會，還制定了《東林會約》，規定每年舉行大會一、二次，每月小會一次。透過每月三次的講座，向社會傳達對朝政的批判及修身致知的思想。由於他們的批評公開而直率，不但每場都吸引數百名知識分子聽講，還逐漸對輿論產生影響，也對執政者產生極大的壓力。但政治分析家指出，雖然這些號稱「清流」的東林人士著實起了制衡執政者的作用，並得到廣大輿論的支持，但他們與目前朝中當權的「浙派」官員，卻也時常因為彼此間的對立而模糊了焦點。像之前「爭國本」時，兩派人士原本都是主張應該盡速冊立太子，但到後來卻變成意氣之爭，相互間為了排斥異己而費盡心思。雖說需要有在野力量制衡及監督施政，但一旦演變成政黨間的惡鬥，恐怕就非國家社會之福了。

幸哉！礦稅終於廢除
惜哉！中官稅吏仍在

■自萬曆二十四年（1596年）設立礦監稅使以來，廷臣們早已為此上疏諫阻過上百次，但朱翊鈞卻完全置之不理。因為他眼中只看到這些中官上繳的礦銀、金珠、寶玩、貂皮、名馬，而見不到他們四出虐民、流毒全國，搞得民變四起的亂象。日前，內閣大學士沈鯉、朱賡趁著在仁德門等著謁見皇帝祝賀冬至的機會，極力向司禮監太監陳矩述說礦稅所衍生的諸多弊端。這次，沈鯉終於找對切入點，以開礦徵稅會破壞名山大川的靈氣，恐怕將對皇帝不利為理由，讓陳矩去轉告朱翊鈞。朱翊鈞聽了之後果然十分恐懼，便要陳矩趕緊去問沈鯉如何補救。於是沈鯉就順勢回答說只要馬上停止挖礦鑿山，山川靈氣便可恢復，被嚇到的朱翊鈞便打算頒詔停止礦稅。只是此時請假在家的首輔沈一貫，一得知這個消息，為免廢除礦稅的功勞被沈鯉一人獨得，便急忙寫了一份廢除礦稅的奏疏呈上。沒想到朱翊鈞看到這份奏疏後，反而覺得很不高興，頒旨的事情也就這樣被擱置下來。一直等到氣消了才頒布詔令停止開礦，將稅務劃歸有關部門徵收。並規定每年所得的稅款，一半歸宮廷內庫，另一半歸戶部和工部（國家工程部）使用。不過令人遺憾的是，之前為了徵稅派駐在外的那些宦官使者，並沒有隨著礦稅的廢除而被召回。

273

梁永違法作惡 官員屢屢受誣

■去年（1606年）才剛發生咸陽知縣陳時濟被宦官梁永誣陷下獄的事件，今年咸寧（皆陝西境內）知縣滿朝薦也因得罪梁永遭到逮捕。據聞，梁永不久前派人帶了一封夾有頭髮的書信急馳至京，控告滿朝薦強劫要上交朝廷的物品，還殺死好幾人並投屍河中。朱翊鈞得到消息後相當震怒，立即派人將滿朝薦逮捕入獄並嚴刑拷打。不管官員們如何上疏辯白，他也全都置之不理，執意要嚴懲宦官口中的這個惡徒。

內幕追追追!!

梁永惡人先告狀 滿朝薦苦吞牢獄之災

滿朝薦一案經記者深入追查後發現，一開始梁永的爪牙因為搶奪他人財物被滿朝薦逮捕，他便開始懷恨在心。不久後，梁永因忌恨陝西巡按御史余懋衡揭發他的罪狀，因而買通余懋衡的伙夫在飲食中下毒。但兩次下毒都沒能把人毒死，事跡也因此敗露，伙夫遭到滿朝薦逮捕並準備進行審訊。梁永為免被牽扯出來，便率領全副武裝的黨羽衝入縣衙劫人。但滿朝薦早有準備，所以在一陣混亂之後梁永也只能憤憤然無所獲而去。同時，由於接連幾夜城中都發生驚亂，到處謠傳梁永即將造反，於是滿朝薦便協助余懋衡追查梁永的私人武裝。但此事走漏風聲，大部份黨徒先行逃散，剩下一部份被官兵追殺到渭南（陝西境內）。梁永對此十分恐懼，於是決定先下手為強，先將滿朝薦告入牢中。

壞人就是他！

嗯嗯....

可惡，做賊喊捉賊

太監梁永擔心所做的壞事東窗事發，便先下手誣陷準備告發他的官員

橫行山海關 高準苛扣軍隊餉銀 引發軍隊嘩變

■留駐各地的稅官為害引禍早已不是新鮮事，不久前，遼東地區又因為宦官高淮苛扣軍餉導致軍隊嘩變。據了解，之前高淮便曾因為無故逮捕學生激起民變，而遭到巡按御史彈劾，但朱翊鈞竟然置之不理。萬曆三十一年（1603年），高淮還帶著三百餘名家丁，在未經核准的狀況下逕行駐扎在京城廣渠門外，並揮舞著飛虎旗，敲鑼打鼓說要入宮面聖。雖然官員群起彈劾，但皇帝卻仍然沒有任何回應。

而高淮也藉此機會上奏疏，並自稱鎮守和協辦山海關（河北、遼寧交界）事務。雖然兵部（國防部）馬上指責高淮狂妄，但朱翊鈞卻私心坦護，不顧事實的硬說他之前真的有給過這樣的命令。結果高淮的氣燄越來越囂張，更加無所顧忌的招募一些亡命之徒充當爪牙，時時出塞外遊獵。連簽發文書都用黃票，旗幟也改用龍旗，還向朝鮮（韓國）索要珍珠、貂皮、良馬、並多次與邊防將領爭功，整個山海

關內外都被搞得烏煙瘴氣。這次他又再度激起軍隊譁變，氣憤難平的兵士們發誓非要生吃他的肉不可，嚇得高淮趕緊逃往內地，然後反過來誣告部隊軍官，說他們教唆士兵追殺欽差、劫奪御用錢糧。不過大概是這次事情真的鬧太大了，加上總督薊遼軍務的蹇達也再次上疏揭露其罪行，朱翊鈞才終於下令將高淮召回。至於那些被高淮誣告的軍官們，當然還是早就被關押到監獄去了，連申訴的機會都沒有。

公私分明？ 邊軍經費告急 皇帝竟死守私房錢

■不久前薊州（河北境內）因為蒙古朵顏部混入，官軍無法有效抵禦而慘遭劫掠。後來朝廷援軍到時，被搶到怕的居民們遠遠望見火光，還以為是敵人又來了，便爭相逃往京城。由於每天湧入的有上萬人，所以京城馬上宣布戒嚴，緊急關閉九門將這些難民阻擋在外。兵部尚書李化龍因而奏請撥款三十萬兩白銀，以補薊州邊防用具及軍餉不足。但由於近年來財政管理紊亂，國庫早已空虛，所以戶部便商請皇帝暫借內廷的礦稅銀兩支應，再於日後限期補還。不過朱翊鈞卻怎樣都不肯把私房錢拿出來。最後挪用本來要購買戰馬的十萬兩，再加上硬要戶部擠出來的十萬兩，先撥到前線，才讓軍心穩定下來。雖然敵人因見到明軍有所準備而自行退去，但朝廷把自家難民拒於九門之外，皇帝把內庫存銀看得比國家安全還重要的這些行徑，讓輿論大眾為之搖頭嘆息。

別想動我的錢

官員一個打十個
朝廷要職缺額嚴重 皇帝買醉「留中不發」

■由於代理尚書事務的吏部侍郎楊時喬，以及禮部侍郎楊道賓，兩人在十天內相繼去世，使得兩部出現既無尚書，也無侍郎的離譜情況。其實，由於萬曆皇帝長年不上朝，對於官員們的奏疏也大多直接擱置在內廷「留中不發」，使得中央及地方各級官員的缺額越來越多，已經導致政務無法正常運作。不管編制再怎麼不齊，各部業務再怎樣無法辦理，也不管官員們如何上疏陳情，朱翊鈞始終不把這當一回事，每天只知道和宮女們廝混，然後每晚必飲，每飲必醉，每醉必怒，著實令人為國家的前途擔心不已。

這得小心放

搖搖晃晃

萬曆皇帝留中不發的奏疏已經多到數不清了

日本強行入侵琉球
國王被押往鹿兒島

■一直以來就臣屬大明並接受冊封的琉球國（沖繩），日前遭到日本以三千勁兵強行入侵，國王尚寧遭到俘擄，宗廟寶器也全部遭到洗劫。據了解，早在豐臣秀吉要入侵朝鮮（韓國）的時候，琉球就曾迫於壓力向日本提供七千人份的後勤物資及軍費支援。在德川家康統一日本並建立「江戶幕府」之後，轄下的薩摩藩（日本位於九州西南部的藩國）想要藉軍事行動來化解內部的權力鬥爭，以及彌補入侵朝鮮與關原之戰時所耗費的龐大軍事支出，因而隨便找藉口就對琉球採取軍事行動。得手之後，琉球國王、王子及一百多名官員被押往鹿兒島（日本境內），預料將在被迫簽下不平等條約，並承認薩摩藩對琉球的控制權後，才有可能被釋放回國。

強震特報

酒泉八百多人死亡

酒泉（甘肅境內）一帶於六月發生嚴重地震，造成八百四十餘人被壓死的慘劇。邊城也被震垮了百餘里，還造成當地河水絕流數日，許多地區地裂山崩，某些災區的人震後還不明原因的出現斑疹。相關單位預測，未來數年內臨近地區每年都還會再發生一、二次的地震，民眾應事先做好緊急應變。

東林大亂鬥!! 京察成為黨爭工具 反東林者遭到斥逐

■由於朱翊鈞多年不視朝政，群臣奏章送入後也多被擱置，造成官員們各自結黨以排斥異己的惡劣風氣。現今政壇中，至少就有齊、楚、浙、宣、崑等五個黨派，其中齊、楚、浙三黨多為給事中、御史等監察官員，而宣、崑兩黨雖非言官卻也廣收朋徒干預朝政。五黨之外，在野更有以顧憲成為首的東林黨人，也得到部份朝中官員的支持，並與之遙相應和。由於他們以氣節自負，依附者越來越多，被稱為「黨議」的言論也頗有左右輿論的力量，時常與朝廷對立，所以朝中五黨也形成反東林聯盟雙方攻擊不絕，勢同水火。奏章留中不發的結果，也讓兩派間的是非曲直無所判定，使得相仇之勢日甚。大部份時間東林黨人都是以在野的身份批判朝政，在現實政壇中算弱勢且被排擠的一方。之前六年一次考察京官時，非東林黨人便編造言詞迷惑吏部尚書孫丕揚，企圖以此傾覆東林黨人，但後來被吏部右侍郎王圖制止，反而在京察中失利，許多反東林聯盟的官員因此遭到罷黜。

東林黨與非東林黨之間的鬥爭，已經進入意氣相爭的非理性階段

六部只剩一尚書 朝廷完全陷入空轉

■去年（1611年）考察京官的事件發生後，各地議論紛至沓來，使得早已對官員黨爭感到厭倦的吏部尚書孫丕揚辭意更為堅定。雖然之前他已多次上疏請辭，但因為朱翊鈞欣賞他的老成及清正，所以都特頒優撫詔書加以慰留。但孫丕揚年事已高，屢次為國舉薦的人才也沒有獲得任用，所以在疏辭二十多次之後，終於逕自離職回鄉。內閣首輔葉向高知道後，連忙向皇帝稟告，才終於得到詔書，特許孫丕揚乘坐驛站車輛歸鄉。在孫丕揚辭去之後，原來兼任兵部尚書的刑部尚書趙煥，只好又兼任吏部尚書，形成六部加起來只剩一位尚書的怪異現象，甚至連內閣都只有長期臥病在家的葉向高一個人。戶部、禮部、工部（國家工程部）更慘，原本應該有左、右兩位侍郎，現在也都只剩下一人。都察院則是已經八年沒有長官，六科給事中加起來只有幾個人，十三道御史也都是一人兼管數道。各地的巡按御史十餘年無人替換，總督、巡撫也是一個個出現空缺沒有補齊。數千名官員等待分發任命，卻因為吏科、兵科兩科給事中沒有掌印官，無法發出任職令而長期滯留京師，整個朝廷完全陷入空轉。

辭職一百二十餘次未獲准 李廷機住破廟、勤上疏

■在內閣掛名六年，近來一直居住在破廟中的李廷機，終於在連上了一百二十餘次辭職疏後離職返鄉。李廷機於萬曆三十四年（1606年）入閣，但他實際上參與機務的時間僅九個月，在那之後便因為黨爭而飽受東林黨人攻擊。受不了冷嘲熱諷的李廷機一氣之下，憤而上疏辭職，但由於朱翊鈞根本不看奏疏，所以當然也不會有任何回應。於是李廷機只好一次又一次的上疏表明去意，甚至把房子家產全都賣了拿去捐濟窮人，然後先打發家人回鄉，自己搬到荒廟中去住，以顯示離職的決心。其間他不斷上疏辭職，不但皇帝不理，在朝官員們也沒有一個人到廟中去探望過他。幾年下來，辭職疏已經創下了難以超越的紀錄，而自己也獲得一個「廟祝閣老」的綽號，他終於顧不得是不是會被殺頭，便自行捲鋪蓋回老家福建去了。所幸皇帝還是很懶，也不想花力氣去跟他計較這些事，就這樣罷了他的官不予追究。

阿母我破紀錄了！

靠爸94狂!! 福王前往封國　獲賜萬頃土地

■群臣力請下，朱翊鈞終於同意讓福王朱常洵前往封地。雖然在鄭貴妃要求下，朱翊鈞一度想要將日期延後，但首輔葉向高卻封還敕令。鄭貴妃還想用祝賀太后七十大壽為由推遲一年，也被太后以：「難道我兒子潞王（朱翊鏐，朱翊鈞同母弟）也可以來祝壽嗎？」一句話打槍。一開始朱翊鈞非要賜給朱常洵四萬頃土地，在群臣的力爭之下才終於減半。不過由於這數目實在太大，光是河南一省肥沃的田土全給他也不夠，只好挪用山東、湖廣的地來補足差額。福王臨行時，朱翊鈞還將多年來中官礦稅使所獻的珍寶及為數可觀的金銀都賜給他。連營建府邸的花費，都是正常規格的十倍。福王就藩時，又請賜

那邊的豪宅和用不完的錢都幫你準備好了

那我走囉

一千三百引淮鹽，並在洛陽（河南境內）開設鹽店直接與百姓交易，使得河東鹽滯銷，並連帶造成邊鎮軍餉不足。而且不論官員如何上疏指控福王府的人在途中橫行殺人勒索，或是陳述福王自行販鹽所產生的弊端，萬曆皇帝還是依舊不理。

買貨賴帳激民變 高寀惱怒殺人又縱火

■十多年來一直在福建地區橫行的稅監宦官高寀，不久前因為想要靠走私謀取暴利，便置辦了一艘雙舵海船打算前往日本貿易。但他違法走私在先，竟然又連數十萬的貨款也不想支付。福州（福建境內）商民忍無可忍，終於在五月時憤而反

抗，圍堵在稅監衙門前面，嚷著高寀還錢並要求給個交待。不過高寀非但分文不付，還兇狠的下令士兵揮刀殺傷一百多位手無寸鐵的民眾，甚至施放火箭燒毀多間民宅。之後還策馬挾劍衝入福建巡撫衙門，舞刀要挾地方官員到他私邸結盟。事

後，福建巡撫袁一驥、巡按御史徐鑒、給事中姚永濟、郭尚賓，以及內閣大學士葉向高、方從哲等，都相繼上疏請求嚴懲高寀，但朱翊鈞對此還是置之不問。一直拖到六月，才終於下令將高寀召回北京，由江西稅監潘相兼領福建稅務。

意外事件？政治暗殺？
瘋人持棒闖東宮　太子安全亮紅燈

■皇太子朱常洛住的慈慶宮，五月時發生可疑分子持木棍打傷守門內監，並闖入前殿企圖行兇的案件。所幸歹徒很快被制服，並未傷及東宮太子。第二天朱常洛奏報此事，皇帝便下令司法部門立即進行調查。巡城御史劉廷元在初步審訊後表示，嫌犯張差疑似精神狀況異常。案子轉交刑部（司法部）郎中胡士相複審後，結果與劉廷元所說大致相同，但補充了張差的犯案動機。據起訴書內容，以拾薪販柴為生的張差，因為存放的柴薪被人燒毀，所以一

不能進來.....

少囉唆！

氣之下才會到京城申冤。走到東華門時遇到一個人，要他手持木棍進入宮中，還告訴他木棍便是伸冤紙，所以才誤入東宮，依法應判處死刑並立即處決。由於朱翊鈞一向寵愛福王朱常洵，所以朝廷內外官員懷疑鄭貴妃與她的兄弟鄭國泰可能暗殺太子。此次張差梃擊事件，更令滿朝文武驚駭，紛紛臆測此為政治暗殺，本案的發展成為各界關注的焦點。

國際要聞　大阪冬夏之陣告捷　德川軍終結豐臣家族

■德川家康以征夷大將軍身份建立江戶幕府後，便企圖迫使豐臣秀賴（豐臣秀吉之子）臣服。去年（1614年）德川藉口方廣寺的鐘銘文有對德川家不利的文句，而與豐臣決裂。豐臣秀賴集團也積極招募浪人加強軍備，準備與德川進行最終決戰，德川家康則是號召其他領主出兵協攻大阪城。入冬之後，德川軍發動猛烈攻勢，迫使豐臣軍撤回城中。但後來因轄下部隊擅自攻擊真田丸，而遭到號稱日本第一兵的真田幸村猛烈回擊，差點被逆轉戰局。之後德川軍砲擊大阪城，迫使淀殿（豐臣秀賴的之母淀夫人）提出停戰交涉。最後達成協議，豐臣秀賴、淀殿不用前往江戶作人質，但必須將大阪城本丸以外所有外城拆除，「大阪冬之陣」就此結束。但是到了今年夏天，德川家康撕毀和議再度對大阪城發動攻擊。由於城外壕溝已遭填平，當做防護外城的二丸、三丸也都已被拆毀，只剩空殼的大阪城本丸防禦力根本比山寨還不如。德川軍以優勢兵力輕易舉勝，豐臣秀賴和淀殿自盡身亡。而「大阪夏之陣」的結束，也宣告豐臣家族正式步入歷史。

張差供出新事證 鄭貴妃被捲入挺擊案

■對於之前刑部的審訊結果，主事王之寀一直抱持懷疑的態度，認為張差並非瘋癲之人。於是便利用在監獄值班的時候，用飯菜引誘他「實招與飯，不招饑死」，然後命眾人迴避後親自審問，結果竟然得出一個完全不同的版本。這時一點也不瘋癲的張差翻供，說他小名張五兒，是馬三舅及李外父讓他跟著一位不知姓名的老公（太監的通稱）進京，說事成後要給他幾畝田地當酬賞。進京之後進到一個不知道街名的宅院中，另一位老公請他吃飯，然後給他一根棗木棍，領著他到東宮，要他進去之後見人就打死。王之寀立刻將實情上報，建議各單位進行會審。雖然廷臣支持此議的奏疏相繼送入，但因為其中有一份寫了「奸戚」二字惹惱朱翊鈞，所以便連王之寀的奏疏都擱置不理。由於王之寀一向被視為東林黨人，以閣臣方從哲為首的浙黨人士，便開始對王之寀展開攻擊。之後，刑部十三司會審本案，其中只有員外郎陸夢龍與王之寀意見一致，張差也再次招供：「馬三舅名叫馬三道，李外父是李守才，不知名的老公是龐保，不知街道的宅院是朝陽門外的劉成家。龐保和劉成拳養我三年，還送我金壺、銀壺，讓我打上宮門，要是打了小爺（太子）便有吃有穿，另外還有姐夫孔道同謀，一共有五個人。」在供詞具結之後，由於兩個太監都是鄭貴妃宮內的，所以又引發軒然大波。不少官員都據此推斷，說此案出於鄭貴妃及鄭國泰的陰謀，於是堅決要求徹底追究。據悉目前鄭貴妃及鄭國泰對此都感到十分害怕，甚至連皇帝也對要如何處理此案感到十分棘手。

女真八旗成軍 努爾哈赤任最高統帥

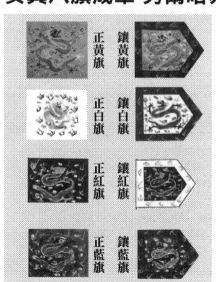

正黃旗　鑲黃旗
正白旗　鑲白旗
正紅旗　鑲紅旗
正藍旗　鑲藍旗

■自稱為「建州等處地方國王」的努爾哈赤，經過近年來的擴張之後，在根據地赫圖阿拉（遼寧境內）開始對手下的部隊進行整編。先在1601年改以三百人為一牛彔，每牛彔設額真（佐領）一名，並分置黃、白、紅、藍四旗，成為八旗雛形之後，又在今年把每五牛彔設一甲喇額真（參領），五甲喇設一固山額真（旗指揮官，都統），每一固山額真左右設兩梅勒額真（副旗主、副都統）。並將部隊再擴編鑲色四旗（黃、白、藍旗鑲紅邊，紅旗鑲白邊），共有正黃、鑲黃、正白、鑲白、正紅、鑲紅、正藍、鑲藍八旗，分由固山額真統領，努爾哈赤本人則為八旗當然之最高統帥。

梃擊案偵結
張差火速斬決 太監死無對證

■在鄭貴妃被捲入梃擊案之後，她的處境變得十分狼狽，不得不向太子朱常洛乞憐，表明自己沒有惡意。而朱常洛不想讓父親太為難，便請朱翊鈞盡快了結此案，不要株連他人。於是朱翊鈞親自到慈寧宮，並召來諸位廷臣，當場拉住朱常洛的手，表示他們父子的感情好得很。而朱常洛也附和父親的說法，並要求盡速處決患有瘋癲的張差，並要求廷臣不要再對此事妄加猜測議論，以免他背上不孝之子的罪名。最後由皇帝親自頒下諭令，以張差是瘋癲之徒定罪，要求相關部門盡速處決。而太監馮保、劉成則嚴厲提審，務必明確定罪。馬三道等人屬於誣告牽連，須依實際情況擬罪，不許再波及其他無辜之人。原本太子想要息事寧人，便要求司法單位將馮保、劉成二人從輕定罪就好。但因這兩個人的供詞可能會牽連到鄭貴妃，所以朱翊鈞便要求司禮監偷偷將他們打死在內廷之中，然後草草了結此案。

執行滅口計畫

是！

皇宮季節限定版美食	
一月	椒梧酒，水點心（餃子），春餅，元宵，羊肉包子，炙羊肉，乳皮，乳窩卷蒸食，大鍋燴
二月	黍麵棗糕油煎餅
三月	燒筍雞，涼糕，糍巴，雄鴨腰子
四月	葦葉，櫻桃，筍雞，白煮豬肉，包兒飯，飲白酒，冰水酪
五月	硃砂雄黃菖蒲酒，粽子，加蒜過水的溫淘面
六月	過水麵，銀苗菜，蓮蓬，蓮藕，鮮蓮子湯
七月	波羅蜜，鰤魚羹
八月	月餅,瓜果
九月	花糕，迎霜麻辣兔，菊花酒
十月	羊肉，爆炒羊肚，麻辣兔，乳餅，奶皮，奶窩，酥糕，鮑螺（奶油甜點）
十一月	糟醃豬蹄，糟醃豬尾，鵝肫掌，炙羊肉，羊肉包，扁食餛飩，冬筍
十二月	醃豬肉，灌腸，油渣滷煮豬頭，燴羊頭，爆灼羊肚，煠鐵腳小雀加雞子，清蒸牛乳白，酒糟蚶，糟蟹，煤銀魚，醋溜鮮鯽魚，鯉魚，臘八粥

後金立國
建元天命 努爾哈赤成東北第一威脅

■在東北地區打遍天下無敵手，已經統一女真各族的努爾哈赤（清太祖），於正月初一在赫圖阿拉（遼寧境內）正式創建「後金國」，自稱為「天命撫育列國英明汗」，並將今年定為「天命元年」。國際情勢觀察家認為，努爾哈赤的即位，代表後金的迅速崛起強大，勢必將成為大明帝國在未來最主要的威脅力量。

【寰宇獵奇】
天降三色雪 驚見巨足跡

■元月降雪是大家司空見慣引以為常的事，但通常所降下的雪花都雪白透亮，大地也會被瑞雪鋪成一片銀白色地毯。但今卻特別奇怪，天空所飄下的雪竟然有紅、黑、黃三色。更令人嘖嘖稱奇的是，許多屋頂上還可以清楚看到巨人的腳印。目前為止，還沒有任何單位對此怪異現象提出說明。

風水輪流轉!!
六年一度考察 東林黨官員全遭罷斥

■轉眼間，又到了六年一度考察京官的緊張時刻，上次考察時東林黨人占上風，但這次由於浙黨的方從哲已升任為內閣首輔，吏部尚書鄭繼之、代理都察院的李鋕，以及擔任副手的考功郎中趙士諤、給事中徐紹吉、御史韓浚等人，也全都是反對東林黨的，所以這次被歸為東林黨的官員全數遭到罷斥，甚至還涉及到一些早已歸隱山林的在野名士。隨著京察淪為政客排斥異己的工具，朋黨之爭也越演越烈，知識份子相互攻擊，幾乎已經到了不問是非，只為反對而反對的地步。

災情特報

今年氣候異常，各地紛紛傳回嚴重災情，廣西、江西等地大旱，江西、湖廣、福建則是飽受水患之苦，河南遭到蝗害肆虐。除此之外，北直隸、山東、陝西、廣東等地也都傳出災情。這些災區不但沒東西吃，甚至還爆發大規模傳染病，路上死者相籍，把自己小孩賣掉，或是挖死人肉來吃早已不是新聞。雖然相關部門不斷上疏請求賑濟，但皇帝依然還是維持著他奏疏「留中不發」的風格，也不知道是根本沒看，還是對於百姓的死活無感。

以七大恨告天 努爾哈赤率八旗軍攻陷撫順

■後金國大汗努爾哈赤於四月投下震憾彈，以「七大恨」告天，正式向大明帝國宣戰。在這份用來脫離與大明臣屬關係，並煽動女真民族情緒的文件中，條列了以下七個不得不起兵的理由。之後，為數二萬的八旗軍開往撫順（遼寧境內），將此做為伐明的第一場戰役。由於撫順是大明與女真互市之所，努爾哈赤年輕時也曾在此從事貿易，對撫順可說是瞭若指掌。熟讀《三國演義》的努爾哈赤，一向善於使用謀略，他先派人到撫順告知次日將有三千人的商隊前來貿易，然後等全城軍民都到城外進行交易時，後金大軍忽然現身，與早已混入城中的間諜裡應外合，發動奇襲。明軍力戰後不敵投降，撫順以東三座城池及數百處碉堡，全被後金攻占。遼東巡撫李維翰急調軍隊救援，結果甫一接觸，驃悍無比的後金騎兵便趁著風沙大作發起衝鋒。努爾哈赤命代善（努爾哈赤次子）、皇太極（努爾哈赤八子）從兩翼圍攻明軍，明軍迎風作戰，陷入不利局面而大

敗，生還者不到十之一二。目前朝廷已下令將李維翰逮捕免職，另外起用楊鎬為兵部左侍郎兼僉都御史，經略遼東防務（遼東軍區最高指揮官），周永春為遼東巡撫，協助調動糧草。並從各地加派遼餉，即每畝地加徵三釐五毫，共徵得兩百餘萬兩以應軍需。

七大恨

第一，大明殺害祖父覺昌安、父塔克世

第二，欺壓建州女真，偏袒葉赫、哈達女真

第三，強令抵償所殺的越界人命，違反雙方劃定的範圍

第四，出兵保護葉赫，與建州女真對抗

第五，支持葉赫背信棄義，把與其有婚約的女人轉嫁給蒙古

第六，無理出兵逼其退出已開墾的柴河、三岔、撫安三地

第七，遼東官員在建州作威作福

慢了好幾拍…
廣東陝西水深火熱 朝廷賑災緩不濟急

■去年（1617年）天災頻傳之時，朱翊鈞對於各地賑災需求完全不予理會，令各界急得如熱鍋上的螞蟻。所幸在幾個月後，朝廷終於發出諭令，將對廣東、陝西等地災民進行賑濟。雖然時間遲了一些，而且也還有很多地方在等待朝廷伸出援手，但怠政已久的皇帝好歹也總算動了一下，彷彿在黑暗中看到了一絲絲的光線。

金色旋風!! 明軍再丟清河城

■七月時，勢如破竹的後金軍破鴉鶻關而入，向戰略位置十分重要的清河城（遼寧境內）逼進。這次努爾哈赤又有新作戰法，他讓裝滿貂皮、人參的車輛在前，全副武裝的軍士埋伏車後。等到臨近時再忽然殺出，讓明軍措手不及。不過由於城上滿布火器，所以後金軍在進攻時也遭到猛烈的還擊，造成一千多人死傷。此時努爾哈赤改變戰略，令士兵頂著木板靠近城牆，然後一斧一鏟的把城牆鑿開。在費了九牛二虎之力後，終於挖出一道缺口，再由此蜂湧而入，明軍作戰空間受到擠壓，最後由後金軍取得勝利。

在各地災情傳入宮中這麼久後，朝廷終於下令賑災

關鍵時刻!!

楊鎬四路分進合擊
大明聯軍對上後金

■原本做為大明帝國北疆護衛的海西衛「扈倫四部」葉赫、哈達、輝發、烏拉，在努爾哈赤先併哈達，再滅輝發與烏拉後，葉赫的形勢便已經遭到孤立。去年（1618年）後金軍攻克撫順、清河後，留下部份兵力在兩城駐守，由努爾哈赤親統大軍深入葉赫，並宣示非將其攻滅不可。葉赫因此向大明邊官告急，於是遼東經略楊鎬便

並調集各地部隊星夜馳援，同時行文要求朝鮮出兵合力征討。在遼陽（遼寧境內）演武場，宣佈軍令十四款後，以分進合擊的策略，發動十幾萬兵馬分由四路征討後金。其中總兵馬林率兵四萬從北路出擊，準備與葉赫部二萬人合軍；總兵杜松率兵六萬西路軍出撫順；南路六萬大軍由總兵李如柏率領，經鴉鶻關奔清河；總兵

劉綎率兵四萬從東路出擊，會合二萬朝鮮兵進入寬甸口。明廷這次總共動員了號稱二十四萬的大軍北上作戰，顯示了要一舉掃除這根在背芒刺的決心。雖然明軍在兵力上明顯占絕對優勢，但軍事專家也特別提醒，行軍作戰不能單看人數多寡，情資收集、戰略，及天時地利等因素，都有可能會成為影響戰局成敗的關鍵。

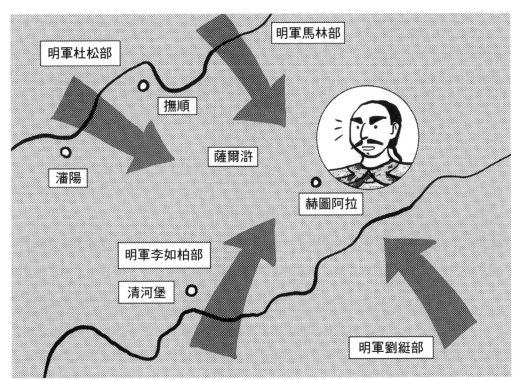

決定性一役!! 薩爾滸大戰 明金戰守易位

■明軍尚未出動,戰略部署及時間等最重要的軍事機密,卻早被努爾哈赤探知。在分析明軍四路分進合擊的作戰法後,努爾哈赤決定集中兵力各個擊破。先在薩爾滸(遼寧境內)截擊躁進突出的杜松軍團,一整天的血戰後殲滅西路軍二萬餘人。第二天,全力奔襲薩爾滸西北三十餘里的馬林北路軍。馬林的牛頭陣被衝破之後,竟隻身策馬出逃,副將以下兩萬餘名兵士全數陣亡。遼東經略楊鎬得知西北二路皆敗的消息後,急令劉綎及李如柏兩路兵馬停止前進。原本就懦弱怯戰的李如柏,因為出發比較晚,走得也比別人慢,所以一直到接獲退兵命令時,仍尚未看到半個敵人便落荒而逃。劉綎軍因為

早已深入險地,所以遲遲沒有接到友軍戰敗的消息。第七天,努爾哈赤已將目標轉向劉綎東路軍團,他先派一個已歸降的漢人假裝成杜松的兵卒,持著令箭前往劉綎軍營,催促他趕快前進。劉綎為免杜松獨立大功,便下令捨棄原本隨軍攜行,可以隨時列成防禦陣勢的鹿角等防具,命兵馬在重巒狹隘中輕裝單列急進,結果前鋒軍就這樣被事先埋伏的皇太極與阿敏(努爾哈赤姪子)擊潰。代善則率領數萬鐵騎踏破劉綎餘部及朝鮮兵團,明監軍(政治監督官)喬一

琦投崖自盡,朝鮮軍都元帥姜弘立、副元帥金景瑞投降。此次戰役,明軍將領及官員共三百一十多人死亡,陣亡兵士四萬五千八百七十餘人,損失馬、駝兩萬八千六百餘匹。軍事分析家表示,薩爾滸一戰,已使得明、金戰守易位,明軍轉攻為守,後金轉守為攻,從此瀋遼地區將暴露於八旗的兵鋒之下。

薩爾滸兵敗楊鎬下獄論死 熊廷弼臨危受命經略遼東

■薩爾滸戰敗的報告傳回朝廷後撼動朝野,遼東經略楊鎬因戰略錯誤被下獄論處死刑。經過廷議,擢升熊廷弼為兵部右侍郎兼右僉都御史,取代楊鎬經略遼東。只是熊廷弼還沒有離開京城,開原就宣告失守,才剛跨出山海關(河北、遼寧交界),鐵嶺(皆遼寧境內)便又跟著丟失,遼陽一帶人心惶

惶、百姓四出逃竄,連軍隊中也因恐懼漫延而無心作戰。於是熊廷弼快馬加鞭,到達前線後先用尚方寶劍斬了好幾個逃將,然後好說歹說的把其他逃亡的人勸回去。接著又緊鑼密鼓的打造戰車、置辦火器、開挖戰濠、修築城牆,為禦敵守城做足準備,也讓前線的軍心逐漸穩定下來。

朱翊鈞駕崩 朱常洛接班

■朱翊鈞臥病在床，已連續半個月沒有進食，理應在御榻前親自侍奉湯藥膳食的皇太子朱常洛，卻因鄭貴妃從中作梗而無法與皇帝相見。給事中楊漣及御史左光斗等人，便催促首輔方從哲應率百官赴乾清宮請安，讓宮中知道朝中還有大臣管事而不敢輕舉妄動，做出假傳聖旨或藉著權力交替竊取權柄等事。但方從哲怕此舉將會惹怒鄭貴妃，便以皇帝生病為由推拖不前。楊漣立即舉出宋代文彥博的例子強烈要求，方從哲不便再推辭，才在兩天後率領群臣進宮問安。為了確保皇儲順利接班，楊漣透過太子的伴讀太監王安，說服朱常洛改被動為主動，極力要求每天進宮侍奉湯藥，等到天黑再回東宮，穩住繼承人地位。不久，朱翊鈞果然因病情惡化而駕崩，皇太子朱常洛依據遺命，撥內庫一百萬兩白銀賞賜邊鎮部隊、停止徵收礦稅及商稅，並撤回在全國各地濫權作惡已久的徵稅太監。然後於八月一日順利登上皇帝寶座，宣布大赦天下，並定明年為泰昌元年。

終於當上皇帝了，這條路走得好辛苦啊...

鄭李雙女結盟 貴妃封為太后？ 禮部拒絕執行！

■鄭貴妃因為照顧病重的萬曆皇帝，所以一直留居乾清宮中，但她對朱常洛繼位感到十分的惶恐，深怕之前想讓福王取而代之，以及差點要了太子命的梃擊案這些事，會讓新皇帝採取報復手段。於是急著向朱常洛示好，一口氣進奉許多珠寶和八名絕世美女。她發現李選侍最受朱常洛寵愛，便建議冊封李選侍為皇后，而李選侍也與其結盟，請求皇帝將鄭貴妃封為太后。但禮部在接到皇帝指示冊封太后的詔書後，並沒有照著辦理，而是以不合禮制為由拒絕執行，才讓這件事就此打住。

朱常洛健康亮紅燈

內官進藥弄巧成拙 進補不成拉到虛脫

■不知道是否因為要一口氣對付八位美女吃不消，朱常洛（明光宗）最近的健康狀況越來越差，因此兼管御藥房的太監崔文升便弄了帖藥讓他補身。但沒吃藥還好，吃了反倒一晝夜連瀉三、四十次，整個人幾乎虛脫。給事中楊漣及御史左光斗對此大加批判，與大臣一同向鄭貴妃及其外甥鄭養性施壓，要她即刻搬出乾清宮。由於崔文升是鄭貴妃宮中舊人，她怕萬一皇帝這次真的死了，她有可能會被控謀殺，於是便害怕的即刻移居到慈寧宮避嫌。朱常洛也接受鄭養性的建議，不再提要冊封鄭貴妃為太后的事。楊漣則是再次上疏彈劾崔文升用藥無狀，甚至還在奏疏中酸鄭貴妃一頓，揭露她欲封皇太后的野心。之後皇帝召見重臣，楊漣竟然也一同被召，所有人便都以為得罪權貴的楊漣這次八成凶多吉少。首輔方從哲還勸他趕緊上疏謝罪，但楊漣回答說：「死就死了，我有什麼罪？」等到朝見皇帝時，朱常洛有氣無力的慰勉諸位大臣之後，卻意外的沒有多說什麼，只是一直看著楊漣，眼神充滿無限感慨。

一月皇帝！
病急濫服紅丸 朱常洛竟猝逝

■朱常洛吃了崔文升的藥方後身體瀉到虛脫，所以一聽太監們說鴻臚寺丞（外賓禮儀署主任祕書）李可灼手上有仙丹妙藥，便急著宣他覲見。李可灼替皇帝診治後，據自己的見解說出了病源及療法，朱常洛也開心的催促他趕快將藥送進宮中。雖然群臣都認為胡亂投藥過於冒險，但李可灼還是在皇帝催促下配好「紅丸」送進宮中。原本連喝水都喘的朱常洛，沒想到紅丸一吞下去，整個人都舒服起來。八月最後一天，朱常洛再次服用紅丸，卻在九月一日拂曉就突然駕崩，享年三十九歲，只當了一個月的皇帝。

這可是救命仙丹喔

太好了，快給我

搶人大作戰!!
朱由校遭扣乾清宮 有賴廷臣湧入搶回

■朱常洛突然病逝，理應由十六歲的皇長子朱由校出來繼位。但李選侍卻在心腹宦官李進忠（魏忠賢）建議下，打算挾持朱由校做為籌碼，甚至得到周嘉謨等官員的支持，主張皇長子既無嫡母又無生母，應交由李選侍撫孤。但此陰謀早被給事中楊漣及御史左光斗等人識破，在皇帝駕崩當天上午，楊漣、左光斗便催促內閣大學士方從哲等朝臣一起到乾清宮。果然才到門口，便有內宦拿著槍梃擋住去路，這時楊漣大罵說：「奴才！皇帝召我等前來，現在已經晏

駕，你們卻在這裡阻擋，究竟是想做什麼大逆不道之事？」說完便揮手擋開槍梃然後一擁而入。哭靈完畢，發現皇長子朱由校未在靈柩前守靈，問左右宦官，每個人也都支支吾吾的不敢回答，只有隨侍朱常洛多年的太監王安用眼光示意皇長子在西暖閣中。於是群臣立刻向西暖閣跪下，齊聲呼求面見儲君。王安也隨即入內，假意說皇長子只要出去露臉見眾臣一下就可以回來，然後趁李選侍還沒反應過來，便拉著朱由校出閣。這時等在外面的諸臣連忙將皇長子

擁入早已準備好的輦車中，迅速退出乾清宮。等到李選侍回過神，發現事情大條了，便急忙吩咐左右宦官快去擋駕。宦官們上氣不接下氣的追來拖住轎子，大聲叫嚷著：「拉少主要去哪裡？少主年紀小會怕生人啊！」這時楊漣大怒回嗆說：「殿下是群臣之主，四海九州都是他的臣子，他需要怕誰？」宦官們被罵得啞口無言，只能悻悻然退去。楊漣等人將朱由校抬至文華殿後，群臣叩頭高呼萬歲，然後才將他安全的護送回慈慶宮，脫離李選侍控制。

終於搬家了!! 左光斗楊漣力爭 李選侍移住噦鸞宮

■九月二日，給事中楊漣首先上疏反對李選侍繼續住在乾清宮，並彈劾李氏對皇長子無禮，絕不可將皇長子託付給她，群臣也接著聯名要求李選侍即刻移宮。御史左光斗表示，內廷的乾清宮就如同外廷的皇極殿一樣，只有皇帝和皇后才能在此居住。他不但要求李選侍移居到宮妃養老的噦鸞宮，還強烈批判李選侍妄想學武則天專權禍國。李選侍看到左光斗奏疏後大怒，數度遣使宣召左光斗，想對他嚴厲斥責。但左光斗嚴辭正色的回答說：「我是天子的執法官員，不是天子召見我是不會去的，你們這些人是幹什麼的，膽敢在此放肆！」李選侍因而更加生氣，一直慫恿朱由校議處左光斗。不過畢竟朱由校也不是小孩了，他也覺得左光斗言之有理，便反過來催促李選侍趕快擇吉日良辰搬走。雖然之後首輔方從哲態度一度鬆動，但在楊漣堅持下，大勢已去的李選侍只好於九月五日移居噦鸞宮，皇帝則於同日搬回乾清宮。然後於九月六日，正式即帝位，下詔將明年改元為「天啟」。不過由於先帝朱常洛泰昌年號還用不到一年，所以在左光斗建議下，決定以今年八月以前做為萬曆四十八年，八月以後則記為泰昌元年，明年才開始正式進入天啟紀元。

在楊漣、左光斗等人的力爭之下，李選侍終於搬出乾清宮

李進忠（魏忠賢）踢開了魏朝，與皇帝乳母客氏勾搭在一起

乳母與太監搞曖昧 客氏和李闇雙受寵

■朱由校繼位後才兩個星期，便頒布一道詔令，賜給從小侍奉他的太監李進忠世代繼承官位的特權，同時冊封乳母客氏為奉聖夫人，並讓客氏之子侯興國、客氏之弟客光先、李進忠之兄魏釗都蔭官錦衣衛千戶。據了解，李進忠剛入宮時只是負責典膳的宦官，之後透過與客氏「對食」（即宦官和宮女間的私通關係）的宦官魏朝介紹，結識朱常洛的心腹太監王安，得以轉調侍奉當時還是皇太孫的朱由校，開啟了邁向權貴的大門。客氏在李進忠入宮後，開始疏遠魏朝而與李進忠越走越親密。如今這兩人在相互幫襯下同時受寵，極可能成為天啟朝的一大隱憂。

又是官場鬥爭 熊廷弼被劾去職

■自從熊廷弼經略遼東之後，雖然暫時穩住局勢，但由於他性情剛烈又喜歡漫罵，所以也得罪不少人。姚文宗、劉國縉等官員便詆毀他廢群策、雄獨智，以及軍馬不訓練、將領不部署、人心不親附。御史顧慥、馮三元等人也彈劾他出關逾年卻漫無定畫，只會拿尚方寶劍逞志作威，又說他犯了八條不謀畫邊防及三條欺君之罪。對於這種不實指控，熊廷弼十分惱火，第一時間便上疏為自己辯解，並要求罷官回鄉。但御史張修德、魏應嘉等人還是繼續緊咬不放，逼得熊廷弼再次上疏自白，並繳回尚方寶劍，極力請辭。廷臣在討論後同意將他罷官，並以正在代理遼東巡撫的袁應泰接任遼東經略之職。

八旗強攻瀋陽 明軍血戰失城

■原本遼東經略袁應泰計畫要分兵三路收復清河、撫順等地，但明軍尚未採取行動，努爾哈赤便已兵臨瀋陽（皆遼寧境內）城下。總兵官賀世賢、尤世功緊急率兵在城外挖濠溝築木柵並埋伏火砲，等敵軍抵達時，賀世賢親率千餘人出城迎戰。兩軍一接觸，後金軍便敗下陣來，明軍逮住了機會便緊追不捨，但這卻是努爾哈赤設下的計謀，先是詐敗引明軍追擊，之後再以四千精銳騎兵合圍。賀世賢遇襲後且戰且退，在身中十四箭之後終於退到西門。但這時城中的降兵又再度叛變，斬斷了城外吊橋，賀世賢的部隊無法入城，只能再次往前衝鋒，力戰而死。尤世功引兵來援，也因力量懸殊而死在刀鋒之下，布置在城外的七萬大軍全部潰散。陳策統率二萬步兵前來救援，被逼死在河中。李秉誠、朱萬良、姜弼的三萬騎兵，也在皇太極追擊下被砍了三千顆首級。其它各路援軍，亦先後被八旗軍擊潰。在激烈血戰後，一百多位軍官，數萬名士兵英勇戰死沙場，但最終還是沒能保住瀋陽。

又下一城!!

皇太極親征再奪遼陽 袁應泰自縊殉職

■努爾哈赤攻克瀋陽之後，便把目標指向明軍在遼東的指揮中心遼陽。遼東經略袁應泰為了集中兵力禦敵，下令駐守在奉集、威寧（皆遼寧境內）的部隊全都回防遼陽，然後引太子河的水注入護城河中，並沿河布置

努爾哈赤之子皇太極領軍衝鋒，擊潰大明守軍

火器。當後金軍抵達城下時，總兵李懷信率領五萬明軍出城列陣，後金部份則由皇太極親自率兵衝鋒。李懷信無法抵禦驃悍的八旗鐵騎衝擊，又遭到後金第二軍團從後夾殺，不久便全軍潰散，還被追擊六十里之遠。第二天，努爾哈赤下令掘開城西水閘，將護城河的水排出，然後又在城東堵住進水口，讓護城河失去功效。擊敗城外各路明軍之後，後金軍集中兵力加強攻城，猛烈的攻防一直持續到晚上，八旗軍才從西門破城而入。袁應泰知道情勢已經無法挽回，便配帶好尚方寶劍及印信，在城樓中自縊而死。他的僕人唐世明在伏屍大哭後，也一把火將城樓燒毀，與主人一同喪命大火之中。後金軍入城後並未像蒙古人那樣燒殺搶掠，反而是極力安撫軍民，三河等大小五十寨、河東大小七十餘城也在隨後都望風投降。

瀋陽遼陽兩要地相繼丟失
熊廷弼、王化貞臨危受命

■瀋陽、遼陽兩大要地相繼丟失後，朝廷重新起用熊廷弼為兵部尚書兼右副都御史（副監察總長）經略遼東，並將之前彈劾他的官員全都降級或削職。又以王化貞為右僉都御史兼遼東巡撫（遼東軍區司令）駐扎廣寧（皆遼寧境內）。王化貞在廣寧招集散亡軍卒並激勵士民，又聯絡蒙古部落為後援，使浮動的人心逐漸安定。朝臣也因此覺得王化貞是可用之才，對其奏請之事無不批准。熊廷弼則是提出「三方布置」戰略，打算在廣寧以騎兵和步兵沿三岔河布防；再於天津（河北境內）、登州、萊州（皆山東境內）布署水軍，設置登萊巡撫；然後在山海關（河北、遼寧交界）特設經略以節制三方、統一事權。朱由校（明熹宗）很快同意這項計畫，並賜給熊廷弼尚方寶劍。希望藉由兩人合力，共同抵住後金南侵的壓力。

內幕追追追!!
明軍戰情艱困
遼東二巨頭驚爆不和

熊廷弼及王化貞兩人之間驚傳不和，原因除了王化貞主張分兵沿三岔河設營防守，熊廷弼認為應集中兵力守衛廣寧住點之外，最大的原因是朝廷調用平苗有功的三邊總督張鶴鳴為兵部尚書。由於張鶴鳴與熊廷弼兩人主張大多互相抵觸，而張鶴齡又與王化貞關係很好，所以不但凡事偏袒王化貞，甚至還告訴他不要受熊廷弼節制。不僅如此，相較於王化貞手上握有十四萬重兵，熊廷弼這個遼東經略手上卻沒有兵卒可用，也加深了彼此的矛盾，看來明軍在遼東的處境將一天比一天艱困。

原本應協同防禦遼東的經略熊廷弼與巡撫王化貞兩人之間的主張完全不同，衝突十分嚴重

土司兵叛變圍成都 朱燮元退敵穩軍心

■永寧土司（獲朝廷認可的邊疆民族世襲頭目）酋長奢崇明趁朝廷到四川招募土兵援助遼東的機會，先派遣部將帶兵到重慶假裝要接受徵召，然後利用軍餉延遲發放的機會鼓動土兵反叛，殺死總兵官在內的二十幾個朝廷命官。此時早已安排好的數千土兵也在江岸列陣呼應，官軍措手不及，重慶失陷。接著利用各地作戰部隊都已調往遼東助戰的絕佳時機，又分兵攻克合江、納溪、瀘州、遵義、興文等地。一擊得手的奢崇明，隨即自立國號為「大梁」，然後集中兵力圍攻只剩七百名土兵駐守的成都（皆四川境內）。奢崇明原本以為可以輕易拿下成都，但沒想到卻在此遭遇守軍頑強抵抗。多次企圖以鉤繩及雲梯登城，都被左布政使朱燮元以砲擊和擂石擊退。想要在竹棚、盾牌的掩護下運土石填滿已經乾涸的護城河，不但被守軍放火把防具燒塌，還因河水被重引灌入而造成許多人溺斃。後來叛軍在城外架起與城牆同高的

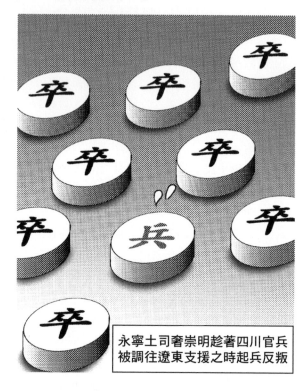

永寧土司奢崇明趁著四川官兵被調往遼東支援之時起兵反叛

望樓，不但被守軍放火焚毀，還反遭逆襲損失三名頭目。目前成都之圍雖然還未解除，但由於朱燮元指揮得當，援軍也相繼到達，城內軍心也逐漸穩定下來。

葉向高復出首輔 東林黨再掌朝政

■在浙黨領袖方從哲致仕（退休）後，被視為東林黨人的葉向高再次復出成為內閣首輔，而鄒元標、趙南星、王紀、高攀龍等東林骨幹也都身居朝廷要職。監察系統方面則有左光斗、魏大中、黃尊素等人，可以說整個朝廷大權現在都已經由東林黨所掌控。政治評論家表示，這幾年觀察下來，原本自稱為政壇清流的東林黨人，已經逐漸偏離了原先的理想，而成為習慣於鬥爭的政治野獸。這次東林黨人再度取得大權，不但並非政局穩定的開端，而且更可能是政壇惡鬥的肇始。就目前的情況看來，非東林黨者已經是人人自危，隨時有被鬥倒鬥臭的可能。

明軍西平重挫 疑有將領作怪

■遼東巡撫王化貞屢次出兵都無功而還，原本說要前來支援的四十萬蒙古大軍也不見蹤影，便遭到遼東經略熊廷弼上疏彈劾。不過由於有兵部尚書張鶴鳴及首輔葉向高撐腰，王化貞不但沒有受到懲處，還誇口說只要給他六萬兵力，便能一舉蕩平敵軍，而與熊廷弼之間也越來越水火不容。不久，後金軍渡過遼河，向西平堡發動猛烈的攻擊。王化貞在接到警報之後，發動廣寧所有兵力，讓部將孫得功、祖大壽會同總兵官祁秉忠前往迎戰。但兩軍甫一接觸，便有將領大喊「戰敗了！」，明軍因而四散崩潰，劉渠、祁秉忠等人戰死沙場，祖大壽敗走覺華島，孫得功逃回廣寧，死守西平堡的副總兵羅一貫，則是不接受後金招降英勇戰死。目前相關單位正在調查到底是誰在交戰時故意擾亂軍心，導致軍隊潰敗。

王化貞再丟廣寧 明守軍黯然撤退

■坐鎮廣寧的王化貞還在辦公室整理文件時，忽然有部下衝入衙門，告訴他孫得功不但在陣前大喊兵敗把部隊帶走，回到城中還散布敵軍攻城的假消息，企圖製造混亂生擒王化貞。由於居民驚慌逃竄已無法控制，王化貞只好狼狽出逃，在大淩河遇到熊廷弼時還被酸說：「不是說六萬軍隊就可以把敵人一舉蕩平嗎？」王化貞尷尬到只能漲紅臉建議拒守寧遠和前屯。熊廷弼冷冷回應說：「已經晚了，現在只能保護老百姓入關。」便把自己五千兵馬交由王化貞殿後，燒毀所有積蓄以免落入敵手，然後黯然退入山海關（河北、遼寧交界）。孫得功開城投降後，遠近四十餘城守軍聽說廣寧陷落也全部歸降後金。

你不是說要把敵人一舉蕩平嗎？現在怎麼了啊...

......

王化貞丟失廣寧，遭到熊廷弼一陣奚落

上前線! 張鶴鳴山海督師?

■兵部尚書張鶴鳴聽到兵敗西平的戰報，深怕因為之前偏坦王化貞導致廣寧失守而受到連帶處罰，便自告奮勇請命到前線視察軍隊。不過他在獲賜蟒袍玉帶及尚方寶劍，還加掛太子太保的頭銜後，仍然不敢前進，在途中拖了十幾天，才終於抵達山海關，卻只會每天下令捕捉間諜，盡做些無關緊要的事情。

終極武器大對決!! 呂公車四川攻城 投石機破敵迎戰

■叛軍在圍困成都（四川境內）一百多天卻未能攻下後，推出奇葩武器。數千名蠻族士兵簇擁著一艘像大船的巨物從樹林中瘋狂叫囂而出。這艘由數百頭牛拉動的巨大旱船高一丈多，長五百尺，在好幾層高的樓閣上，有一個披頭散髮、手持寶劍的人，在羽毛旗幟下，像在做法一般以詭異的動作發號指揮，船上還有數百個拿著弓弩毒箭的士兵準備攻城。船樓左右各有一座比城牆還高的雲樓，可以居高臨下俯看城中動靜。守軍看到這龐然大物，全都被嚇到哭出來。已被擢升為四川巡撫的朱燮元見多識廣，一下就看出這攻城巨物就是傳說中的「呂公車」，於是一面下令抵禦，一面要工匠以最快的速度趕造大型投石機。完成後以巨石擊打呂公車，並用大砲射擊拉車的牛群。牛群受到砲火轟擊便往回四散奔逃，一下子就把叛軍衝散，再一次化解了危機。之後，朱燮元又策反敵軍將領，掌握對方動態，成功以伏兵擊潰敵人，並乘勢收復四十餘處州縣衛所，目前只剩重慶還在叛軍掌握之中。不過，在此同時，貴州蠻族頭目安邦彥也同步呼應四川叛軍，自稱「羅甸大王」，兵分四路圍攻貴陽（貴州境內）。據最新的消息回報，由於道路已被叛軍阻絕，所以各路援軍都無法前往救援。貴陽城因為準備不足，即將陷入斷糧危機。

坐鎮山海關 孫承宗督師遼東

■廣寧（遼東境內）兵敗之後，朝廷任命被公認在軍事及戰略方面較有遠見的孫承宗為內閣大學士兼兵部尚書，同時追究責任，逮捕王化貞，並將熊廷弼削職為民靜候調查。孫承宗上任後先是針對邊鎮士兵未經訓練、兵餉使用未曾審核、文臣指揮武將作戰、經略巡撫每天都得向朝廷請示作戰方針等重大弊病，提出具體的改善策略。在張鶴鳴巡視完邊鎮回京，並被言官彈劾而託病辭職後，孫承宗又受命前往遼東督師，以內閣重臣的身份經略山海關（河北、遼寧交界）及薊、遼、天津、登、萊等地防務。孫承宗抵達山海關之後，明定軍制，申明職責，分派將領防守，修築數十座城堡，組訓十一萬名的士兵，還製造數百萬件的兵器鎧甲，開闢五千頃屯田，頗有重振遼東之勢。不過，聽說朝廷內部又有人想扯他後腿，打算以公文往返來拖延已經批准的二十四萬兩軍費。要是此傳聞屬實的話，勢必對遼東的軍事行動造成極大的影響。

皇帝養狗看戲 宦官宮內操兵

■日益受寵的太監魏忠賢（本名李進忠），不但每天引誘已經花很多時間做木工的朱由校看戲聽歌，養狗馬、玩射獵，還慫恿皇帝挑選精壯的宦官組成武裝部隊，弄得宮廷中喧鬧不已，更不時傳出演示火器的鼓砲聲響。不但影響了北京城中居民的作息及各行政部門的辦公，也成為皇帝人身安全與政局穩定的潛在危機。

朱由校把許多時間都創作精巧木工作品上面，甚至做出了令人嘆為觀止，唯妙唯肖的紫禁城宮殿模型

這個再放上去就完成了

貴陽之圍解除 十萬戶只剩二百人

■雖然成都（四川境內）在四川巡撫朱燮元指揮下，已經成功收復，但貴州的情況卻越來越危急。貴陽（貴州境內）城中早已因外無援軍內無糧草而陷入嚴重恐慌，軍民先是吃糠粃、草木和腐爛的皮革維生，之後開始吃死人肉，最後撐不下去了，連活人肉，甚至是自己親人的肉也不得不吃。原本擁兵不救的巡撫王三善，在皇帝嚴旨催促下，知道再不出兵救援的話將來必定躲不過制裁，只好在年底出兵相援。在前鋒部隊殺死一名敵方頭目後，叛軍竟然就急劇潰敗，於是王三善乘勝追擊，最後終於解除貴陽之圍。但原本有十多萬戶的貴陽城，在歷經這次的劫難後，竟然只剩二百多人存活。

強震特報

陝西萬人罹難

今年九月，陝西發生大地震，平涼、隆德諸縣，以及鎮戎、平虜、馬剛、雙峰等衛堡，地面整個被翻轉過來，造成嚴重傷亡。事後統計，各處城垣被震塌七千九百餘丈，房屋倒塌一萬一千八百餘間，牲畜壓死一萬六千餘隻，更造成一萬二千餘人死亡。

殺嬪妃、墮皇胎

客氏魏閹橫行後宮 天啟皇帝渾然不覺

■相互勾結的魏忠賢及客氏（朱由校乳母）二人，在後宮聯手做惡的行徑越來越肆無忌憚。為了避免嬪妃們在皇帝面前揭發他們所做的壞事，二人竟然假傳聖旨要先帝（明光宗朱常洛）選侍趙氏自盡。接著又幽禁裕妃張氏，斷絕她的飲食，又餓又渴的裕妃只能接屋簷滴下的水充饑，但最後還是活活餓死。一向莊嚴正直，並多次在朱由校面前暗示二人諸多惡事的皇后張氏，雖然身為後宮之主，卻也難逃毒手，竟因身邊的宮女被買通下藥而不幸流產。魏忠賢及客氏還趁著皇帝舉行郊祀大禮時，將他寵愛的馮貴妃殺死，左右知情者居然沒有人敢說出實情。還有慧妃范氏也因他們的讒言而失寵，成妃李氏則是因為替慧妃求情惹怒二人，因而遭到幽禁。幸好成妃在之前聽說裕妃被餓死時就已經有所警覺，先在牆壁的夾層中藏了一些食物，所以才能勉強支撐下去。半個月之後，魏忠賢及客氏發現她居然還活著，只好將她貶為宮女。評論家表示，雖然歷代都有宦官為禍的情形，但像魏忠賢及客氏這樣不用任何藉口便可操弄後宮的生殺大事，而皇帝連自己喜愛的嬪妃甚至兒子都保護不了，卻是十分罕見的情況。

川貴叛軍合一 官兵激戰破敵

■之前貴州巡撫王三善擊退叛軍，解了貴陽（貴州境內）之圍後，卻因為自己以少勝多而開始輕敵，所以在深入追擊時，又遭到逆襲而大敗。幸而王三善很快重新調度，燒毀叛軍營寨及糧草，稍微穩定了情勢。此時，由於朱燮元成功收復永寧（四川境內），也逼得當地叛軍潰逃而與貴州叛軍合兵一處，反而又助長了聲勢。原本王三善建議與總督（軍區總司令）楊述中聯合討伐，但一向怯懦的楊述中卻覺得太冒險而沒有答應，他只好親率六萬官軍渡過烏江，抱著必死的決心前線親自督戰，最後終於大敗敵軍。目前官軍已經渡過渭水，直抵大方（貴州境內）。

人事異動 閹黨入內閣 魏宦掌東廠

■在年初最新發布的內閣人事異動中，除了原本的首輔葉向高等四人，居然又新增顧秉謙、朱國楨、朱延禧、魏廣微四人，都以禮部尚書兼東閣大學士的身份入閣參預機務。其中最令人感到意外的是向來被認為庸俗又卑劣，只會迎合太監魏忠賢意旨辦事的顧秉謙、魏廣微兩人，竟也在閣員名單之中。除了閹黨勢力深入朝廷中樞的情形令人擔心之外，不久前朱由校命司禮監太監魏忠賢總督東廠的一紙詔令，更是令各界惴惴不安。政治觀察家們一致認為，未來將有更多忠良之士將被羅織罪名，遭到酷刑拷打，大明帝國也將正式進入「魏忠賢時代」。

攻防戰開始… 楊漣首劾魏忠賢 群臣上疏攻權璫

■左副都御史（副監察總長）楊漣見閹黨橫行，魏忠賢已逐漸掌控朝中情勢，便在奏疏中列舉他二十四條大罪，準備在六月一日早朝時面奏聖上，當場揭露魏忠賢迫害先帝舊臣、干預朝政、逼死後宮賢妃、操縱東廠濫施淫威等罪行。但不巧的是，當楊漣帶著奏疏要上朝時，才聽到當天免朝的宣告。為免夜長夢多，楊漣當下決定在會極門直接遞入奏疏轉呈，但也因此讓魏忠賢有時間研究對策。在客氏及太監王體乾的建議下，魏忠賢採取哀兵策略跑到朱由校面前哭訴，並以退為進說要辭去東廠事務。這招果然奏效，皇帝被搞得不辨事實真偽，連忙好言相勸，然後於第二天降旨嚴厲斥責楊漣。楊漣因此更加氣憤，打算等上朝時要再次彈劾。魏忠賢得到情報後，便連續三天都想辦法讓皇帝停止早朝，等到之後再次

臨朝時，已有數百名全副武裝的宦官侍立在旁，並敕令不許奏報任何事情。雖然楊漣未能成功扳倒魏忠賢，但他的行動卻也引起一連串效應，御史黃尊素、李應升、袁化中、給事中魏大中等人跟著群起彈劾，揭露魏忠賢罪狀的奏疏一時之間竟多達數十封。一般認為，目前以東林黨為主的反魏集團滿布朝廷，這種情況下魏忠賢雖然心裡恨得牙癢癢的，但應該還不至於採取行動，但未來勢必會尋找適當時機展開報復。

什麼！今天早朝取消？
最好是有這麼巧的事情

楊漣大書魏忠賢的二十四條大罪，打算在上朝時當面揭發

太監的反擊!! 萬燝杖死抄家

■魏忠賢在日前終於找到機會，假傳聖旨將彈劾他的工部（國家工程部）郎中萬燝施以廷杖重刑，藉此恐嚇最近不斷攻擊他的朝臣。更誇張的是，魏忠賢是直接派出一班宦官衝到萬燝家中，先不說分由的揪住痛毆，然後才拖入宮中。這時已經奄奄一息的萬燝，又被重重的打了一百杖昏死過去，等到醒過來的時候，圍在旁邊的宦官們又瘋狂踹他，過了四天之後，萬燝便氣絕身亡。但事情到此還未結束，魏忠賢接著又羅織罪名追贓，一直把他家弄到破產才肯善罷甘休。

穩定西南動亂 王三善撤兵遇伏 蔡復一大勝叛軍

■王三善去年（1623年）在平叛戰役取得重大勝利後，原本打算與四川總兵官李維新一起討伐殘存叛軍，但由於李維新以缺乏兵餉為由推辭，使征剿行動為之停頓，官兵也只能暫駐大方（貴州境內）無所作為。這時各部落苗人及土司（獲朝廷認可的邊疆民族世襲頭目）知道王三善建議朝廷廢除土官改設朝廷官員治理，因而感到惶恐不安，便反過來與安邦彥聯合，叛軍氣勢也因此又振作起來。王三善因為糧食耗盡，又得不到友軍支援，只好於今年初開始撤兵。但在官軍後撤時，卻遭到尾隨其後的叛軍伏擊，王三善也因此被殺。之後，朝廷任命蔡復一為兵部侍郎兼貴州巡撫，總督貴州、雲南、湖廣三省軍務。蔡復一派總兵官魯欽、黃鉞等領軍分道進擊，先後斬殺數千名敵軍，獲得重大勝利，暫時穩定了西南的動亂局勢。

專題報導 明代物價及薪資水平

在洪武初年，白銀一兩大約可以折換一貫錢，但後來隨著財務政策失當，錢鈔開始不斷貶值，到洪武三十年（1397年）時一兩白銀可兌二點五貫錢，宣德八年（1433年）時已經貶到一百貫錢換一兩白銀。加上朝廷以紙鈔付款自己卻不收回紙鈔，也使得人民對紙鈔喪失信心，以至到景泰三年（1452年）紙鈔價值早就跌破五百貫。嘉靖四十五年（1566年）時，得用五千貫加上些運氣才能換到一兩白銀，紙鈔根本早已不被市場接受，金融交易都改以白銀為主體。依據消費者基金會公布的物價薪資指數，薪資方面普通河工一個月約領一兩白銀，技術工匠二兩，殺豬小販月收入約三兩，七品官員月薪約四兩，正一品部長級官員月薪則為四十四兩左右。物價方面，一兩白銀可買二石大米，也就是兩公斤的米大約一分銀（0.01兩），上等豬肉一斤要價二分銀，栗子一斤要一分三厘，活的肥雞一隻則要花掉四分白銀。出門乘轎的話，看里程長短，起跳價大約是六分銀子。上飯店訂一桌酒席，點一隻燒鴨、兩隻雞、幾盤好菜、一罐金華酒、一瓶白酒，加上飯後果餡涼糕，大約要一兩銀子，相當於普通工人一個月收入。

東林黨諸臣遭免職 魏忠賢鬥爭獲大勝

■杖死萬　　之後，魏忠賢繼續他的整肅行動，並把矛頭指向之前曾因宦官違法而施以笞刑的巡城御史林汝翥。魏忠賢及王體乾等人以外官擅自處罰內監之罪名，想要對他施以廷杖之刑，林汝翥怕自己也像萬一樣冤死杖下，便逃去投靠順天巡撫鄧渼，然後請鄧渼代他呈上彈劾魏忠賢的奏疏。但朱由校向來只聽魏忠賢等人的片面之詞，還是將林汝翥逮回廷杖並削籍為民。這次事件同時波及首輔葉向高，因為林汝翥是他的外甥，所以當時找不到林汝翥的宦官們以為他躲在葉向高家中，便群聚包圍首輔官邸並大聲叫囂。葉向高不甘忍受這種侮辱，便上疏堅決請辭。雖然朱由校表達慰留並要求宦官們撤走，但葉向高認為自己對國事已無能為力，在連續辭職二十多次之後，終於獲准回鄉。在葉向高去職之後，吏部尚書趙南星、左都御史高攀龍、內閣大學士韓爌、朱國楨等人，都因魏忠賢迫害而被免職，副都御史楊漣、僉都御史左光斗等則是連官籍都被開除。魏忠賢的黨羽顧秉謙和魏廣微在控制內閣後，更編寫了一本《縉紳便覽》呈給魏忠賢，把反魏陣營的人全都列為邪黨，而那些做惡多端的閹黨則列為正派人士，以此做為升降官員的依據。接替左光斗僉都御史之位的王紹徽，則是因為仿《水滸傳》情節將東林黨一百零八人編成《點將錄》，獻給魏忠賢做為整肅名單而獲得重用。

政壇點評 閹黨為何迅速壯大？

一、兩年前，圍繞在魏忠賢周圍的僅是一群宦官及少數官員，但近來閹黨勢力大增且出現許多高明的政治操弄手法，有一部份原因是葉向高、趙南星等東林黨大老當權時，在朝中極力排斥反對派，使得一些原本與魏忠賢沒有瓜葛的非東林黨人，為了自保而開始向閹黨集團靠攏。也讓原本面對東林黨的攻擊只能恨得牙癢癢的大小太監們，在關鍵時刻得到許多人才出謀獻策，最後條理分明的展開反擊，才會形成目前閹黨獨霸的局面。

歡迎加入這個愛的大家庭!!

啪！

閹黨因為接納被東林黨排擠的知識份子而迅速茁壯

要證詞不會自己寫嗎？

汪文言枉死不屈 許顯純假造供詞

■楊漣等人削籍之後，魏忠賢仍不善罷干休，一定要置之於死地。便藉著逮捕汪文言的機會，授意錦衣衛北鎮撫司指揮許顯純嚴刑逼供，要他做偽證誣陷楊漣接受熊廷弼賄賂。汪文言寧死不屈，仰天大呼說：「世上哪有貪贓的楊大洪（楊漣）啊！」許顯純又接著問及左光斗等人，這時原本已被打趴的汪文言竟跳起來大喊：「用這些罪名誣陷清廉之士，我就算死也不會按你們指令做的！」最後許顯純無計可施，居然自己捏造供狀，硬說汪文言已經招供楊漣、左光斗等人確實有接受賄賂。雖然汪文言狠狠的瞪著說：「我一定要與你們當

面對質！」但許顯純並沒有給他對質的機會，當天就把他給活活打死，然後把假供詞給呈上去。結果，楊漣、左光斗以收賄二萬兩、魏大中三千兩、袁化中六千兩、周朝瑞一萬兩、顧大章四萬兩的罪名起訴，並關入詔獄中嚴刑拷訊。

鐵釘穿頭 體無完膚
東林六君子殉難 家族遭追贓破產

■楊漣等人被投入詔獄後，雖然被打得血肉橫飛，卻仍不願承認沒做過的事。但後來左光斗私下商議說：「魏忠賢要殺我們有兩種辦法，一是因不認罪而被拷打致死，二是在半夜派人暗殺我們。我們不如先假裝認罪，這樣便會被移交刑部審理，到時再想辦法翻案，或許還有重見天日的機會。」眾人也只好同意違心招認這些罪名。但事情發展並未如

左光斗所料，魏忠賢在拿到供詞之後並沒有移交刑部，而是假傳聖旨把他們在獄中直接處死。楊漣被用裝滿土的布袋壓在身上，然後用大鐵釘從雙耳釘入頭部，左光斗、魏大中也在死前被凌虐到體無完膚。事後三人用草蓆包覆著拖出牢房，任由腐爛生蛆。等數日後公布死訊時，他們的屍體早已腐臭而無法辨認。之後，左光斗家族因為被追贓而全部破產，

哥哥左光霽被牽連而死，母親最後也因悲傷過度身亡。魏大中長子魏學洢，在將父親屍體運回家鄉安葬後，日夜嚎哭絕食而死。之後袁化中、周朝瑞、顧大章等人也都因為酷刑橫死獄中，其他受到牽連的趙南星等十五位官員，則受到削籍、追贓等處分。全國各地講學、批判時政的東林、關中、江右、徽州等學院，則是難逃被拆除的命運。

網巾

　　束髮加網巾是當代人行冠禮時不可少的儀節，在形式上代表男子已經成年。在元代以前，網巾僅為道服，據聞明太祖朱元璋是因為聽道士說網巾的用途是「用以裹頭則萬髮俱齊」，因而相信只要全國都戴網巾就可以萬「法」歸於一統而天下太平，所以下令全國成年男子都要戴網巾，才開始蔚為風尚。網巾一般以黑色細繩、馬尾、鬃絲或頭髮編織成魚網狀，網口以布帛為邊子。邊子旁綴有一對金屬圈用於穿過絲繩將網口收緊。使用時將網口擴大罩於頭上，網巾頂端有一小孔供髮髻穿過插簪，頭髮全部收於網內，再拉緊絲繩讓下口與眉齊。網巾算是消耗品，在使用一段時間之後就會損壞更換。一般在巾鋪販賣或是攤商兜售，也有婦女自編自售用來貼補家用。熟練的婦女大約一個月可以織好十頂網巾，普通等級的每頂售價大約兩分銀子，但價錢也會依材質及織工精細而有不小差異。

不用等敵人來 自己人動手比較快……
熊廷弼含冤問斬 首級遭傳遞九邊

　　■解決楊漣等人之後，魏忠賢又把目標指向之前因遼東戰事失利，與王化貞一起被擬定死罪，目前還待罪獄中的熊廷弼。他利用新內閣成員馮銓與熊廷弼之間的過節，讓馮銓與顧秉謙等人在侍奉皇帝上課時，故意拿出市面上早已刊行的一本《遼東傳》，瞎編說這就是熊廷弼為了替自己開脫罪名而寫的。然後成功的激怒朱由校下令將他斬於西市，之後還將首級傳遞九個邊鎮以示警誡。同時，還策動黨羽誣指熊廷弼侵吞軍用物資

十七萬兩並坐擁百萬家產，然後矯旨追贓。結果熊廷弼家裡的資產全被挖出來還不夠賠，連本家親戚及姻親之族也全都牽連破產。知縣王爾玉還趁機向熊廷弼的兒子勒索貂裘、珍玩，搜索不到就要打人。熊廷弼的長子熊兆珪因而自殺身亡，熊兆珪的母親喊冤，王爾玉還扒光她兩個丫環的衣裳，重打她們四十板。雖然所有知道這件事的人都感到嘆息憤恨，但礙於魏忠賢的惡勢力正盛，也沒有人敢出來說些什麼。

這什麼邏輯?

劣驢取代良駒 撤下孫承宗換高第
物資大方贈敵 驚傳將撤關外防線

■遼東經略孫承宗在遼東地區頗有建樹，增設多處要塞堡壘，裁減老弱士兵一萬七千餘人，節省軍費八十六萬兩，並將防線往前推進二百多里，但竟於日前遭到免職。向來不肯向魏忠賢低頭的孫承宗，去年（1624年）一度想進京面聖，當著皇帝的面揭發魏忠賢所行的惡事，但魏忠賢卻矯旨阻止並要求他立即返回駐地。事後魏忠賢挾怨報復，藉著遼東總兵官馬世龍在柳河戰敗，陣亡四百餘人的機會，一併對推薦馬世龍的孫承宗提起彈劾。對目前政治環境已感到寒心的孫承宗也堅決的上疏表達辭意，魏忠賢便順勢讓皇帝批准這份辭呈，並讓行事一向怯懦的兵部尚書高第取代遼東經略一職。據可靠消息指出，高第已打算下令撤守山海關（河北、遼寧

怯懦的高第接任遼東經略對抗努爾哈赤

交界）外所有防線，放棄孫承宗之前已經收復的四百里土地。如果此項傳聞屬實的話，那這次的不戰而退，將嚴重打擊邊境守軍隊的士氣，來不及撤走或銷毀的可觀物資也將歸後金所有，使得原本已經十分嚴峻的遼東情勢更為雪上加霜。

重要啟事

本報立場一向公正，不肯與權宦魏忠賢妥協做出不實報導，以致董事多人遭到政治迫害及追贓。

新的董事會改組後通過決議，明年度開始改名為「大清時報」，繼續堅持客觀、公正、超然的立場為正義發聲。懇請讀者繼續支持及鼓勵。

新聞標題索引

國家圖書館出版品預行編目（CIP）資料

大明新聞．月落之卷（西元一四五０年－一六二五年）/
黃榮郎文．圖．-- 初版．-- 臺北市：遠流，2017.06
面；　公分．--（圖像編年史：7）
ISBN 978-957-32-7995-2（平裝）

1. 明史 2. 通俗史話
626　　106006158

圖像編年史 7

大明新聞——月落之卷（西元一四五〇年～一六二五年）
GREAT MING NEWS

文・圖　黃榮郎
責任編輯　楊伊琳
版面構成　陳姿秀
企　畫　張愛華

總監暨總編輯　林馨琴
發行人　王榮文
出版發行　遠流出版事業股份有限公司
地　址　台北市 10084 南昌路 2 段 81 號 6 樓
電　話　（02）2392-6899
傳　真　（02）2392-6658
郵政劃撥　0189456-1

著作權顧問　蕭雄淋律師

2017 年 6 月 1 日　初版一刷
售價新臺幣 360 元

ISBN 978-957-32-7995-2
YLib 遠流博識網 http://www.ylib.com　E-mail: ylib@ylib.com